与变革同行

——一位中学生物教师的探索之路

潘勇◎著

北京出版集团公司
北京教育出版社

图书在版编目（CIP）数据

与变革同行：一位中学生物教师的探索之路 / 潘勇著. --北京 : 北京教育出版社 , 2017.10

ISBN 978-7-5522-7813-2

Ⅰ. ①与… Ⅱ. ①潘… Ⅲ. ①生物课－教学研究－中学 Ⅳ. ① G633.912

中国版本图书馆 CIP 数据核字 (2017) 第 261385 号

与变革同行——一位中学生物教师的探索之路

潘勇 著

*

北京出版集团公司
北京教育出版社 出版

（北京北三环中路6号）

邮政编码：100120

网址：www.bph.com.cn

北京出版集团公司总发行

大厂回族自治县祥凯隆印刷有限公司印刷

*

787 × 1092　16开本　14印张

2017年10月第1版　2017年10月第1次印刷

ISBN 978-7-5522-7813-2

定价：50.00元

质量监督电话：（010）85616422　58572750　58572393

序

感谢潘勇老师的信任，有幸第一时间读到他所著的《与变革同行—— 一位中学生物教师的探索之路》。本书向我们展现了一位出身于教育世家、早在中学时代就确立了从教信念、有着远大教育理想的年轻人，历经20余年的探索与磨砺，终于成为一名成绩卓然、深受学生爱戴的生物学科教育教学名师的过程。

男儿不展凌云志、空负天生八尺躯，潘勇老师的成功始于他的教育梦；路漫漫其修远兮，吾将上下而求索，潘勇老师成就于他圆梦过程中不懈的进取与思考。

压力与成功共生，机遇与挑战共存。当工作面临压力和挑战时，潘勇老师的选择永远是积极进取，迎难而上。例如，工作的第三个年头，他担任着初一年级生物课以及生物实验室管理工作，同时又兼任团委宣传工作、学生会工作以及教工团工作，即使工作如此繁重，他还毅然接下了之前从未教授过的高二年级生物课。潘老师用极高的工作热忱，在超负荷状态下，还认真做好了每一项工作，并取得优异成绩。

成功总是青睐那些有准备的人。教学生涯伊始，潘勇老师就有计划地从备课、教学技能以及教学资源搜集等方面提升自己的教学能力。例如，潘勇老师的备课过程给我留下了很深的印象：通过“头脑风暴”完全展现自己对本节课的所想、所思；经过“去粗取精”逐步确定相对满意的方案；初稿经深入打磨与完善后工工整整抄写在教案本上。再如，为了给学生更多生动的教学资源，潘勇老师在一年的时间里，牺牲休息时间，将当时在北京电视台播出的大型系列科普纪录片《生命》的每一集都录了下来，共30盘录像带。正是凭借着这种认真、严谨的治学态度，潘勇老师的后续发展才得以顺利进行。

书山有路勤为径、学海无涯苦作舟。潘勇老师深知，拥有广泛兴趣，不错过任何学习机会是教师通向成功的必由之路。除了积极参加市、区进修活动，潘老师还主动地为自己安排自学任务，做大量摘抄与剪报，并主动承担了双语教学这个富有挑战性的课题研究。另外，还报名参加北师大国家级课题，学习制作3D教学动画，让自己的生物学教学早在20世纪90年代就插上了信息技术的翅膀。功夫不负有心人，在工作的第二年，潘老师在朝阳区级选拔中脱颖而出，顺利参加北京市初中教师教学基本技能竞赛。也是在这一年，潘老师开始了北京师范大学研究生课程进修班的求学之路。在之后九年的时间里，克服重重困难，终于获得了来之不易的教育硕士的学位。“漫长”的求学过程对潘老师无疑是宝贵的财富，正如他自己概括这段学习经历的感受：虽然辛苦，但绝对值得！

性灵出万象，风骨超常伦。20 多年的辛勤耕耘，潘勇老师在教育、教学、教科研等方面收获了诸多奖项和荣誉，其中最让他珍视的，还是来自学生们由衷的赞美：细致、认真、负责；博学多才，很有魅力；诙谐、幽默，气氛活跃；说理清晰，方法得当，讲解到位，深入浅出……

长风破浪会有时，直挂云帆济沧海。祝愿潘勇老师在他钟爱的教育事业上再创佳绩，实现自己的教育理想，也愿此书的出版能够让更多的同行有所借鉴，圆我们共同追求的教育梦。

荆林海于北京

2017 年 10 月 16 日

目录 CONTENTS

目录 CONTENTS

第一章

在变革中成长

我们生活在一个变革的时代。社会的进步、经济的腾飞、科技的发展不断地改变着我们的工作、学习和生活方式,同时也改变着我们的思想认识。这样一个时代,为我们带来了前所未有的机遇和挑战。作为教师,我们怎样才能抓住时代赋予的机遇,不断创新发展,履行好"立德树人"的神圣职责呢?

只有学习,我们才能汲取前人的智慧,让我们懂得更多;只有实践,我们才能获得真知和才干,让我们有所作为。本章主要介绍了我从事教育工作后的一些学习和实践的经历。这些经历对我来说是一笔宝贵的财富,每当遇到困难的时候,它们就会清晰地浮现在我的眼前,为我指引继续前进的方向。在此,我将这些经历分享给您,希望能为您带来些许启发。

梦开始的地方

1995年7月,我完成了在首都师范大学(下面简称“首师大”)的学业,迈进了北京市和平街第一中学(下面简称“和一”)的大门,开始了我的教育生涯。

我与“和一”的缘分

1991年7月,刚刚18岁的我,在父亲的一个同事的陪伴下,来到北京参加高考。我是在北京出生的,但是由于父母工作的原因,6岁以后就到外地“借读”,其间几乎没有回过北京,所以对北京感到十分陌生。再加上是来“上京赶考”,父母又不在身边,更是让我的心情非常忐忑。我参加高考的地点就是“和一”。高考后,我发现“和一”是我的福地。因为我的学习成绩本来只能算是中等,但是高考发挥得非常好。尤其是数学,我在距离考试结束还有10分钟的时候,突发灵感,极为迅速地做出了最后两个大题,收获了将近20分,这个结果真是让我喜出望外。最后,我以超出录取分数线70多分的成绩被首师大录取,是当年首师大录取新生的第二名。这让我感到十分自豪,对“和一”的好感也自此油然而生。

四年的大学时光转瞬即逝。1995年我即将大学毕业,开始面临找工作的问题,我首先想到的就是“和一”。“和一”是朝阳区的重点中学,又是我高考的“福地”,我感觉这应该是一所适合我的学校。经过试讲以后,学校同意接收我来“和一”工作,当时白燕君校长半开玩笑地问我是“永久”的还是“飞鸽”的(这是当时两个著名的自行车品牌),我说自己肯定是“永久”的。虽然是以开玩笑的形式说的,但我确实是一直在“和一”工作至今,并且产生了难以割舍的感情。

学校就是我的家

刚刚毕业的我,在北京没有家,学校就是我的家。我住在学校,户口也落在学校,成了一个不折不扣的“和一”人。当时我们一起在学校住的新教师有7个人,后来又有增减,我大概是住的时间最长的一个。没有上班、下班路上的消耗,又是单身一人,生活上相对简单,这让我有了比较多的时间和精力进行学习和钻研业务,所以能力的提高就比较快,工作上也很顺心。闲暇时就和同在学校住的老师一起弹弹吉他、唱唱歌、打打篮球,或者做点好吃的,感觉工作、生活都很快乐。这样一直过了五年。之后,我成了家,便不在学校住了。然而对我而言,学校那种家的感觉已经深深扎根在我的心里了。

当然,我感觉学校就是我的家,更主要的还是因为这里的领导和老师给了我亲人一样的关怀和帮助。我忘不了是老教师引导我实现了从学生到教师的角色转变;是老教师为我修补了毛衣的袖口,还时不时地带来些好吃的东西给我"打牙祭";是老教师帮助我找到了生命中的另一半;是老教师激励我在教学上不断钻研;是老教师带领我在信息技术上取得领先;是学校领导支持我完成了在职申请硕士学位的学习,如愿以偿地获得了硕士学位;是学校领导指引我在工作中迈上了新的台阶……

这里还有很多很多关心、帮助过我的人,很多很多我关心的人。我们一起工作、生活,感觉就是一家人!

新校区反映新发展

2005 年学校安排我到新校区高中部工作。之前,学校曾经组织过全校老师参观新校区。我当时最突出的感受就是学校"阔气"了。无论是初中部还是高中部,在面积上都比老校区大了很多,都有标准的 400 米跑道的操场和很多的教室。尤其是高中部还有学生宿舍楼、学生食堂、体育馆、大礼堂等,让人顿时感到学校的规模、层次有了一个飞跃。学校的发展,让我们感到非常兴奋和自豪。进入新校区工作以后,我进一步体验到学校在不停地发展,教学设施不断改进,先进的数字化实验室,音乐、美术、地理、机器人等专业教室陆续建成,老师们的办公条件进一步得到改善,整个校区从里到外都越来越漂亮了。在学校的"硬件"不断改善的同时,老师们的教育、教学水平也在不断提高,逐渐涌现出一批在朝阳区、北京市乃至全国有影响的教师。2006 年,我校正式进入了"北京市示范性普通高中"的行列。在那一年的开学典礼上,我作为教师代表发了言。当时,我的心情非常激动,因为我真切地感受到这是几代"和一"人心血和智慧的结晶,它对我们来说是多么来之不易!从"区重点中学"到"市级示范校"是一个飞跃,它让我们每个"和一"人都倍感骄傲和自豪。

如今,我们的学校还在不断发展。作为"和一"人,我愿继续为"和一"的未来贡献自己的一份力量。

我爱"和一"。这里是我梦开始的地方,也是我圆梦的地方!祝愿"和一"的明天更美好!

我工作的前三年

初为人师的我,对未来满怀憧憬。我所教的学科是生物学。在我刚参加工作的那几年,生物课只在初一、初二和高二这三个年级开课,既不参加中考,也不参加高考,是一个不怎么受重视的学科,但这丝毫没有影响我对生物教学的热情。我想,由于方方面面的原因,在我国,生物学科目前就是这样一个状况,这一点儿我无法改变。但是,我一定要尽自己的最大努力,让生物课发挥其应有的作用,这是我作为一名生物教师的职责。因为学生受社会上一些意识的影响,普遍存在不重视生物课的心理,所以我就更要把生物课上好,让学生发自内心地喜欢生物课,感受到生物课的价值!

新教材的挑战

工作的第一年,我担任初一年级 5 个班的生物课,同时兼顾校团委宣传工作和德育处学生会工作。

开学前,我兴冲冲地去资料室领教材和教参。拿到书一看,有点儿发蒙。咦?怎么是这样的呢?我之所以感到惊奇,是因为在半年前我们参加教育实习的时候,学生用的还是大家都非常熟悉的人教版教材,包括植物、动物、人体生理卫生三册。而现在我手里拿着的这本《生物学(第一册)》则完全不同,是综合编排的。例如:"第一章 我们身边的生物"包括"第一节 我们身边的植物和动物""第二节 我们身边的其他生物";再如,"第四章 生物的营养"包括"第一节 绿色植物的营养""第二节 人和动物的营养""第三节 寄生生物和腐生生物的营养"……这本教材还有一个突出的特点,就是知识内容很少,但是安排的学生活动特别多,还专门设了一章,叫做"生物学的研究方法和常用工具",以体现对科学探究的重视。面对这样的新教材,我应该怎样开展教学呢?

后来我才知道,这一年正赶上北京市首次使用自编的初中生物教材。乍一看,用新教材还是用旧教材,对于我这样的刚入职的青年教师来说,似乎不会有什么影响,但其实并非如此。这主要有两个方面的原因:第一,我是在传统课程的背景下成长起来的，熟悉的是接受式的学习，对于探究性学习没有亲身的经历，很容易不自觉地按照当年我的老师的授课方式来教我的学生，这就难免会脱离新教材的要求；第二，新教材中安排了大量的学生活动，这对我的教学组织能力也提出了巨大的挑战。

这个时候，我的师父李洪忠老师给了我很大的鼓励。当时李老师已经58岁了，有着丰富的人生阅历。他对我说，其实这是一个很好的机遇。在新课程面前，大家都站到了同一条起跑线上，你作为年轻教师，虽然缺乏实际工作经验，但是也有自己的优势。比如，脑子里的条条框框比较少，更容易接受新鲜事物；和学生的年龄比较接近，更容易和学生打成一片；等等。只要自己充分发挥优势，努力学习、积极探索，就应该能够比较快地摸索出一套适合新教材的教学方法来。李老师的话让我增强了信心。之后，我开始从三个方面推进自己的教学工作。

第一，备课方面。我在备课方面下了很大的功夫。除了反复钻研教材、教参以外，我还购买两套不同版本的教案集，对其中的教学设计进行对比，再结合自己的想法和所掌握的素材，设计自己的课。我写教案要经过三个阶段：首先是写草稿，就是把自己想到的、看到的都随心所欲地写在一张大纸上，属于“头脑风暴”阶段；然后是写教案初稿，就是在第一阶段的基础上，去粗取精，逐步确定出一个自己感觉最满意的方案；最后，再工工整整地抄写在教案本上。当时教务处负责查阅教案的老师，每次查完教案，都会对我的教案称赞一番。

对于生物课，教师除了进行教学设计以外，还有一项重要的事情，那就是实验和活动的准备。由于新教材安排了大量的实验，有些时候甚至连着好几节课都要在实验室上，所以这个准备工作就变得很重。但是我不怕麻烦，总是尽可能地按照教材的要求，准备每一个实验、每一个活动。记得当时为了上好“我们身边的植物”这节课，我用了两天的时间，把我们学校所在的和平里小区中植物的种类、分布情况一一摸清，并画了分布图，制订了观察路线。在做了充分的准备之后，我像个导游一样，拎着扩音喇叭，带着学生，进行实地观察、辨认。学生们像飞出了笼子的小鸟一样，非常兴奋。他们观察了油松叶的“两针一束”和白皮松叶的“三针一束”，对圆柏和侧柏进行了多方面的比较，区分了乔木、灌木、草本植物和木质藤本，了解了单叶、复叶、叶形、叶序……一下子便对生物课产生了浓厚的兴趣。

第二，教学技能提升方面。在我参加教育实习的时候，我的指导老师曾经不无遗憾地对我说：“你的教学设计写得很好，但实际上课往往不能完全展现出来，要在教学实施能力方面多下功夫。”我一直记得老师说的这番话。所以，工作后，我就有意识地努力提升自己的教学技能。我买了好几本关于教师教学技能的书,参照其中的要求和方法认真地进行训练。经过一段时间的努力,我的板书、板图、教学语言、实验操作与演示、教学组织等方面的技能都有了很大的提高。

第三,教学资源的搜集方面。当时,教室里已经配备了彩色电视机,也算是很先进的教学设备了,但是利用率并不太高。虽然学校的电教室有一些教学录像带,但数量十分有限,而且比较陈旧,不太吸引人。我想,怎样才能充分发挥这个电视机的作用呢?最简单的方法就是自己动手录一些与生物学有关的电视节目,然后在适当的时候带着录像机去教室里播放。当时,我住在学校,宿舍里有台电视机,只要再有一台录像机,我的视频资源搜集计划就能实施了。我向领导汇报了自己的想法,领导非常支持,批准我从电教室借一台录像机。有了设备以后,我先后录制了生物技术、农业技术、环境保护等方面的很多节目。当时北京电视台播出了一部非常好的大型系列科普节目——《生命》,我抓住时机,几乎把每一期都录了下来。这套节目在我后来的教学中发挥了很重要的作用。一年的时间,我录了30多盘录像带,初步建立起了自己的教学视频资源库。

在团委和学生会工作方面,我也不遗余力,承担了少年团校、升旗仪式、校园广播台、板报橱窗宣传的组织及管理等工作。在学生干部的培养和选拔以及学生思想教育方面,我积累了许多经验。

技能大赛的磨练

工作的第二年,我担任初二生物课教师,并继续兼顾校团委宣传工作、学生会工作和教工团工作。这一年中,对我的成长影响最大的一件事就是我参加了北京市初中教师教学基本技能竞赛。

1996年秋,北京市举办了初中教师教学基本技能竞赛。这次竞赛是有特定时代背景的。1992年,我国开始了第七次课程改革,我国教育界掀起了国家课程、地方课程、校本课程以及活动课程、研究性学习课程研究的热潮。当然,要落实课程改革的精神,最终还是要靠高素质的教师。随着课改的不断推进,教师素质的问题也显得越来越突出。在这样的背景下,北京市教委决定通过举办竞赛的方式来促进教师素质提高。由于中小学教师的人数太多,便决定先在初中开展。

9月开学后的第一次教研活动,教研员老师就通知了关于这次竞赛的相关事项。竞赛的时间安排是:10月中旬进行区级竞赛,11月中旬进行市级竞赛。竞赛的内容包括教育学基础知识——教育法律法规、教学设计和教学片段展示三部分。

区里的竞赛全体教师都要参加,然后根据成绩推荐四名教师代表朝阳区参加市级竞赛。

经过了一个多月的积极准备,我满怀信心地参加了区里的选拔赛。由于在工作的第一年,我非常重视教学技能的提升,进行了很多的训练,同时,我对这次比赛又非常重视,进行了充分的准备,所以在区级选拔赛中展现出了较高的水平,获得了第五名的好成绩。不过,按之前的说法,推荐四名教师参加市级竞赛,我的比赛就到此为止了。但是,由于有一位老师因为身体原因放弃了后续的比赛,所以区里决定推荐另外三名教师和我参加市级竞赛。

能够代表朝阳区参加北京市的比赛,让我感到既兴奋又担心。毕竟,我刚刚站上讲台一年多,初中的课还没教过一轮,我能担当得了代表朝阳区参赛的重任吗?在这个时候,教研员尹乐老师给了我很大的鼓励,他说:"潘勇,你不要有包袱。既然你能在区里的选拔赛中有突出的表现,就说明你有这个实力。另外,这次参加北京市的比赛,咱们是一个团队,你有什么问题,遇到了什么困难,大家都会帮助你的。"听了尹老师的话,我的心情放松了很多。我想:是呀,这是一次多么好的提升机会! 于是,我开始积极准备市级竞赛。我认真准备了初中生物的每一节课,尹乐老师还请来了当时朝阳区唯一的生物特级教师林静仁老师为我们这些选手进行指导,使我对如何进行教学设计有了更深入的理解。

尽管在高手如云的市级竞赛中我没能进一步获得非常突出的成绩,但是,毫无疑问的是,这次竞赛对我教学基本功的提升起到了巨大的促进作用。

初高中跨头任课的考验

工作的第三年,我跨头担任了初一和高二生物课教师,并继续兼顾团委宣传工作、学生会工作和教工团工作,此外还担任了实验室管理的工作。这一年的工作任务更重了,其中对我最大的考验是初高中跨头任课。

经过两年的教学实践,再加上技能大赛的磨炼,我对自己的教学能力已经比较自信了。不过,这种自信在高二期中考试后,受到了很大的冲击。期中考试,我教的一个 51 人的班级,竟然有 18 人不及格! 而同时任课的周老师教的那几个班,每班都只有三四个不及格的学生。这下我可傻眼了。究竟是怎么回事呢? 我赶紧向周老师请教。周老师原来是昌平区的高中教研员,教学能力非常强,待人也特别和蔼。她先和我一起分析了学生的试卷,帮我梳理了学生丢分的主要原因;之后,周老师又给我讲了许多高中教学应注意的细节,以及它与初中教学的不同之处,等等,使我对下一阶段如何做出适当的调整有了比较清楚的认识。

之后,我进一步加强了对高中教学的研究与思考,逐渐把握了高中教学的要领。在期末考试的时候,我所教班级的成绩已经基本和另外几个班持平了。在高二会考的时候,全班同学都顺利通过了考试。

学习和研究的收获

我深知,要想提高自己的教育教学水平,就得不断地学习。一方面,我积极参加区里组织的各种进修活动;另一方面,我还给自己安排了很多自学任务。比如:我自己订阅了《生物学通报》和《生物学教学》这两本与中学生物教学关系密切的杂志,每期都仔细阅读,并对重要的内容进行摘抄;每到寒暑假,我回家探亲,都会把半年的《中国教育报》和《光明日报》翻出来,逐一阅读,并把重要的文章剪下来,粘在大本上,做成剪报。我还经常到书店寻找有关教育教学的书籍,每个月都会买上两三本,认真地学习。其中,对我影响最大的是《魏书生教育文库》这套书。魏书生老师用最朴实的语言揭示了最深刻的道理,时至今日,我还时常会拿出来翻阅。

此外,我还有幸参加了北师大研究生课程班的学习,在生物专业知识和生物教育的理论方面取得了较大的收获。一些国际上比较流行的教育模式,在我的头脑中留下了深刻的印象。这也使我看到了我国生物教育的落后局面和生物教育改革的必要性和迫切性,对我进一步迈向教育实验和教育科研领域,起到推动的作用,提供了理论上的支持。

为了从理论走向实践,在这三年中我还开展了两项课题研究:一个是"新版初中生物教材的教学方法研究";另一个是"中学生物课双语教学研究"。这两项实验在新教育模式的探索中,都处于比较前沿的地位。尤其是"中学生物课双语教学研究",有一定的超前性,该课题在一年后,被确立为朝阳区"九五"教育科研课题,之后,我又进行了更为深入的研究。

总之,在领导和老师们的帮助下,经过这三年的锻炼,我顺利地实现了从学生到教师的转变,完成了中学生物课各年级的教学任务,具备了一定的教育教学能力,形成了一定的教育科研能力,为之后的发展奠定了坚实的基础。

插上信息技术的翅膀

20 世纪末,计算机和互联网迅速在我国普及。这一时期,也是北京市中小学校园网建设的高峰期。1999 年春,在朝阳区教育局的统一部署下,我校也开始了校园网的筹建工作。当时,由于计算机专业人才大都愿意到企业就职,所以中小学里的计算机专业人员都非常少,我校也不例外。为了充实校园网建设队伍,学校决定找几位对计算机感兴趣而且有一定基础的青年教师到网络中心兼职,我有幸成为了其中的一员。

学校之所以安排我到网络中心兼职,与我之前参与了一项课题研究有关。1998 年,我们学校参与了北师大承担的一个国家级课题的研究项目,内容是化学科普系列光盘的研制。我觉得挺有意思,就报名参加了课题组,结果分配到的任务是三维动画制作。当时说要用"3D"制作动画,可我还不知道什么是"3D"呢。怎么办呢? 只有从头开始学了。于是我就下决心一边学一边用。之前所说的"3D",其实是指一个名为"3D studio"的三维动画制作软件,这个软件内容庞杂,而且是英文的,很难学。这对我来说真是一次艰苦的锻炼,回想起当时一边学习软件使用,一边制作所需要的动画作品,真是投入了很大的精力,当然也获得了很多成功的喜悦。最后北师大专家对我的动画作品给予了很高的评价,他们根本没想到我是现学现卖的。这次的成功给了我很大的鼓励,使我认识到只要有决心、能坚持,并且学、用结合,多难学的软件都是可以掌握的。之后,在不到一年的时间里,我又陆续学习了图像处理、多媒体编辑、网页制作、视频编辑等一系列软件,具备了较高的计算机应用水平。

1999 年 5 月,在学校的安排下,我和网络中心的另外几位老师一起赴广东樟木头国家现代教育技术培训中心学习和参观,接触到了南国农、何克抗、李克东等一批现代教育技术方面的领军人物,他们在现代教育技术的应用方面务实的态度和研究探索的精神,给我留下了深刻的印象。课程内容主要包括"现代教育技术实验及其理论基础""建构主义——革新传统教学的理论基础""应用现代教育技术,构建新型教学模式""世界发达国家和地区教育信息化的新进展"等。通过学习,我极大地开阔了眼界，澄清了对许多问题的认识，感觉收获巨大。

学习归来，我们学校的网络建设也就正式开始了。网络施工是由相关公司来负责的，我们的任务是掌握整个网络建设的过程，并辅助施工人员进行布线和 IP 分配等工作。为了尽快掌握相关技术，我继续投入大量的精力刻苦学习，在很短的时间内掌握了网络系统调试和相关硬件安装的基本技能，为校园网的尽早开通做出了贡献。

校园网建成后，就面临着如何帮助老师们了解网络功能、利用好网络的问题了。实际上，对于老师们来说，本质上就是要学习计算机的使用。在工作中，我经常主动发挥自己计算机方面的优势，帮助老师们开展计算机辅助教学，从软件制作到设备调试，只要我能做的，我都全力支持。我帮贺新老师制作的三维动画，在辅助教学中达到了很好的效果，为这节课获得国家级评优课一等奖做出了贡献；我为刘忠新、李克明和黄华伟等许多老师制作了课件中演示相关过程的动画，为他们顺利完成计算机辅助教学的公开课助了一臂之力。由于我在计算机应用方面已经显得比较“专业”了，便常常会有老师来向我问一些关于软件、硬件方面的问题。在帮助这些老师解决问题的过程中，我的计算机水平也得到了进一步的提高。

2000 年 7 月，英特尔“未来教育”项目在中国正式启动。该项目旨在将技术有效地融入到课堂教学中，从而促进学生 21 世纪技能的发展和以学生为中心的课堂教学，提高学生的学习成效。我积极报名，参加了北京教育学院组织的第一批项目培训，并获得了主讲教师资格。之后，我在近两年的时间内，先后对 500 多名教师开展了培训，并陆续到一些学校进行项目指导。这些工作，极大地提升了我对如何将信息技术应用于教学的认识。后来，我还因为在这项工作中所做的贡献而获得了“全国信息技术道德教育先进个人”称号。

在不断的学习和应用的过程中，我逐步形成了较高的计算机水平和信息技术素养。无论是将信息技术用于教学，还是用于其他相关工作，我都能比较得心应手。可以说，正是之前的那些经历为我插上了信息技术的翅膀，为后来的应用和研究打下了坚实的基础。

在此，要特别感谢我们学校的一位老教师——解威老师。解老师 1998 年调入我校，专门负责网络中心的工作。当时，他已经年过半百，而且腿脚不好，但却非常积极、乐观。他对工作的热爱、对新事物的追求，深深地感染了我。解老师不仅经常在技术上给我指导，而且还常带我参加各种培训，开展信息技术应用研究。解老师是我走进信息技术世界的领路人，也是我工作、学习、生活上的榜样。

好政策让我圆了求学梦

上世纪 90 年代，为适应在职人员提高自身业务水平和综合素质的需要以及适应社会主义现代化建设的需要，国家陆续出台了一些新的政策，以支持和鼓励在职人员通过多种形式进行更高层次的学习，提升知识水平和业务素质。我正是这些政策的受益者。

1997 年 9 月，学校推荐我参加了北师大研究生课程进修班的学习。与正式的研究生教育不同的是，研究生课程进修班是一种非学历、非脱产的教学形式。学员在课程班学习相关专业的研究生主要课程，但不直接与硕士学位挂钩，也不发毕业证书。尽管既没有学历也没有学位，但我还是非常珍惜这次学习的机会。因为我知道，通过课程班的学习，可以使我进一步完善知识结构，提高学术水平，这是最重要的。我在课程班的学习非常认真，成绩也很优秀，顺利通过了各门课程的考试，于 1999 年 7 月完成了学业。

结业的时候，北师大负责课程班工作的老师高兴地对我们说，现在又有了新的政策，如果想取得硕士学位，可以报名参加后续的学习。原来，在我们学习期间，具体来说是 1998 年 6 月 18 日，国务院学位委员会通过了《国务院学位委员会关于授予具有研究生毕业同等学力人员硕士、博士学位的规定》。“规定”指出，凡是拥护《中华人民共和国宪法》，遵守法律、法规，品行端正，在教学、科研、专门技术、管理等方面做出成绩，具有研究生毕业同等学力，学术水平或专门技术水平已达到学位授予标准的人员，均可按照该规定，向有关学位授予单位申请硕士、博士学位。6 月 18 日这一天，恰好是我的生日，这是一份多么好的生日礼物呀！

不过，要取得硕士学位也并非易事，要在四年内完成学位授予单位组织的相关专业研究生课程考试和国家组织的同等学力人员申请硕士学位的外语水平考试及学科综合水平考试。在通过全部考试后的一年内提交学位论文，提交论文后的半年内完成论文答辩。面对这样的要求，绝大多数学员选择了放弃，而我则非常坚决地报了名。因为我在上大学的时候，原本已经准备报考研究生了，后来因为生病没能实现，感觉挺遗憾的。现在有了这样好的机会，怎能错过？当时也没想到，我用了整整七年的时间才圆了这个求学梦。

我首先要完成的是北师大研究生课程的学习和考试。这个阶段,我感觉压力还不是很大,除了少数几门课学习起来比较困难以外,大多数课程的学习还都比较顺利。我用了两年的时间,通过了所有应学课程的考试,开始准备参加国家组织的统一考试。

要参加全国统考,这个压力就大多了。我突然发现,由于在之前的两年没有报名参加全国统一考试,所以实际上我只有两次考试的机会了。我要申请的是教育学硕士学位,相应的综合水平考试包括教育学原理、中外教育史、教育心理学、教育科学研究方法等内容,这些都要自己准备,没有专门的辅导。另外,还要复习外语,时间真的很紧。一开始我准备两门同时考,但准备了一段时间后发现这不太现实,因为我毕竟是在职学习,还有很重的教学任务,没有太多时间可以用来复习。于是我采取了逐个击破的办法:我对自己的外语水平比较有信心,那就先考外语,结果通过了。这样一来,最后的压力就都集中在学科综合考试上了,而且只有一次机会。对于这一科考试,我其实是没有多大把握的。不过事有凑巧,由于2003年春季爆发了“非典”,中小学在5月都停课了,我的考试也推迟到了11月。这下我有了充足的准备时间,最后以很好的成绩通过了考试。

通过了全国统一考试以后,我的心情一下子放松了很多,因为只剩下写论文和答辩这两件事儿了,我还有一年半的时间,肯定没问题。对于写论文,我是很有信心的,这有两个原因:第一,我大学本科时的毕业论文在当年曾被评为学校的优秀毕业论文;第二,我工作后,已经主持过两个区级课题的研究,并且有几篇文章在市、区级乃至国家级的评比中获奖并发表。但是,真正开始作硕士论文的时候,才发现远没有想象的那样简单。当我拿着自己的一篇论文找到我的导师询问该如何把它变成硕士论文的时候,才意识到这一点。我的导师是方瑾老师,她看了我的论文后,首先肯定了我的一些观点,然后着重给我介绍了硕士论文的要求。她告诉我,作硕士论文与平时写一篇论文有很大不同,特别强调研究过程的系统性和研究方法的科学性。硕士论文一定要有明确的创新点,而且每个观点都必须有足够的数据支撑。另外,北师大的硕士论文将来是要收藏在国家图书馆的,一定要体现较高的学术水平,断不可草率。我这才知道了自己面临的任务有多么艰巨。那么,怎么才能把硕士论文作好呢?在这方面,方老师给了我非常具体的指导。通过多次交流,方老师帮我打开了研究思路,确定了研究的切入点和创新点,还教给了我许多教育科研的具体方法,使我受益匪浅。其实,除了学习如何开展教育科研,方老师严谨的治学态度、勤奋工作的精神、平和的待人方式,既热情鼓励,又严格要求的为师风范都深深地影响了我。

在距离成功只有一步之遥的时候,还出现了一次波折。2005 年 3 月,我突然接到了一个来自北师大的电话,让我参加 5 月的论文答辩。我说,2003 年因为“非典”,考试推迟了半年,我论文答辩的时间也应该相应顺延半年呀。对方说,论文答辩都是统一安排的,每年 5 月进行,不可能专门为我单独组织。所以,若不能参加,就没有机会了。这可真是当头一棒。由于 2004 至 2005 年这一年我正好教高三,没有条件开展相关的教学实验,所以只做了文献研究和一些相关的准备工作,还没有取得实质性的进展,这个论文无论如何是写不出来的呀!难道多年的努力,就功亏一篑了?最后,还是方老师帮我解了围。她与相关部门沟通,帮我解释不能如期完成的原因。经过交涉,北师大的相关部门批准了我延期一年进行论文答辩的申请。在 2005 至 2006 学年,我开展了相关的实验研究,完成了论文,于 2006 年 5 月顺利通过了论文答辩。

如果加上研究生课程进修班的两年,实际上我用了九年的时间才获得这个硕士学位,想来也确实不易。不过,我的收获也是巨大的。通过这些年的学习,我系统地掌握了生物学专业知识和教育相关理论,进一步提升了外语水平,并且在教育科研能力上得到了明显的提升。如果让我用一句话来概括这段学习经历给我的感受,那就是:虽然辛苦,但绝对值得!

一分耕耘，一分收获

我出身于教育世家，早在中学时代就确立了从教的理想。参加工作后，在不断的教育实践过程中，我对教育工作的理解和感情也日益加深。正因为如此，我一直在努力地学习和钻研，力争使自己成为教育战线的骨干力量，有能力担负起为国家培养优秀公民和优秀人才的重任。二十多年来，在各级领导的支持和鼓励下，在众多老师的帮助下，我一天天耕耘，一步步成长，收获着作为教师的那份特有的成就感。

一 教育教学得到认可

我一贯坚持严谨细致的工作作风，积极探索科学、高效的教学方法。我能够站在"为学生的长远发展而教"的高度上开展工作，坚持寓教育于教学之中。我注意根据各班特点确定相应的教学策略，努力提高学生学习的积极性和学习效率，积极开展以小组合作学习为主的课堂教学改革，取得了显著的成效。在2003年至今的14年中，我有11年担任高三教学，在学校的教学工作中发挥了骨干作用。由于取得了比较突出的成绩，我先后在北京市朝阳区高三教学经验交流会、高三"双研会"和北京市高三复习教学研讨会上做了专题发言，受到一致好评。近期，在学校组织的学生评教活动中，学生对我给出了以下评价："细致、认真、负责，很有经验；博学多才，很有魅力；讲课生动形象，诙谐幽默，气氛活跃；说理清晰，方法得当，讲解到位，深入浅出，能够吸引每个同学……"学生的认可对我来说是莫大的鼓励，让我体会到了为师的成就感和自豪感。

经过二十多年的磨练，我在教育教学上主要形成了以下特点。第一，特别注重在良好师生关系的基础上开展教育教学工作。我努力营造和谐、愉快、民主、合作的氛围，让学生感到自己是课堂的主角。第二，特别注重教学方式的多样化。我一直努力针对不同内容打造多种类型的"好课"，比如以讲解生动深刻为主要特色的好课，以学生活动充分为主要特色的好课，以充分调动学生情感为主要特色的好课等，让学生在各类"好课"中获得多样的学习体验。第三，善于利用信息技术提高教学质量。我曾比较系统地学习信息技术，并担任英特尔未来教育培训项目主讲教师。在教学中，我充分发挥自己这方面的优势，形成了一定的特色。第四，善于运用幽默的语言调节课堂气氛，让学生在快乐中学习。

在课堂教学设计方面，我秉承“以人为本”的教育理念，经过长期的思考与实践，总结出了“关注需求、巧设悬念、充分活动、创造乐趣”的课堂教学设计思路，并将其确立为我教学和研究的思想基础。我所说的“关注需求”包括两方面：一方面是关注客观需求，就是从教育的目标出发，关注学生应该达到哪些要求；另一方面关注主观需求，就是从学生的角度出发，关注他们喜欢什么，想要什么。只有对这两方面的需求都给予了充分的关注，才能设计出既符合学生实际又符合教育目标的教学方案。“巧设悬念”是指学习情景的创设，也就是在上课的过程中一定要形成能够吸引学生关注学习内容的情景。“充分活动”是指在课堂教学过程中，除了让学生听讲和记录以外，一定要给学生充足的时间进行各种形式的活动，包括内隐的思维活动和外显的观察、实验、讨论、辩论等活动。这样才能让学生长时间地保持积极、主动、活跃的心理状态，从而充分发挥课堂教学的功能。“创造乐趣”是指在课堂上一定要创造条件让学生感受到课堂学习活动的乐趣。课堂不只是学生进行智力活动的场所，也是学生进行情感体验的场所。课堂上应该是充满乐趣的。乐趣来自两个方面：一方面来自智力活动有了收获，比如解出了一个难题，明白了一个道理，形成了一个设计方案等；另一方面来自老师与学生之间、学生与学生之间的互动。目前，我正在努力深入研究实现这四个方面要求的具体途径。相信在不久的将来，还会有更多收获与体会。

在班主任工作中，我从提高学生的集体主义观念入手，努力创建优良班风，也取得了显著成效。在兼任校团委和德育教导员工作期间，我积极组织少年团校、国旗班、校园广播站等学生团体，并针对不同班级的特点开展思想教育工作，为学校的德育工作贡献了力量。

二 教研科研收获颇丰

这些年，在我国基础教育课程改革的背景下，我开展了许多相关的研究。

我多年担任区兼职教研员、科研员，还曾被聘任为“朝阳区高考模拟试题命题专家组”成员，并且成为特级教师江建敏工作室核心成员。我多次在区教研活动中担任主讲，如：为全区生物教师主讲“数字化生物实验室的应用”“浅谈中学教师如何提高教育科研的科学性”等；为区高三生物教师主讲“实验设计的复习方法”“高考题的启示”等。我多次参与区高三“双研会”的组织工作和区高考模拟试题的命题或审定工作;开展了“生态系统的能量流动”市级研究课和“探究酶的作用条件”等15节区级研究课;在中国教师报组织的“基础教育课程改革展示”活动中做了“细胞的分化”展示课;在教育部主办的全国中小学“学科德育精品课程”征集展示活动中,课例“细胞的分化”被评为部级学科德育精品课程。作为区高中生物“新课标教材教学研究小组”成员,我先后参编、主编了《学习目标与检测》丛书初、高中生物各分册,并参与了区题库建设。此外,我还完成了《全考点解读》DVD光盘中6节辅导课的录制和2套配套试题的编制;主编了校本教材《高考生物块·点·题》;参与了《生物学科知识与教学能力(高级中学)》《和你一起做实验》等教材的编写。

在科研方面,“九五”期间,我主持了“中学生物课双语教学的研究”等2个区级课题;“十五”期间,我作为负责人之一主持了区级课题“以信息技术为认知工具,促进学生主体性学习的研究”;“十一五”期间,我参与了市级课题“实施发展性评价,提高中小学教育质量”的研究,作为核心成员参与了国家级课题“正确运用学生评教信息促进教师专业发展的实践与研究”;“十二五”期间,我主持了区级课题“高中生物课学生学习活动系列微课的开发实践研究”,作为课题领导组成员、实施组成员和子课题组长参与了国家课题“普通高中小班化条件下的‘雁阵’合作学习教学模式研究”,作为主要研究人员参与了市级课题“美育在学科教学中的实施研究”以及3个区级课题的研究;“十三五”伊始,我又开始主持市级课题“学生活动微课在高中生物教学中的应用研究”的研究。

工作以来,我的论文、教学设计、课例等获国家级奖项5项;市级一等奖4项,二、三等奖20项;区级一等奖10项,二、三等奖17项;发表论文、课件、教材等19项。

三 带动作用得以发挥

近十二年,我一直担任教研组长、备课组长、青年教师导师工作。我注意团结同志,努力调动大家的工作热情,创设和谐融洽、积极进取的良好氛围。除了组织常规教研活动以外,我还先后组织了“数字化生物实验室的应用”“课堂观察”等专项研究。在我的带领下,我组教师在教学及科研方面取得了丰硕的成果。例如,仅2012至2014年期间,我组教师就获得国家级和市、区奖项八十多项,我组也因此获得了朝阳区优秀教研组荣誉称号,并被评为朝阳区学科基地校教研组。

在导师带教工作中,我认真研究所带青年教师的优势与不足,有针对性地开展工作,帮助青年教师在思想上、业务上取得了长足的进步。我重点培养的4位青年教师先后在区教师基本功竞赛中获得了一等奖,其中3位教师还在市级评比中获得了一、二、三等奖;3位教师的论文获得了市级一、二等奖;1位教师被评为区优秀青年教师,其他3位教师也都表现出色,受到校领导和教研员的认可。

在学校组织的各种活动中,我也积极贡献着自己的力量。我曾连续8年承担新调入教师的培训工作,得到领导、老师们的一致肯定;在校教科研年会上介绍课题研究经验、进行研究课展示等,受到大家的一致好评。除了在本校发挥引领和辐射作用,我还对其他学校的教师进行了指导。一方面,我多次以讲座、培训的方式,面向全区生物教师开展指导工作;另一方面,我还多次对有特定任务教师进行指导,为刘晓静、靳思等老师在市级竞赛中获得一等奖提供了有力的支持。此外,我还参加了对河南南阳淅川县的支教活动,受到当地学校领导和师生的一致好评。

在领导的支持和同志们的帮助下,我个人也获得了很多荣誉:1997年被评为北京市朝阳区先进青年教师;2003年被北京市朝阳区教育委员会评为教育系统优秀青年教师;2003年被评选为北京市朝阳区教工委优秀党员;2005年荣获全国信息技术道德教育先进个人称号;2007年被评为北京市朝阳区骨干教师;2007年被评为北京市朝阳区知识型职工暨优秀工会积极分子;2010年被评为朝阳区骨干教师;2012年被评为北京市朝阳区教育系统创先争优优秀共产党员;2012年被评为朝阳区教育系统学科带头人;2013年被评为北京市中学市级骨干教师;2013年被评为北京市朝阳区教育科研先进个人;2017年被评为北京市优秀教师。

能够得到这么多的荣誉,自然令人欣喜。但欣喜的同时,这些荣誉也时刻提醒着我反思自己的不足。我的工作效率、教学水平、研究水平、对学生进行思想教育的水平等,都还有待进一步提高。作为一名教师,我永远都在成长的路上。

第二章

与时俱进的课堂教学探索

教师对课堂教学的探索必须与时俱进，这主要基于以下三个方面的原因。第一，只有这样，才能有效地落实国家对学校教育提出的新要求。随着社会的发展，国家对学校教育也不断提出更高的要求。而学校教育的主渠道是课堂教学，只有通过不断地探索，对课堂教学做出相应的改进，教师才能完成国家在新时期赋予学校教育的使命。第二，只有这样，才能适应不断变化的学生。新时代的学生，在知识、文化、思想乃至交流方式等方面都会有新的特点。教师只有不断探索出新的、符合时代特点的课堂教学形式，才能受到学生的欢迎，进而发挥出强大的教育影响力。第三，只有这样，才能使教师得到更快的发展。新的时代，给教育带来了很多新的机遇和挑战。教师若能准确地捕捉到新形势下出现的关键问题和热点问题，有针对性地开展课堂教学研究，对于个人的专业发展将会起到极大的推动作用。

本章主要以典型课例及评析的形式呈现了我在实验教学、概念教学和复习教学等方面所进行的探索，同时表述了我对课堂教学方式多样化问题的一些想法。希望这些课例和想法能够起到抛砖引玉的作用，引发大家的思考，进而设计出更精彩的课堂教学方案，为学生的全面发展提供有力的支撑。

浅谈新课程背景下如何上出各具特色的好课

关于如何上课,在许多教育学书籍中都有大量的论述。对于备课、上课的基本方法和应注意的问题等,每个老师都不会感到陌生,但是要真正上出一节好课,却不那么容易。尤其是在新一轮基础教育课程改革的背景下,究竟什么样的课才算是“好课”以及如何上好一节课已经成为研究的焦点。为了指导教师搞好教学,许多教研部门提出了课堂教学评价方案。这些方案的提出,发挥了一定的积极作用,但是,也有许多教师感到评价方案中的要求与日常课堂教学中的现实情况存在较大的距离,对日常教学的指导意义不大。那么,我们应该如何处理好要求与现实情况之间的关系,结合实际上出有自己特色的好课呢?以下是本人的一些看法。

一 正确认识课堂教学评价方案

做课、评课是学校经常组织的一种教研活动,也是课堂教学评价方案被直接应用的主要场合。许多教师在做课的时候,都会感到很难设计出一节非常满意的课。为什么会这样呢?我认为价值取向的完美主义倾向是一个非常重要的原因。所谓“做课”就是上有一定特殊目的的课,要么是为了研究某种教学方法的效果,要么是为了展示自己的教学能力,等等。所以,做课的教师常常要站在评课人的角度,参照评价方案中的标准去考虑如何上这节课才能符合要求,才能得到好的评价。教师进行教学设计面临的困难,很大程度上正是源于对教学的理想化要求与自身能力、学生素质、教学内容等客观现实情况之间的矛盾。理想化的教学要求是对课堂教学多元的、全面的要求,而实际教学由于受到种种客观情况的限制,不可能完全达到理想化的教学要求。在这种情况下,教师要追求面面俱到,其遇到的困难和心理上的矛盾是可想而知的。实际上,每位教师都有其相对擅长的授课方式,学生也有相对偏爱的学习方式,不同的教学内容对教学方式的要求也是不同的。教师在进行教学设计的时候,自然而然地首先要考虑这些具体情况,然后确定相对而言最为合理的教学方式。如果不从这些实际出发,而从“本本”(课堂评价方案)出发，教学的实际结果往往更差，教师的教学个性更是难以发挥。

所以，如果从日常教学的角度考虑，绝对不能将评价方案中的各项要求死板地当作设计一节课的金科玉律。对待评价标准，更多的应该是动态地、系统地考虑，将它作为指导自己整个教学而非一节课教学的依据，这一点是很重要的。如果静态地看待评价标准，就意味着在一节课中必须全面达到要求，实际上是教条主义，它势必会束缚教师的教学；如果动态地考虑，则可以放开手脚，允许自己在不同的课上，只重点完成好某几方面的要求，明确一节课的主要价值取向，实实在在地上好一节课，其他任务可以在别的课上去重点完成，这样才能真正发挥评价标准的指导作用，提高教学质量。

二 对几节好课的分析

我听过许多老师的课，其中有几节课给我留下了很深的印象，也使我受到很多的启发。我认为这些课都可以称得上是好课，但同时它们又有着明显的区别，这使我实实在在地体会到"好课"绝不只是一种模式，正所谓"教学有法而教无定法"。

（一）以内容的生动、广博为主要特色的一节好课

这是北京师范大学附中特级教师朱正威老师上的一节课，课的内容是高中生物学中"生物的变异"。由于是临时安排听课，朱老师课前并没有特意准备。但是一节课下来，我们几个听课的老师全都被朱老师的教学水平所折服，不约而同地发出感叹：真不愧是特级教师！他的知识是那么渊博，思维是那么清晰，每个例子都那么恰当，那么富有说服力。加之讲得绘声绘色、生动幽默，还经常通过巧设悬念，带领学生感受"山穷水尽疑无路，柳暗花明又一村"的戏剧性变化，极大地调动了学生的学习兴趣。我想，这样的课虽然在形式上主要是教师讲、学生听，但绝对不是单纯地传授知识，它对学生的学习会有很多积极的影响。学生可以从这样的课中受到启发，发现自己很难独立发现的生物科学的魅力；他们还会受到教师人格魅力的影响，进而形成了更强的学习动力；他们甚至会学习、模仿老师的思维方法和言谈举止。这样的课所具有的独特的教育价值，很可能是别的课所无法达到的。我们感到听这样一位老师讲课真是一种受教育、受熏陶的过程，是别的学习形式所不能代替的，课上充分体现了教师教学的魅力和知识的魅力。我们都不得不信服，这真是一节好课。

（二）以准确精练、深入浅出为主要特色的一节好课

这是北京市日坛中学的特级教师陈正宜老师上的一节课，课的内容是“减数分裂”。“减数分裂”是高中生物学的一个难点内容，十分抽象。一般的老师讲到这儿，都会感到非常头疼。不是怕自己讲不清楚，而是觉得自己讲得已经很清楚了，可是一节课下来以后，学生还是稀里糊涂。听过陈老师的课以后，会产生一种感觉：如果与陈老师相比，自己讲得根本算不上清楚。他对这个知识的内在结构实在是太了解了，同时，对学生会出现的问题、学生的思维情况也太了解了，所以就可以进行极有针对性的教学，突破了难点。另外，教学语言非常准确精练，深入浅出，而且还风趣幽默，可谓讲授法教学的经典。他的主要教学方法也是讲解，但绝对不是灌输，而是不断地激疑、解惑、再激疑、再解惑，使学生始终处于积极的思维状态，无论在知识方面还是在思维能力训练方面都有很大的收获。大家都认为这节课虽然只使用了最普通的几张挂图和几幅自制的投影片，却使学生取得了很好的学习效果，不愧是一节值得大家学习、借鉴的好课。

（三）以形象直观为主要特色的一节好课

北京市陈经纶中学的张秀茹老师上的一节内容为“植物的激素调节”的课是以形象直观为主要特色的好课。这节课的重点有两个：一是让学生通过对植物向光性的分析，理解实验设计和实验分析的基本方法；二是使学生理解生长素的主要作用。她充分利用了计算机的多媒体功能，给学生提供了大量的形象直观的素材，如许多植物受到激素调节作用表现出各种现象的照片、生长素在植物体内运输和发挥作用的动画演示、课外小组做植物向光性实验的过程和现象的视频片断、许多实验设计的示意图、不同浓度生长素对植物生长的作用关系曲线，还有很珍贵的视频资料，如当年科学家做植物向光性实验的操作过程和实验现象，等等。这些材料为学生的思维活动提供了丰富的直观素材，让学生的思考不再是空想，对学生理解实验、学习实验设计、理解知识发挥了突出的作用。再加上老师耐心地启发，及时地归纳和点拨，学生取得了很好的学习效果。这是一节典型的变抽象为具体的好课。

（四）以学生充分活动为主要特色的一节好课

北京市机械学院附中的王跃老师上的一节内容为“人体免疫”的课，获得了全

国优质课评比一等奖，这是一节以学生充分活动为主要特色的课。在课堂上学生分成小组，通过角色扮演的方式生动形象地表现出人体免疫的主要形式、作用原理和作用特点。课堂的气氛非常活跃，欢声笑语，学生在非常轻松愉快的氛围中学习了人体免疫的相关知识。这节课十分符合初中学生的年龄特点，符合快乐教育的原则，是一节充分利用学生活动进行教学的好课。

（五）以调动学生热情为主要特色的一节好课

北京市娄梓庄中学的李云慧老师是一位以上课富有激情而著称的老师。她上课时，总是充满热情，并且能用她的热情去感染听课的学生，努力创造出一种民主、热烈的课堂氛围。在她上的一节题为"植物的光合作用"的课中，由于她的热情、她的调动，学生们的讨论极为热烈、学习非常积极，勇于提出各种各样的个人见解，充分表现了学习主体性。这节课是一节典型的以教师的热情调动起学生学习热情的好课。

三 总结

以上每一节课都反映了一节好课应该具有的某一方面的特征。我们也许会想：如果能把这些方面都在一节课上反映出来，那将是一节多么完美的课！我们在评课的时候往往就存在这种倾向。但实际在一节课中，有些课的特点可以相容，有些课的特点则具有不相容性。比如在以教师讲解为主的课上，就不可能同时安排大量的活动。在真实的教学中，一节好课的所谓"好"往往并不是理想中的完美的好，而是在某一两个方面特别突出，从而带动了其他方面，就可以达到很好的效果，足以成为一节好课。当然，前提是任课教师要具有扎实的教学基本功和认真的教学态度。无论上什么样的课，这一点都是相同的。在此基础上，根据教学内容的特点、学生的特点以及教师个人的特点（发挥优势）上出一节一节的好课来。我认为一节好课的基本原则是学生在课上能全神贯注于学习活动中，在知识、能力和思想情感等方面得到发展。具体形式总是要变化的，因为变化教学形式本身就是教学的一种客观需要。对于各种教学方式，我们也应该报以更加宽容的态度，不应把注意力只集中在某种教学方式的缺点上，而应更加重视发扬它的优点。只要一种教学方式具有独特的优势，我们就应该允许它的存在，承认它的价值，并且努力使其发展、优化。对于教学方法，以一种方式取代另一种方式的做法并不理智。我认为改革传统的教学方式，实质是要打破只有一种教学方式垄断课堂的状况，而不是某种教学方式本身。比如,并不是要将讲授法淘汰,完全以探究式教学取而代之,而是应该根据新的形式和新的条件,进一步发展和优化讲授法。只有多种教学方式百花齐放、相互配合才是最为理想的局面。

教学真的既是一门高深的科学,又是一门深奥的艺术。从科学方面讲,它有法可依,有律可寻,但是,具体到每一位教师、每一节课,它又是独特的、具有艺术的特点,讲究的是一种感觉。我们教师一方面必须清楚教学的基本原则,保证教学的科学性,同时又必须结合个人的特点,找到感觉,这样才能不断提高自己的教学水平。对待各种教学要求,应该把它主要理解为对教学的整体上的要求,而不应把它等同于对具体某一节课的要求。尽管整体要求的实现需要通过一节一节具体的课来完成,但这并不等于要求每节课都全面地达到所有要求,因为那必将成为理想化的、不切实际的要求,它会束缚教师独特的风格和创造性,不利于教师教学水平的提高。因此,教师应该明确每一节课独特的价值取向,发挥自己的优势,结合所教学生的特点和所选教学内容的特点,上出有特色、有新意,使学生得到实惠的好课。

四 参考文献

[1]北京市基础教育课程教材改革实验工作领导小组.新课程下专题课例研究(2003—2004)[M].北京:首都师范大学出版社,2004.8.

[2]薛志芳.怎样的课是一节好课[N].中国教育报,2005-3-11(5).

[3]储召生.还原朱正威[N].中国教育报,2005-4-25(4).

[4]况晨光.教师苦学生累,咋办[N].2005-6-10(4).

(本文于2005年12月获朝阳区“十五”第三届继续教育论文评选二等奖,并发表于《朝阳教师继续教育》)

如何上好探究实验课

——“探究酶的作用条件”课例及评析

【课例说明】

本课例最初的设计和实施时间为2009年10月。2003年,我国教育部印发了《普通高中课程方案(实验)》和15个学科课程标准(实验),《普通高中生物课程标准(实验)》也自此出台。高中生物新“课标”明确提出要倡导探究性学习,力图促进学生学习方式的变革。为了落实上述理念,生物教师一方面要在平时的教学中随时创造机会,引导学生进行探究学习;另一方面,尤其要重视探究实验课的开展,因为它为学生提供了难得的既动脑思考又动手操作的机会,具有不可替代的价值。然而在实践中,由于教学时间、实验条件、教师能力、学生层次、班级容量等诸多因素的限制,高中生物探究实验课的开展情况还不够理想。那么,如何才能更好地开展生物探究实验课呢?我以“探究酶的作用条件”这节课为例进行了探索。本课例于2010年10月在教育部基础教育课程教材发展中心举办的“菁华杯”首届全国新课程中学优质课评选活动中荣获优秀课例二等奖。

【教学背景分析】

内容分析

本节课的内容是高中生物(人教版)必修1的第5章第1节的第二个问题中的第三点,即:酶的作用条件较温和。在这一内容之前,教材首先介绍了酶的发现和化学本质,之后介绍了酶的两个特性:高效性和专一性。关于酶的第三个特性,即“酶的作用条件较温和”,教材设计了一个探究哪些因素影响酶活性的实验,让学生在探究后得出结论。本探究的实验指导提供了相关的背景知识,目的是便于学生提出所需探究的问题。在学生探究的基础上,教材配合两个曲线图,概括出酶的作用条件较温和的结论。课后的“科学·技术·社会”,通过多个方面的实例,体现出酶与人类生活的密切关系,从而进一步开阔学生的眼界。

本节课的知识内容不多，主要介绍了酶的作用条件较温和；在最适温度和 pH 条件下，酶的活性最高；过酸、过碱、高温会使酶永久失活；低温会抑制酶活性，但酶不失活。知识之间的联系：学习酶的化学本质对于理解为什么酶作用条件较温和打下了基础。而学习了温度和 pH 对酶活性的影响，又为以后学习温度对光合作用和细胞呼吸的影响、人体内环境稳态的意义等内容打下了基础。

本节课更重要的内容是让学生亲自获得酶的活性受温度和酸碱度影响的实验证据；通过定量的探究实验认识不同条件下酶活性的变化情况；在探究实验活动中，学会确认和控制自变量，观察和检测因变量的变化，同时进一步熟悉和掌握定时取样检测和传感器的使用等实验技能。

学情分析

高二年级的学生已经具有较强的分析能力和一定的实验操作技能。从入学成绩和平时的学习表现来看，我校学生的知识和能力水平在同龄人中大约处于中等，因此教师在组织探究活动时，还是需要给予比较具体的引导，开放性不宜过大。

在知识和技能方面，学生已经学习了酶的发现、化学本质和作用，以及酶的高效性和专一性，并且已经做了比较过氧化氢在不同条件下分解速率快慢的实验，切身体会了酶具有很高的催化效率。在实验探究能力方面，学生已经学习了自变量、因变量和无关变量的概念以及什么是对照实验，并且已经掌握了氧气传感器、恒温水浴锅的使用方法以及调整溶液的 pH 值和取样检测等实验技术。

我认为对于我们的学生来说，本节课的困难点应该是实验设计中的材料选择和因变量的检测。另外，规范地进行实验操作，对于一部分学生也具有一定难度。

【指导思想与理论依据】

指导思想

生物新课程标准中提出了“倡导探究式学习”的理念，旨在促进学生学习方式的转变，使学生通过探究的方式体验科学、感受知识形成的过程，培养科学态度和价值观。本节课恰好有机会充分落实新课标的这一理念，使学生在实验设计和实施的过程中得到科学研究方法的训练和科学精神的熏陶。

另外，新课程还强调合作学习，本节课的探究活动恰恰非常适合通过分工合作的方式来完成。一方面，实验的设计和实施需要以小组为单位，由几名学生合作完成；另一方面，由于要测定一系列温度条件和 pH 条件下酶的活性，而每个组只能完成其中的一两个测量任务，所以只有各组合作，才能完成整体探究任务。这些合作学习活动非常有利于激发学生的参与动机，而且有利于教师对学生进行合作精神、团队意识和责任意识的教育，对于落实情感态度和价值观方面的教学目标具有重要的价值。

理论依据

本教学设计的理论依据主要是布鲁纳的“发现学习”理论和斯莱文等人的“合作学习”理论。

【教学目标】

知识方面

说明酶的作用条件（温度、pH 对酶活性的影响）。

能力方面

1. 学会确认变量、控制自变量和检测因变量的方法，提高实验操作技能。

2. 加深对科学探究的基本环节的认识。

情感态度与价值观方面

1. 体验科学实践过程。

2. 在合作探究的过程中，提高责任意识和团队意识。

【重点和难点分析】

教学重点

1. 酶的作用条件（温度、pH 对酶活性的影响）。

2. 控制自变量、观察和检测因变量的方法。

教学难点

1. 学会控制自变量、观察和检测因变量的变化。

2. 实验操作。

解决重点、难点问题的方式与方法

1. 教学方式上采用探究实验方式，并组织合作学习，使学生深刻地认识到温度、pH 对酶活性的影响，体验控制自变量、观察和检测因变量的方法。

2. 教学手段上采用多媒体投影系统、电子白板、数字化实验设备（氧气传感器等）、恒温水浴锅及其他相关实验用具，提高探究实验的效率。

【教学方式】

探究式教学。

【教学手段】

多媒体投影系统、多媒体课件、实验室及相关实验设备。

【教学过程】

教学环节及教师活动	学生活动	估时
环节一：通过问题导入	回答	3 分
上次课我们做了一个实验：分别用肝脏研磨液和 $FeCl_3$ 溶液催化过氧化氢分解，结果怎么样？这个实验说明了什么？（酶具有高效性）那么，同学们有没有想过，酶的催化效率总是很高吗？会受什么因素的影响吗？请说说你做出判断的依据。（学生大都认为酶的催化效率会受温度等条件的影响，但是许多学生没有充足的依据）	发言、争论	
环节二：设计并进行实验，探究温度对酶活性的影响		10 分
确定实验思路： 我们先研究温度对酶的影响。如果我们要通过实验的方法，探究温度对酶活性有什么样的影响，这个实验应该怎么做？ 主要思考下面三个问题： 1. 选材（在教材提供的范围内选择。主要确定用哪种酶和相应的试剂） 2. 自变量是什么？如何控制？ 3. 因变量是什么？如何检测？	阅读、讨论	
交流总结： 1. 建议选用淀粉酶。 因为淀粉酶在一般的加热条件下不分解。而过氧化氢在加热条件下分解，会对实验结果造成干扰。选材很重要，选不好就让我们难以得到正确的结论。比如要研究 pH 对酶活性的影响，我们就不能选择淀粉酶了。因为酸可以催化淀粉分解，对实验结果造成干扰。（学生在阐述理由时不像教师想象的那么顺利，所以，教师进一步做出了提示） 2. 自变量是温度，可以用水浴方法控制。 我们设几种温度条件呢？如果只是要了解温度对酶的活性是否有影响，那只需要设定两个温度条件。如果要了解各种温度条件下酶的活性究竟有什么不同，就需要设定一系列温度。 3. 因变量是酶活性，可以通过检测淀粉完全分解成麦芽糖所用	聆听与对话	

续表

教学环节及教师活动	学生活动	估时
的时间进行检测。(这是本实验设计的难点,也是创新点。许多学生难以确定因变量的检测方法。学生的发言不够充分,所以教师增加了引导性的语言,造成本环节的时间比预计时间要长一些)		
明确实验原理: 淀粉酶可以将淀粉分解为麦芽糖。通过定期取样并用碘液检验淀粉是否已经完全分解的方法,可以确定淀粉分解成麦芽糖所用的时间,进而比较不同温度下淀粉酶的活性。	聆听	1 分
说明步骤要点,组织学生实验: 1. 取一支试管,加入 2 mL 淀粉溶液。 2. 在指定的温度条件下保温 5 分钟左右。 教师巡视并提供帮助。 保温过程中,带领学生分析该实验的预期结果及其对应的假设。(各种温度条件下完成反应所用的时间相同吗?预计哪种温度下反应最快?对应的假设是什么?) 3. 滴加 2 滴淀粉酶溶液,立即放回指定的温度条件下,开始计时。 4. 每分钟定期取样,检测淀粉是否已完全分解为麦芽糖。(样品遇碘呈现棕色) 5. 记下完成反应所用的时间。 教师巡视并提供帮助。(学生的实验操作情况比较好,但有个别组失误了,只好重做。好在对全班的探究结果影响不大)	聆听 进行实验操作 思考与对话 进行实验操作	10 分
进行数据处理: 利用准备好的 Excel 文件,借助智能板,直接输入学生汇报的数据。之后,带领学生分析数据。(此过程进行得非常顺利,效果也比较好)	汇报	3 分
分析实验结果: 结果和你的预期一样吗?(否定了温度越高,酶活性越高的假设。达到了让学生体会实践出真知的目的) 为什么在高温条件下酶的活性也降低?能不能根据酶的本质加以解释?(目的是让学生运用前面所学的知识,建立起知识间的联系。解答要点是:酶大多数是蛋白质,高温会使其变性,所以酶也就失去了活性)	对话	5 分
得出结论: 酶的作用条件比较温和,低温和高温都会使酶活性降低。 存在一个最适温度。		1 分

续表

教学环节及教师活动	学生活动	估时
环节三：探究 pH 对酶活性的影响		10 分
问学生：实验的基本思路是什么？	思考、回答	
说明实验原理：		
过氧化氢酶可以催化过氧化氢分解产生水和氧气。通过比较不同 pH 条件下氧气的生成量，可以比较不同 pH 条件下过氧化氢酶的活性。	聆听	
安排实验步骤：		
1. 取一支洁净的锥形瓶，加入 10 mL 3% 的 H_2O_2 溶液。	聆听	
2. 将 pH 调整到指定数值。		
3. 滴加 2 滴肝脏研磨液。		
4. 立即盖上带 O_2 传感器的胶塞，盖紧，避免漏气。		
5. 摇动锥形瓶 15 秒，将溶液摇匀。		
6. 3 分钟后记下读数，将数据汇报给老师。		
教师巡视并提供帮助。（学生的实验操作情况比较好，但还是有个别组失误了，且对最终全班的探究结果造成了一定的影响。不过，这也可以作为一个教育资源，引导学生意识到科学探究过程中经常会出现失败，所以只有坚持不懈，才能取得成功）	进行实验操作	
7. 教师汇总全班的数据，利用 Excel 软件进行数据统计，生成图表。	汇报	
得出结论：		
酶的作用条件比较温和，过酸、过碱都会使酶活性降低。		
存在一个最适 pH。	思考、回答	2 分
环节四：板书总结		
（见“板书设计”部分）		
环节五：布置作业	记录	
查找资料：		
了解除了温度、酸碱度以外，还有什么影响酶活性的条件。		

【板书设计】

3. 酶的作用条件较温和

在最适温度和最适 pH 条件下，酶的活性最高。

过酸、过碱、高温会使酶永久失活。

低温会抑制酶活性，但酶不失活。

【学习效果评价设计】

对学生学习效果的评价将在今后一段时间的学习中分散进行。

1. 知识掌握情况的评价。首先,通过下一节课的课堂提问,进行初步评价;其次,在后面的阶段性纸笔测验中,进一步评价学生对"温度及 pH 对酶活性的影响"这一知识的掌握情况。

2. 技能掌握情况的评价。首先,当堂评价小组的实验质量;其次,在后面的实验课中观察学生的操作技能是否有所提高;再次,在阶段性纸笔测验中,检测学生能否确认变量和控制自变量以及应用"定期取样检测"的方法解决类似的定量测量问题。

3. 情感态度价值观的评价。通过检查学生完成课外作业"了解除了温度、酸碱度以外,还有什么影响酶活性的条件"的情况,评价学生学习的积极性;让学生填写实验报告中的"总结"一项,通过检查学生所写的内容,评价学生对科学探究及合作学习的态度。

【教学反思】

生物课程标准中提出了"倡导探究性学习"的理念,旨在促进学生学习方式的转变,使学生通过探究的方式体验科学,感受知识形成的过程,培养科学态度和价值观。本节课的内容恰好非常有利于体现新课标的这一理念,使学生在实验设计、实施的过程中得到科学方法的训练和科学精神的熏陶。

一、本节课主要的成功之处

(一)对于探究活动内容的取舍有独到之处

由于课堂探究的时间非常有限,所以,教师必须对探究活动的内容和方式进行取舍。在这节课中,我围绕本节课的核心教学目标,对教学内容进行了大胆的取舍,体现出了一定的个人风格。例如:在设计实验的环节中,只突出了材料的选择、自变量的确认和操纵方法、因变量的确认和检测方法三个核心问题,而淡化了实验步骤中的细节设计等其他问题。这样不求全的处理更有利于突出重点,实现本节课"学会确认和控制自变量、观察和检测因变量的变化"的教学目标。再如:在数据处理环节,放弃了让学生描点、绘图的方式,采用了借助 Excel 软件来进行数据处理的方式,并且利用了智能板的特殊功能,直接输入学生汇报的数据,使数据分析过程非常直观地在学生注视之下完成,让学生初步体验到信息技术在科学研究中的应用价值。

（二）强化了定量探究实验

中学生物实验中绝大多数是定性实验，定量实验非常缺乏。因此，设法增加定量实验是中学生物实验课的一个发展方向。本节课所进行的两个实验都是定量实验，这是比较难得的。其中“探究 pH 对过氧化氢酶活性的影响”实验借助氧气传感器实现了定量测量，而“探究温度对淀粉酶活性的影响”则是通过巧妙的设计，采用定期取样检测的方法来确定完成反应所需的时间，进而计算出反应速率来进行定量分析。这种设计为生物教师在不使用数字化测量设备的情况下进行定量实验提供了方法和思路。

（三）充分发挥了先进的实验教学设备的作用

本节课中使用了恒温水浴锅、数字化传感器、计算机、智能板等先进的实验教学设备，这些设备对于顺利完成本节课的教学任务发挥了极为重要的作用。例如：恒温水浴锅为控制不同的温度条件提供了便利；数字化传感器为因变量的检测创造了条件；计算机、智能板的综合应用对于高效地完成数据处理，得出实验结论，达成教学目标起到了非常好的作用。

（四）充分发挥了合作学习的作用

本节课的探究式学习活动都是通过分工合作的方式来完成的。一方面，实验的设计和实施是以小组为单位，由几名学生合作完成的；另一方面，整体探究任务又是在各组实验的基础上合作完成的。教师在安排合作学习时，对于人员和任务，都做到了“组内异质，组间同质”。因此，每个学生都既有自己的具体任务，又都经历了性质相同的探究活动，避免了只知道自己在做什么，而不知道别人在做什么的问题。这些合作学习活动非常有利于激发学生的参与动机，有利于对学生进行合作精神、团队意识和责任意识的教育，对于落实情感态度和价值观方面的教学目标起到了积极的作用。

总之，这节课充分体现了新课程的理念，教学目标定位准确，设计上具有一定的创新性，对生物教师开展探究实验课，具有一定的借鉴价值。

二、本节课需要改进之处

（一）在“确定实验思路”阶段，应注意进一步调动学生发言的积极性

我感觉在本节课的“确定实验思路”阶段，学生发言不够积极，与我的预期存在较大差距，应该注意设法调动学生发言的积极性。我在另一个班上这节课时，没有遇到这个问题，学生发言非常踊跃，关于“实验选材”的问题，学生之间还出现了

争论，很热烈。所以，我并没有十分关注如何调动学生积极发言的问题。但是，实践表明，班级之间是存在较大差异的，本节录像课所用的班级是文科班，学生在实验探究能力上相对薄弱一些，而且又比较内向，所以老师必须更加讲究氛围的创设、问题的铺垫，让更多的学生想发言，敢发言。

（二）时间和内容的安排还需要进一步优化

本节课安排了两个探究实验，时间比较紧张。另外，为了在有限的时间内完成探究，我对每个教学环节的内容和时间都进行了严格的控制。但是这样一来，各环节的"弹性"就比较小了，教学过程的开放性也相对较低了。所以，我认为还要进一步优化时间和内容的安排，使教学过程更加科学、合理。

【总结提升】

例谈如何上好高中生物探究实验课

在我国的基础教育课程改革中，一个十分突出的特点就是提倡探究式学习。包括生物学科在内的许多学科的课程标准都明确提出了"倡导探究性学习"的基本理念，力图促进学生学习方式的转变，引导学生主动参与、乐于探究、勤于动手和动脑，感受科学知识形成的过程，培养分析和解决问题的能力以及交流与合作的能力等，从而培养学生的创新精神和实践能力。

为了落实上述理念，生物教师一方面要在平时的教学中随时创造机会，引导学生进行探究学习；另一方面，尤其要重视探究实验课的开展，因为它为学生提供了难得的既动脑思考又动手操作的机会，具有不可替代的价值。然而在实践中，由于教学时间、实验条件、教师能力、学生层次、班级容量等诸多因素的限制，高中生物探究实验课的开展情况还不够理想。那么，如何才能更好地开展生物探究实验课呢？我想以"探究酶的作用条件"这节课的设计为例，谈谈自己的想法。

一、善于取舍，着力于核心教学目标的实现

由于课堂探究的时间非常有限，而一项探究活动的任何一个环节如果充分展开的话，都需要很多时间，所以教师必须对探究活动的内容和方式加以取舍。这里的难点主要是舍什么。我们往往感觉每个部分都有价值，舍弃哪个都不好。然而，在"鱼与熊掌不可兼得"的情况下，只能是"舍鱼而取熊掌"。那么，在探究实验课中，什么是"鱼"，什么是"熊掌"呢？我认为这是由一节课的核心教学目标而决定的。我们在某节课舍弃了某个部分并不是因为它不重要，只是因为它对于实现我们所预设的核心教学目标而言不是重点。

以“探究酶的作用条件”这节课为例，我们可以看到许多不尽相同的教学设计。在这些设计中，探究活动的内容、开放程度、材料用具等都有所不同，这是因为它们都有各自的教学背景和核心目标，很难说哪个设计是最完美的，是能够适用于所有层次学生的。因此，我们还是需要根据自己所教学生的情况、此前的上课情况、本学期探究实验课的总体计划、现有的实验条件等来确定这节课的核心目标，进而对探究活动的内容和形式做出选择。

通过分析，我将本节课的核心目标定位在以下两点：第一，让学生亲自获得酶的活性受温度和酸碱度影响的实验证据，通过定量的探究实验认识不同条件下酶活性的变化情况。第二，让学生在探究实验活动中，学会确认和控制自变量，观察和检测因变量的变化。

根据上述核心教学目标，我对这节课的探究活动做出了以下取舍。第一，在提出问题的环节，放弃了让学生根据生产、生活中的现象提出问题，而采用了先回顾上节课的实验现象和结论，进而追问“酶总是比无机催化剂的催化效率高吗？酶的催化效率会改变吗？你有什么判断依据吗？”这样一来可以迅速引出本节课的探究问题，同时也体现了科学探究是一个不断深入的过程。第二，在设计实验的环节，突出了材料的选择、自变量的确认和操纵方法、因变量的确认和检测方法三个核心问题，而淡化了实验步骤中细节的设计。这样更有利于突出重点，实现本节课“学会确认和控制自变量、观察和检测因变量的变化”这一核心目标。第三，在实验操作的环节，采用了每个小组都只做一种温度条件和一种 pH 条件的探究实验，最后将各组的数据汇总分析，得出结论。这样既节省了时间，又使每位同学都亲自参与了“探究温度对酶活性的影响”和“探究 pH 对酶活性的影响”这两个实验，并可以体会到自己所承担的任务对整个班级的探究活动具有重要的价值。第四，在数据处理环节，放弃了让学生描点、绘图的方式，采用了借助 Excel 软件来进行数据处理的方式，节省了很多时间。第五，在得出结论环节，采用了师生对话，共同确定结论，最后由教师总结呈现的方式，使学生经过本节课的学习之后，头脑中能够留下科学、准确的结论。

以上取舍和调整为实现预设的核心教学目标提供了时间上的保障。虽然压缩和放弃了一些活动，但是学生集中精力完成了实验思路的设计和实验操作，亲自获得了酶的活性受温度和酸碱度影响的实验证据，并且认识了不同条件下酶活性的变化规律。课后，学生反映对于本节课的探究活动及结论的印象非常深刻，这从一个侧面反映出这节课已经较好地实现了核心教学目标。

二、在亲自操作的基础上对实验进行深入的开发

上探究实验课之前，教师务必要亲自操作，只有这样，才能对每个环节所需要的时间、容易出现的问题以及可能采取的改进措施有具体而深入的了解。

例如，"探究酶的作用条件"这个实验，在教材中是没有具体实验步骤的，也没有规定是采用定性实验还是定量实验。根据我校的实验条件，我决定让学生做定量实验。其中，"探究 pH 对过氧化氢酶活性的影响"是借助氧气传感器实现定量测量的，而"探究温度对淀粉酶活性的影响"则是采用定期取样检测的方法来确定完成反应所需的时间，进而计算出反应速率，进行定量分析的。为了能在有限的时间内顺利完成这两个实验，我事先进行了多次尝试，在尝试过程中发现并解决了许多问题。例如，"探究 pH 对过氧化氢酶活性的影响"这一实验看似简单，似乎只要用上氧气传感器，实验就能顺利完成。但实际情况是，在没有确定出适当的反应时间、容器容积、过氧化氢溶液和肝脏研磨液的浓度及用量的情况下，在同一 pH 条件下进行实验，测得的数据却总是不同，而且偏差很大。这样一来，就无法定量比较不同 pH 条件下的反应速率了。后来经过反复实验，确定了适当的实验参数，才解决了这个问题。再如，"探究温度对淀粉酶活性的影响"这个实验，对于如何检测因变量，我最初的设计是：反应进行不同时间后，分别加入碘液，观察和比较颜色的深度，进而比较出不同温度下反应速率的差异。但实验表明，这是无法实现的。在许多温度条件下，试管中出现的颜色很不稳定。有时，滴加一滴碘液后出现蓝色（或紫色），振荡一下又消失了，根本无法进行比较。在反复尝试仍然没有结果的情况下，我才突然想到定期取样检测的方法，并最终获得了成功。以上这些经历使我深刻地感受到，要开发实验，必须亲自动手，单纯靠想象和书本知识是难以实现的。

三、充分发挥先进的实验教学设备的作用

尽管探究活动不要求必须具有特别先进的设备，但是如果学校已经配备了一些先进的设备，我们教师就要充分发挥它们的作用。

比如在本节课中，我使用了恒温水浴锅、数字化传感器、计算机、智能板等先进的实验教学设备，它们对于顺利完成本节课的教学任务发挥了极为重要的作用。例如，恒温水浴锅为控制不同的温度条件提供了便利，数字化传感器为因变量的检测创造了条件，计算机、智能板的综合应用对于高效地完成数据处理，得出实验结论起到了非常好的作用。

另外，一些先进的实验设备使我们可以组织更多的定量实验，例如数字化实验室中的传感器等设备。在中学生物实验中，定量实验所占的比例很小，原因之一就是传统实验室缺乏定量研究设备。随着社会的发展和技术的进步，数字化实验设备已经逐渐走进了中学校园，为开展定量研究创造了有利的条件。我们可以用各种传感器来测量多种理化指标和生理指标，从而定量研究变量之间的关系。如：我们可以定量研究不同光照强度下某种植物的光合作用速率，测量某植物的光饱和点和补偿点，定量比较不同的植物在特定光照强度下光合作用速率的差异等。我们还可以定量研究不同温度、湿度或光照条件对某种植物蒸腾作用的影响等。如果我们能够充分利用数字化实验设备有利于开展定量研究的特点，开发出一系列能够反映生物学理科特性的实验，那么势必会提高生物探究实验课的层次。

四、合理地组织合作学习

合作学习是指学生在小组或团队中为了完成共同的目标与任务，有明确责任分工的互助性学习。在开展探究实验课的时候，我们通常都会组织学生开展合作学习。其原因主要有两个方面：一方面，培养学生的合作意识和合作能力本身就是我们的教学目标之一；另一方面，探究活动的复杂性、时间的有限性和学生能力的有限性都使学生很难独自一人完成探究实验。

我在"探究酶的作用条件"这节课中所组织的探究活动都是以分工合作的方式完成的。一方面，实验的设计和实施是以小组为单位，由几名学生合作完成的；另一方面，整体探究任务又是在各组实验的基础上合作完成的。正是因为组织了合作学习，才使学生能够在一节课中完成"温度对酶活性的影响"和"pH 对酶活性的影响"两个定量探究实验，这足以说明合作学习的方式在探究实验课中的重要性。

教师在安排合作学习时，要注意遵循"组内异质，组间同质"的原则，否则，容易出现因组间分工不同而造成学生的学习机会不均等以及学生不能真正全面参与探究过程的问题。小组内的分工一般不会造成上述问题。因为在小组内，学生尽管有分工，但是他们的交流是非常充分的，他们一起研究、一起操作，对于别人说了什么、做了什么、出现了什么结果都十分了解。在组间情况就不同了。各组间是相对独立的，组间的交流是不充分的，学生在完成自己所承担的任务时，不可能像在组内那样随时了解到其他人在做什么。即使教师最后组织全班范围的交流，让各组介绍自己的探究过程和结果，听的学生也很难产生共鸣，因为他们没有真正参与其中。所以，只有不同组进行的探究活动是同质的，在进行全班交流的时候，学生才会非常关注别人的探究结果，并将自己得到的结果与别人的结果综合在一起来考虑问题。

因此，在“探究酶的作用条件”这节课中，尽管时间很紧，我也没有安排一半学生做“探究 pH 对酶活性的影响”实验，另一半学生做“探究温度对酶活性的影响”实验，而是要求每个小组都做一种温度条件和一种 pH 条件的探究实验，最后再将各组的数据汇总分析，得出结论。这样，每位同学都亲自参与了这两个实验，并体会到自己所承担的任务对整个班级的探究活动具有重要的价值。

综上所述，我认为要上好高中生物探究实验课，需要教师明确每一节课的核心目标，并根据核心目标对探究活动的内容、方式加以取舍；需要通过亲自操作深入了解实验的各个细节，不断开发和改进实验；需要充分利用已有的现代化设备提高探究活动的效率；需要合理地组织合作学习。由于探究实验课具有不可替代的价值，所以尽管在组织上存在许多困难，我们也必须努力克服，力争使其在培养学生创新能力和实践能力方面发挥出应有的作用。

【参考文献】

[1]刘恩山，汪忠. 普通高中生物课程标准(实验)解读[M]. 南京：江苏教育出版社，2004.

[2]北京市基础教育课程教材改革实验工作领导小组. 新课程下专题课例研究(2003～2004)[M]. 北京：首都师范大学出版社. 2004.

[3]朱慕菊. 走进新课程与课程实施者对话[M]. 北京：北京师范大学出版社，2004.

（本文于 2011 年 3 月获北京市基础教育科学研究优秀论文二等奖，并于 2012 年发表于《科教导刊》）

在一个知识框架下进行概念教学的尝试

——“群落的演替”课例及评析

【课例说明】

本课例最初的设计和实施时间为2010年4月。在2009年9月至2010年6月期间,我参加了北京教育学院朝阳分院组织的“中小学教师教育技术能力”课程学习。其中,北京教育学院李晶教授讲授的“教学前期分析基础”和“教学过程设计基础”给了我很大的启发。在课程中,她向我们介绍了如何在一个知识或能力框架下解读教学内容以及这样做的重要意义。在生物教学中,让学生记住具体的生物学事实并不是最重要的,最重要的是要让学生通过对相关事实的分析,形成更为上位的概念、原理乃至生物学基本观点等,进而能够更好地理解生命现象和生命活动的规律。作为此次培训的实践部分,我以“群落的演替”为课题,按照“将知识置于一个知识或能力框架下进行解读”的思路,进行了教学设计,取得了较好的教学效果。本课例于2014年5月获北京市朝阳区优秀课例二等奖。在2017赴河南淅川支教的活动中,我以此课例为蓝本,结合当地学生特点开展了教学,取得了十分理想的教学效果。同时,也向当地教师传播了相关的教学设计理念。

【教学背景分析】

内容分析

本节课是《高中生物(必修3)》(人教版)第四章“种群和群落”的第4节,是“群落的结构”一节课的后续内容,主要介绍群落的动态变化规律。本课独立的知识内容较少,也比较简单,但是与之相关的知识非常多,比如生态系统的概念和成分、种间关系、生态系统的稳定性、地理知识等;而且涉及的思想方法和情感态度的内涵也非常丰富,比如系统的观点、历史的观点,甚至包含着新旧事物之间的关系、质变与量变等哲学思想。从知识角度看,本节主要包括演替的概念和类型以及人类活动对群落演替的影响两大部分。前者是在群落层次上分析生命系统的发展变化，后者是探讨人类在这方面的作用，体现了STS(科学—技术—社会)教育思想。关于群落的演替过程，教材通过“思考与讨论”和正文表述，一方面介绍了群落演替的类型和演替过程，另一方面，也是更为重要的方面，是让学生分析生物与环境的相互作用。关于人类活动对群落演替的影响，教材列举了许多实例，目的是让学生理解并关注人类活动影响群落演替的速度和方向。本节最后讲述退耕还林、还草、还湖，退牧还草，让学生了解和认同国家的有关政策及其重要意义。

学情分析

学生在初中就已经学习了一些生态学的基础知识，对于种群、群落、生态系统等概念以及生态系统的结构、生态平衡、生物进化与适应等都有一定的了解。在高中阶段，必修1的第1节“从生物圈到细胞”又涉及了种群、群落、生态系统这三个概念。在最近又进一步学习了种群和群落的相关知识，所以，相关知识还是比较丰富的。另外，高中学生已有一定的生活经验，对群落演替的某些现象并不陌生。比如在农村城市化的过程中，有些等待建设新楼盘的地方，废弃耕地上长满野草的情况，这些都为他们理解认同演替的发生，提供了直观的依据。

【指导思想与理论依据】

指导思想

本教学设计主要指导思想是“将一个教学内容放在特定的知识框架中进行教学”。这是一种教学内容设计思想，它强调在教学中，教师要引导学生先通过对具体事实的分析发现某种规律，再运用其发现的规律去分析、解释其他事实。这一思想与高中生物课程标准中“倡导探究性学习”的基本理念也是一致的。

理论依据

本教学设计的主要理论依据是布鲁纳提出的发现教学法。发现教学法是指在教师的启发诱导下，学生通过对一些事实和问题的独立探究，积极思考，自行发现并掌握相应的原理和结论的教学方法。采用发现教学法时，教师不是把现成的理论提供给学生，而是引导学生围绕一定的问题，根据教师和教材所提供的材料，让学生自己去发现问题、分析问题和解决问题，使学生成为知识的积极发现者，而不是知识的消极接受者。本节内容中，演替的趋势和原因这一问题的探究主要是通过发现教学法来完成的。

【教学目标】

知识方面

1. 说出群落演替的概念。

2. 阐明群落演替的过程、趋势和原因。

3. 说明初生演替和次生演替的区别。

4. 说出人类活动对群落演替的影响及我国现在实行的退耕还林、还草、还湖等的进展情况。

能力方面

1. 能够用发展的观点和联系的观点来分析群落演替的过程。

2. 提高获取信息的能力。

情感、态度、价值观方面

意识到环保的重要性和必要性，关注我国实行退耕还林、还草、还湖，退牧还草的政策。

【重点和难点分析】

教学重点

1. 群落演替的过程、趋势和原因。

2. 初生演替和次生演替的区别。

教学难点

群落演替的过程、趋势和原因。

解决重点、难点问题的方式与方法

1. 利用“问题连续体”引导学生发现群落演替的趋势和原因。

2. 采用小组讨论的方式降低学习的难度。

【教学方式】

谈话法、读书指导法、讨论法

【教学手段】

多媒体投影系统、多媒体课件

【内容框架】

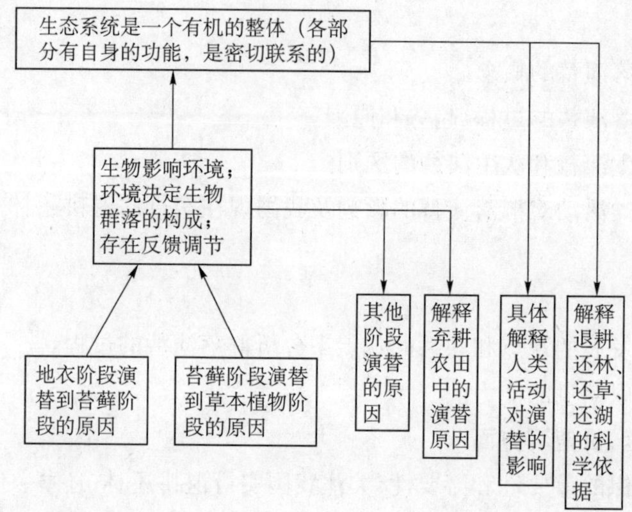

【教学过程】

教学环节及教师活动	学生活动	估时
课前2分钟:投影各种生物群落的图片,同时播放歌曲《东方之珠》片段。	聆听、观看	
环节一:导入		3分
1.投影并板书本节课的题目。	观看、聆听	
2.投影相关歌词,问学生"沧海桑田"的含义。	发言	
3.问沧海变桑田的实际证据。		
4.出示化石图片。		
5.结论:随着时间的推移,一个自然区域的无机环境和生物种类都是在不断变化的。		
环节二:明确演替的概念		5分
1.教师带领学生分析概念,指导学生标出重点。	聆听	
介绍对演替的两种理解,明确教材中的定义。	思考、回答	
随着时间的推移,一个群落被另一个群落代替的过程,就叫做演替。	记录	
2.介绍"喀拉喀托火山爆发的资料",让学生回答问题:		
(1)这些生物是从哪里来的?		
(2)由它们构成的群落和以前的群落相同吗?	回答	

续表

教学环节及教师活动	学生活动	估时
结论:群落是一个动态的开放的生命系统。	记录	
环节三:分析演替的过程、趋势和原因(规律性)		20 分
1. 阅读教材“发生在裸岩上的演替”,之后小组讨论:		
(1)图中反映了演替的哪些趋势?	阅读教材	
(2)为什么首先定居的生物是地衣而不是其他植物?	思考、讨论	
(3)为什么后来的生物会取代先来生物的优势地位?		
2. 集中讨论(学生发言):		
(1)关于趋势的讨论结果		
①各组学生发言说自己发现的趋势。(每次发言只说一条,给更多的学生机会)	发言、聆听	
②教师总结趋势。如:物种多样化、结构复杂化、稳定性加强、对环境的影响力加强、优势种的植物越来越高大、数量由少到多、关系由简单到复杂,等等。	聆听、记录	
(2)关于原因的讨论结果		
①为什么最初定居在岩石上的是地衣?		
②教师介绍地衣的特点(讲解)。	回答	
③让学生解释苔藓阶段替代地衣阶段的原因。	聆听	
④让学生解释草本植物阶段代替苔藓阶段的原因。	发言	
⑤师生共同总结出规律。环境条件和生物群落的相互作用,以及群落内部各种生物之间的相互作用,导致了演替的发生。	对话 记录	
⑥学生分析后几个阶段依次出现的原因,是否符合我们提出的规律?	思考、做答	
环节四:总结演替的类型		7 分
1. 介绍“弃更农田上的演替”,让学生分析演替是否有相对终点。(除了考虑生物对环境的影响,还要考虑气候、地理条件的决定作用。简要介绍不同气候条件所对应的“顶级群落”的类型)	发言、聆听	
2. 分析问题:		
(1)放弃耕种的农田上首先出现的为什么不是地衣?	思考、发言	
(2)所有弃耕的农田都能演替成树林吗?		
(3)弃耕农田上的演替与裸岩上的演替有什么相同点和不同点?		
3. 归纳“发生在裸岩上的演替”和“弃耕农田上的演替”间的区别(主要是起始条件不同,看是不是从“零”开始的。另外,时间长短通常也有所不同),学习初生演替和次生演替的概念。	记录	

续表

教学环节及教师活动	学生活动	估时
环节五:分析人类对演替的影响 人类活动影响群落演替的原因。 人类的哪些活动影响着群落的演替? 具体是如何起作用的?(讨论后发言。对自己想到的内容进行排序,选择自己认为最重要的方面说,每次发言只说一条) **负面影响举例:** (1)污染(造纸、冶炼、工业生产、生活垃圾、交通运输等); (2)过度利用(过度砍伐森林、过度放牧等); (3)改造地理环境(围湖造田); (4)外来物种入侵。 **正面影响举例:** (1)封山育林(看三北防护林图片) (2)治理沙漠。 所谓正、负,是看是否符合自然演替的趋势,如生物由少到多,结构日益复杂和稳定等。 总结:人类活动往往会使群落演替按照不同于自然演替的速度和方向进行。	思考、发言、聆听	6 分
环节六:介绍我国的退耕还林、还草、还湖政策 1. 分析为什么种植农作物不同于种植林、草。(都是种植植物,有什么不同呢) 2. 大面积围湖造田的主要危害是什么? 3. 阅读教材,标出要点。	思考、发言	3 分
环节七:小结 回顾本节课的主要内容。		1 分

【板书设计】

4.4 群落的演替

一、概念

二、过程、趋势和原因

三、类型

四、人类对演替的影响

五、我国的相关政策

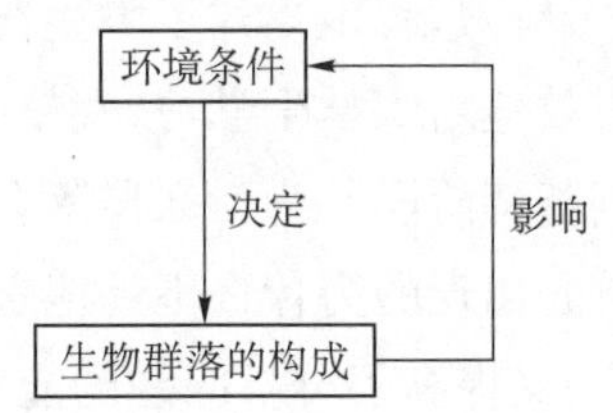

【学习效果评价设计】

1. 通过对学生课堂表现的观察,如:发言的积极性、科学性等,对学生的情感态度、知识的理解情况和分析问题的能力等进行定性评价。

2. 通过后面的纸笔测验,进一步对学生的知识掌握情况进行定量评价。

【教学反思】

本节课独立的知识内容较少,也比较简单,教材主要是以“连环画”的形式呈现的,所以最初设计这节课的时候,主要的感觉就是没什么可讲的。但是结合了我们培训所介绍的教学内容设计的理论,特别是将一个教学内容放在一个知识或能力的框架下来进行教学的理论,我对本节课的内容进行了重新思考和设计。我发现虽然本节独立的知识内容不多,但是与之相关的知识非常多,比如生态系统的概念和成分、种间关系、生态系统的稳定性等;而且涉及的情感态度和思想方法方面的内涵也非常丰富,比如动态发展的观点、事物之间普遍联系的观点、生物与环境相互作用的观点、系统的观点(反馈调节)等。因此,在设计本节课的时候,我主要抓住了两点:一是渗透系统的观点,二是对学生进行概括能力的训练。另外,在知识内容上我还参阅了大学教材和其他版本的高中教材,采用了其中一些适合在本节课中进行教学的内容。

一、本节课主要的成功之处

在对本节课的内容进行充分分析后,我将本节课的教学重点确定为群落演替的过程、趋势和原因。对这一重点内容,我依据“将一个教学内容放在特定的知识或能力框架中进行教学”的思想进行了设计。首先让学生在阅读教材的基础上,进行讨论、发言,使其概括出"发生在裸岩上的演替"的总体趋势以及演替前两个阶段的原因;之后,再让学生用此概括性的知识来分析和认识其他阶段以及弃耕农田上的演替,进而使学生体会到生物与环境之间密切的相互作用,生态系统是一个有机的整体。这一过程也培养了学生通过现象看到本质的能力。

为了有效地组织学生学习,我精心设计了讨论题。例如,为什么群落会从地衣阶段演替到苔藓阶段?为什么群落会从苔藓阶段演替到草本植物阶段?放弃耕种的农田上首先出现的为什么不是地衣?等等。学生通过思考、讨论和表达,既理解了教材内容,又提高了分析问题的能力。从学生的学习状态看,学生的表现非常活跃,在教师问题的引导下,积极思维,不断地与教师进行对话,探求着一个个问题的答案。

另外,本节课充分利用多媒体实现了图片与文字的有机结合。图片将学生带入了演替的历史;文字则概括了演替的原因、趋势、类型等,帮助学生实现了感性和理性的融合。

二、本节课需要改进之处

本节课如果对于演替过程的揭示再深入一些,提供的资料再丰富一些,会更利于学生分析一个群落取代另一个群落的合理性,对于分析种群演替的原因会更有益。

在课堂教学中渗透德育的尝试

——“细胞的分化”课例及评析

【课例说明】

本课例最初的设计和实施时间为2016年11月。在课堂教学中渗透德育一直是生物教学的重要任务之一,这一点在2003年版的高中生物课程标准中就已经有明确的要求了。不过,在“立德树人”根本任务以及社会主义核心价值观提出后,对于在课堂教学中进行德育渗透又有了更新、更具体的要求。为进一步增强教师对社会主义核心价值观融入课程教学重要性的认识,充分发挥课堂教学的育人功能,探索结合学科教学开展德育工作的有效途径和方法,2016年10月,教育部基础教育一司开展了全国中小学“学科德育精品课程”征集展示活动,我以“细胞的分化”为例,进行了相关尝试,取得了比较理想的效果。本课例于2016年11月在全国中小学“学科德育精品课程”征集展示活动中,被评为部级学科德育精品课程。

【教学背景分析】

内容分析

“细胞的分化”是《高中生物(必修1)》(人教版)第六章“细胞的生命历程”的第2节,主要包括细胞分化的概念、实质和意义,细胞的全能性,干细胞研究进展与人类健康等内容。细胞分化是多细胞生物体发育的基础与核心。鉴于“细胞分化”内容的重要性,课程标准从知识层面对本节的学习内容提出了比较高的要求,即“说明细胞分化”和“举例说明细胞的全能性”,这都是“理解”水平的要求。在细胞分化的概念中,“稳定性差异”这几个字内涵很深,也是学生不好理解的,需要在教学中着重处理。关于细胞分化的意义,与人类社会中的分工具有相似性,可以作为学科德育的良好素材。关于细胞分化的实质,教材通过具体的事例说明了在个体发育过程中,不同的细胞中遗传信息执行情况不同,这是导致细胞形态、结构、功能上的差异的内在原因，帮助学生形成对基因的选择性表达的初步理解。对于细胞的全能性，教材是以经典实验的结果引出的，而细胞具有全能性的原因，则比较容易理解。对于干细胞，教材采用了高中学生能够接受又不失科学性的语言，深入浅出地进行了解释。这一内容，可以引导学生关注与人类健康密切相关的生物学热点问题，同时培养学生的资料搜集和分析能力以及表达和交流的能力，也可以成为学科德育的素材。

学情分析

学生在初中已经学习过有关组织、器官、系统的知识，对细胞分化的实例有一些感性认识，比较容易理解细胞分化的概念以及细胞分化对于个体发育的重要意义。但是，由于还没有学习过基因的表达，所以学生很难理解细胞分化的实质在于基因的选择性表达。

大多数学生对克隆羊多利的形成过程都比较熟悉，但是对植物组织培养等其他与细胞全能性有关的实例则知之甚少。另外，学生对干细胞的了解也非常有限。

【指导思想与理论依据】

指导思想

党的十八大提出要将“立德树人”作为教育的根本任务，为基础教育改革提出了新的要求。把“立德树人”作为基础教育的根本任务，说到底是培养什么人、怎样培养人的问题。第一，“立德树人”指明了基础教育的方向就是“树人”，要坚持育人为本，通过合适的教育来发展人、改造人、塑造人。第二，“立德树人”指出了基础教育的途径就是“立德”，要坚持德育为先，通过正面的教育来引导人、感化人、激励人。第三，“立德树人”制定了基础教育的内容就是要在传授基础知识、基本技能的同时，突出社会主义核心价值体系，从而规范人、要求人、提高人。十八大报告强调：“要深入开展社会主义核心价值体系学习教育，用社会主义核心价值体系引领社会思潮、凝聚社会共识。”社会主义的核心价值体系“倡导富强、民主、文明、和谐，倡导自由、平等、公正、法治，倡导爱国、敬业、诚信、友善，积极培育和践行社会主义核心价值观。”

理论依据

本教学设计的理论依据既有奥苏伯尔的有意义学习理论又有布鲁纳的发现学习理论。

奥苏伯尔主张接受学习，他认为接受学习必须按“有意义学习”的标准和条件进行,接受学习的目的是建立起相应的认知结构。他提出,“有意义学习”的实质就是“符号所代表的新知识与学习者认知结构中已有的适当观念建立非人为的和实质性的联系”。对于细胞分化的概念、意义,以及细胞的全能性和干细胞等内容,本课依据有意义学习理论进行了设计。

布鲁纳主张发现学习。发现学习是指学习的主要内容未直接呈现给学习者,只呈现了有关线索或例证。学习者必须经历一个发现的过程,自己得出结论或找到问题的答案。发现学习强调学生学习的主动性,强调学习的认知过程,重视认知结构的形成,注重学习者的知识结构、内在动机、独立性与积极性在学习中的作用,有利于激发学习者的探究欲望,培养学习者分析问题、解决问题的能力。本课中,“细胞分化的实质”部分,是依据发现学习理论进行设计的。

【教学目标】

知识方面

1. 举例说明细胞分化的概念、意义和实质。

2. 说出细胞全能性的概念和细胞具有全能性的原因及动植物细胞全能性的差异。

3. 举例说出干细胞的概念和作用。

情感态度与价值观方面

1. 认同结构与功能、局部与整体、多样性与共同性统一的观点。

2. 认同敬业、和谐、诚信等核心价值观。

3. 关注干细胞研究的新进展与人类健康。

能力方面

尝试分析实验结果,得出结论。

【重点和难点分析】

教学重点

1. 细胞分化的概念、意义和实质。

2. 细胞全能性含义和原因。

教学难点

细胞分化的实质(内在原因)。

解决重点、难点的方式与方法

1. 为了帮助学生更好地理解细胞分化的重要意义，将细胞分化与人类社会中的分工进行类比，引导学生想像如果没有细胞分化，多细胞生物体内将是怎样的状况，从而加深对细胞分化重要意义的理解。

2. 为了帮助学生理解细胞分化的实质，同时培养学生实验探究能力，采用实验分析的方法进行教学。

【教学方式】

谈话法、探究式教学

【教学手段】

多媒体投影系统、多媒体课件

【教学过程】

教学环节及教师活动	学生活动	估时
环节一：导入（同时引导学生建构细胞分化的概念）		3分
想一想：		
1. 你能说出几种人体细胞的名称？（学生回答后，教师展示并讲解：人体大约有200多种细胞）	思考、回答、补充回答	
2. 如何区分不同种类的细胞？（学生回答后，教师确认“在形态、结构、功能方面可以区分”）		
3. 一个人的所有细胞追根溯源都来自于什么？（学生回答后，教师确认）		
环节二：细胞分化及其意义		
1. 细胞分化的概念	说出概念、	7分
在之前分析的基础上，让学生查看教材中的概念，并引导学生分析“稳定性”的含义。	分析概念要点	
2. 细胞分化的意义		
引导学生说出细胞分化的意义。（等学生说出“提高效率”等意思之后，再引导学生与社会分工进行类比，确认细胞功能专门化，有利于提高各种生理功能的效率。每个人也必须认真完成自己的责任，这样社会才能够和谐，个人也才能幸福。另外，细胞分化也是生物个体发育的基础）	对话 聆听	

续表

教学环节及教师活动	学生活动	估时
3. 细胞分化的实质(内在原因)		9 分
(1)提出问题,带领学生分析问题	回忆相关知识	
一个细胞的形态、结构、功能是由什么决定的?(提示:什么物质是生命活动的主要承担者?什么物质在生物体的遗传、变异和蛋白质的生物合成中具有极其重要的作用?)		
(2)引导学生分析不同细胞中某些蛋白质及相关基因的检测结果,得出结论,确认结论:细胞分化不是由遗传物质的改变造成的,而是由遗传信息的执行情况不同造成的,也称为基因的选择性表达。	学生分析实验结果,说出结论	
4. 归纳整理		
(1)带领学生回顾细胞分化的概念、意义和实质。	聆听、记录	6 分
(2)出示“细胞生命历程”示意图,引导学生认识分裂、分化、衰老、死亡之间的关系。		
引出下一内容:从遗传物质上看,已经分化的细胞和它的始祖——受精卵是没有区别的。所以,理论上也应该能像受精卵那样再增殖分化成一个个体呀。于是,科学家就开始在诱导已分化的细胞发育成个体方面进行了大量的研究工作。		
环节三:细胞的全能性		
1. 简介胡萝卜的组织培养实验。	聆听、记录	7 分
2. 讲解细胞的全能性的含义(突出要点)和原因。		
3. 讲解动物细胞与植物细胞全能性的区别。		
环节四:干细胞		
1. 组织学生阅读相关资料。	阅读资料	5 分
2. 组织学生回答相关问题。	发言、对话	5 分
(1)干细胞是一类怎样的细胞?		
(2)日本的山中伸弥的研究成果为什么具有里程碑意义?他的成功能给我们哪些启示?		
(3)对于黄禹锡事件你有哪些想法?		
环节五:课堂反馈	思考回答	3 分
(略)		

【板书设计】

6.2　细胞的分化

一、细胞分化及其意义

定义　意义　实质

二、细胞的全能性

1. 含义：细胞 → 完整个体的潜能

2. 原因：细胞中具有全套遗传信息

3. 动、植物细胞的差异：动物细胞的核具有全能性

三、干细胞

【学习效果评价设计】

对学生学习效果的评价将在今后一段时间的学习中分散进行。

1. 知识掌握情况的评价。首先，通过下一节课的课堂提问，进行初步评价；其次，在后面的阶段性纸笔测验中，进一步评价学生对知识的掌握情况。

2. 情感态度价值观的评价。通过分析学生对“黄禹锡事件”的发言，判断学生对于“敬业、和谐、诚信等核心价值观”的认同情况；通过分析学生搜集干细胞相关研究资料的情况，判断学生对干细胞研究的新进展的关注程度。

【教学反思】

我对这节课进行了充分的准备，总的来看，效果是比较理想的，较好地实现了知识教学、能力培养与情感、态度、价值观教育的融合。

我将本节课分成了细胞分化及其意义、细胞的全能性、干细胞及相关研究三大部分。每个部分我都从事实材料入手，提出了一系列具有启发性的问题，引导学生思考，得出相应的结论。比如，对于细胞分化的概念，我首先引导学生认识到三个事实：第一，多细胞生物生物体内存在多种多样的细胞；第二，这些细胞在形态、结构、功能等方面存在差异；第三，这些细胞都是同一个细胞的后代。这样，学生就可以很自然地构建起细胞分化的概念了。再如，对于细胞分化的意义，我采用了类比分析的方法；对于细胞分化的实质，我采用了实验分析的方法，等等。这样的设计，使学生在获取知识的同时，在理解能力、实验分析能力、获取信息的能力等方面也得到了锻炼和提高，并且有效地调动了学生的学习热情。另外，我设计的“细胞生命历程”示意图，对于帮助学生理解增殖和分化之间的关系起到了画龙点睛的作

用。在干细胞及相关研究这部分，我先从保留脐带血和白血病的治疗问题引出主题，之后给学生提供了三段精选的资料，让学生从中了解到干细胞的特点、类别和应用，了解到诱导多能干细胞研究的基本过程和重要意义，体会到创新、诚信是科学研究的根本。

在进行学科内容设计的同时，我还专门在德育方面进行了以下设计：第一，将细胞分化的意义与人类的社会分工进行类比分析，引导学生认同“敬业”与“和谐”这两个核心价值观；第二，组织学生阅读干细胞研究的相关资料，引导学生认同“创新”与“诚信”这两个核心价值观。另外，在教学中，我注重创设自由、民主、平等、和谐的学习氛围，自觉践行社会主义核心价值观，让学生在潜移默化中感受到了这些核心价值观的意义。

根据课后交流时其他教师提出的建议，我发现本节课还有可以进一步挖掘的德育素材。比如关于动物细胞全能性的问题，还可以鼓励学生立志将来从事这方面的研究，成为第一个成功实现动物细胞全能性的科学家，像屠呦呦一样为国争光。这样，可以自然地进行爱国教育。另外，在讲到干细胞的时候，可以提到骨髓捐献，进行友善教育。

附：本课学案

第 2 节　细胞的分化

课堂笔记

相关资料

资料 1:干细胞简介

人和动物体内具有自我复制能力,并能在一定条件下分化成一种以上类型细胞的多潜能细胞称为干细胞。根据来源,干细胞可分为胚胎干细胞和成体干细胞。根据分化潜能的大小,干细胞可分为全能干细胞、多能干细胞、专能干细胞。

干细胞的用途非常广泛,涉及医学的多个领域。目前,科学家已经能够在体外鉴别、分离、纯化、扩增和培养人体胚胎干细胞,并以这样的干细胞为"种子",培育出一些人的组织器官,来替换自身病变的或衰老的组织器官。

资料 2:[2012 诺贝尔奖]山中伸弥——逆转生命程序

1998 年,美国的詹姆斯·汤姆森(James Thomson)分离出了第一代人类胚胎干细胞。之后,很多研究人员试图控制这些细胞,让它们分化为特定细胞类型,以替代病变或受损组织,从而改进现有医疗手段。

山中伸弥却反其道而行之——"不是让胚胎干细胞变成什么,而是让别的东西变成胚胎干细胞"。1997 年,英国科学家伊恩·威尔穆特(Ian Wilmut)成功克隆出多利羊,给了山中伸弥很大的启发,他从中了解到,即使是完全分化的细胞,也能回到类似胚胎干细胞的状态。

于是,山中伸弥开始研究小鼠胚胎细胞如何保持多能性,以便能分化成身体里的任意细胞类型。他猜测,小鼠胚胎可能含有一些特殊蛋白质,这是成熟细胞所没有的。如果将相应基因(尤其是控制其他基因活性的转录因子的基因)插入普通皮肤细胞的染色体中,也许就能使皮肤细胞转化为胚胎干细胞。

经过 4 年的试验,他发现了 24 个因子,将它们转入普通小鼠的成纤维细胞,经过合适的培养步骤后,就可以生成与干细胞相同的多能细胞。山中伸弥检测了每一个因子,发现任何因子都无法单独发挥作用,只有特定的 4 种因子的组合才能完成这一任务。2006 年,他在《细胞》(cell)杂志上发表了一篇里程碑式的论文,介绍了编码上述 4 种因子的基因:Oct3/4、Sox2、c-Myc 和 Klf4。

这篇文章震惊了全世界,也促使科学家产生了更为大胆的想法:人类细胞是否也能像小鼠细胞一样重返干细胞状态?2007 年,山中伸弥和汤姆森的研究小组几乎在同一时间宣布,他们利用此前发现的 4 种转录因子(分别由 Oct3/4、Sox2、c-Myc 和 Klf4 编码),成功制造出人类 iPS 细胞(诱导多能干细胞)。尽管汤姆森表示"我们的实验非常简单,很容易重复",但其他科学家仍然认为,这一重大突破好比点石成金。

资料3:黄禹锡事件

2004年和2005年,时任韩国国立首尔大学教授黄禹锡领导的研究团队先后在《科学》杂志上发表论文,宣布成功克隆人类胚胎干细胞和患者匹配型干细胞。但是,2005年,黄禹锡关于干细胞的两项突破性研究被鉴定为造假,在世界学术界引起震动。

据此前报道,早年丧父、出身寒门的黄禹锡,凭借不懈努力,成为了科学界的"克隆先锋",在动物克隆领域高歌猛进,屡获成功。特别是他在2005年培育出世界第一只克隆狗"斯纳皮",韩国因此举国振奋,将黄禹锡奉为"国宝级科学家""韩国克隆之父"。

在课堂教学中落实生物学核心素养的尝试

——“生态系统的能量流动”课例及评析

【课例说明】

本课例最初的设计和实施时间为2016年4月。2014年12月,教育部全面启动了对2004年开始实行的各学科普通高中课程标准的修订工作。本次修订的主要任务之一就是凝练核心素养,推动落实“立德树人”的根本任务。其中,普通高中生物学课程标准提出:生物学核心素养是学生在生物课程学习过程逐渐发展起来的,在解决真实情境中的实际问题时所表现出来的必备品格和关键能力。生物学核心素养主要包括生命观念、理性思维、科学探究和社会责任。那么,如何在课堂教学中有意识地培养学生的这些核心素养呢?我以生态系统的能量流动这一内容的教学为例进行了探索,取得了比较理想的教学效果。

【教学背景分析】

内容分析

人教版教材《高中生物(必修3)》第5章共有5节内容,本课是第2节的教学内容。该内容主要包括:生态系统的能量流动的概念、过程、特点,以及研究能量流动的实践意义。本节内容以第1节生态系统的结构为基础,又与第3节生态系统的物质循环紧密联系,处于承上启下的位置。本节内容比较抽象,而且与细胞呼吸、光合作用、能量代谢等知识密切相关,综合性强,要深入理解有一定难度。从发展学生能力的角度看,本节内容可以作为培养学生理性思维和科学探究能力的良好素材;从培养学生情感、态度的角度看,本内容可以让学生感受科学研究的艰辛与价值,培养学生尊重科学、崇尚科学的情感。

学情分析

在知识方面,学生通过物理课的学习已逐步建立了能量传递、能量转换与守恒等基本概念;通过化学课的学习也已掌握了有机物中存在化学能,在化学反应中这种能量可以释放出来。在生物课中，学生已经学习了“糖类是主要的能源物质”“脂肪是细胞内良好的储能物质”“ATP”“呼吸作用”“光合作用”等一系列与能量有关的知识，并且刚刚学习了“生态系统的结构”，这些都是学生学习本节的知识基础。但是，学生在知识上也存在很多误解和漏洞。比如，尽管知道食物中含有能量，但是并不确定食物中的哪些成分可以提供能量，哪些不提供能量；很多学生并没有建立起“同化作用”的概念，因此，对于如何才算“获得了能量”也没有明确的认识；知道粪便可以作为植物的肥料，但对于粪便的作用却存在误解，认为植物得到了粪便中的营养，同时也得到了其中的能量，等等。学生的这些知识误解和漏洞，对他们分析能量流动的过程，得出能量流动的特点都会造成负面影响，教师要充分关注。

从思维特点来看，学生大多思维比较敏捷，但不够严密；从喜好来看，学生大多喜欢简化地描述过程和进行具体的实例分析；从方法上看，学生对取样调查、估算法、测定光合作用和呼吸作用速率的方法有一些了解，但是对如何研究生态系统的能量流动则完全不了解。

【指导思想与理论依据】

指导思想

本教学设计的主要指导思想是以人为本的思想。生物学教学中的“以人为本”，包括两方面的含义。第一，生物学教学要以学生的全面发展为本。学生通过生物课的学习，掌握生物学知识只是一个方面，更重要的则是要学会理性思考和科学探究的方法，形成生命观念和社会责任意识，提高生物学核心素养。因此，教师必须跳出“教教材”的圈子，对教材知识进行重组和再创造，使教学达到一种新的境界。第二，生物学教学要充分关注学生的兴趣和需求。从教学设计方面来看，就是要在充分了解学生的学习意向、学习情感，诊断学生的学习障碍的基础上，设计出真正关注学生、促进学生充分发展的教学过程，引导学生探索、发现，体会学习的快乐，而不是强制学生理解、记忆和进行技能训练，将学生当作学习的机器。

理论依据

本教学设计的主要理论依据是布鲁纳的发现学习理论。发现学习是指学习的主要内容未直接呈现给学习者，只呈现了有关线索或例证。学习者必须经历一个发现的过程，自己得出结论或找到问题的答案。发现学习强调学习者学习的主动性，强调学习的认知过程，重视认知结构的形成，注重学习者的知识结构、内在动机、独立性与积极性在学习中的作用,有利于激发学习者的探究欲望,培养学习者分析问题、解决问题的能力。本教学设计的课题为生态系统的能量流动,其内容难度适中,与学生的生活常识联系紧密,适合采用发现学习的教学方法。

【教学目标】

知识方面

1. 分析生态系统中能量流动的过程,得出能量流动的特点。

2. 应用光合作用、呼吸作用、种群数量的调查方法、食物链和食物网等知识,探索进行能量流动定量分析的方法。

能力方面

1. 尝试建立生态系统能量流动的模型,发展思维能力和迁移能力。

2. 尝试进行生态系统能量流动的定量分析。

情感态度与价值观方面

1. 体会理性分析使人做出正确的选择。

2. 体会科学探究的艰辛与价值。

【重点和难点分析】

教学重点

1. 生态系统中能量流动的过程和特点。

2. 探索进行生态系统能量流动定量分析的方法。

教学难点

探索进行生态系统能量流动定量分析的方法。

解决重点、难点问题的方式与方法

1. 对于生态系统中能量流动的过程和特点,先引导学生进行个体水平能量流动分析,并在此过程中帮助学生确定分析能量流动的基本思路;之后,采用"迁移法"引导学生进行了生态系统能量流动模型的建构。

2. 对于探索进行生态系统能量流动定量分析的方法,采用了创设情境、组织小组研讨的方式。

【教学方式】

发现学习、学案导学

【教学手段】

多媒体投影系统、多媒体课件、无线局域网、智能手机

【教学过程】

教学环节及教师活动	学生活动	估时
环节一:导入新课并进行个体水平的能量流动分析		
1. 带领学生回顾生产者、消费者和分解者获得能量的方式,使学生清晰认识到生物获得的能量是有机物中的化学能。	聆听、回忆	1 分
2. 展示课件漫画,提出"孤岛生存"策略选择的问题,激发学生的兴趣。让学生根据自己的知识、经验做出判断,之后指定学生发表意见。	思考、发言	2 分
3. 使学生明确"维持更长时间"的实质是"获得更多的能量",引导学生从人所获取的能量多少的角度进行分析。首先带领学生分析策略 1(先吃鸡,然后吃玉米)中的能量流动情况,引导学生发现"呼吸量""粪便量"。然后,让学生用同样的方法独立分析策略 2(先吃玉米,同时用部分玉米喂鸡,吃鸡产下的蛋,最后再吃鸡)中的能量流动情况。待多数学生完成后,让部分学生展示、说明自己的分析结果,并组织其他学生进行补充和质疑,引导学生发现"未食入量"。为加快分析速度,要求学生逐步用特定字母代表相应的量(如 R、F、N、E 等)进行书写。	聆听、对话 分析、展示、质疑、对话	9 分
4. 提示学生:理性分析帮助我们做出正确的选择。		
环节二:建立生态系统能量流动的一般模型		
1. 引导学生分析一条食物链上的能量流动。指导学生按照之前的方法分析"草→兔→狐"这条食物链上的能量流动情况。让部分学生展示、说明自己的分析结果,并组织其他学生进行补充,引导学生发现从种群层次看还有"遗体残骸量"不会沿食物链传递。	分析、展示	8 分
2. 引导学生建立生态系统能量流动的模型。问学生若将"草→兔→狐"替换成"草→鼠→蛇"等其他食物链,之前的分析是否依然成立。之后,引导学生说出将"草→兔→狐"替换为"生产者→初级消费者→次级消费者……",再加上分解者,形成生态系统能量流动模型。	对话、交流	2 分
3. 引导学生概括能量流动的特点。教师说明生态系统的能量	聆听、对话	3 分

续表

教学环节及教师活动	学生活动	估时
流动包括生态系统中能量的输入、传递、转化和散失,之后,引导学生说出能量源头、传递途径、散失途径,得出能量流动过程中逐级递减,单向流动,不可逆转,也不能循环的特点。		
4. 带领学生构建出能量流动的一般模型(简化模型)。	书写	3分
环节三:探讨如何进行能量流动的定量研究		
1. 引导学生形成基本思路。引导学生思考:要定量分析草原生态系统的能量流动情况,首先要做什么?要了解各营养级之间的能量传递效率,关键要获得哪些数据?	思考、发言	3分
2. 组织学生小组研讨如何测算生产者固定的能量。	讨论	5分
3. 指定学生介绍研讨成果,组织学生之间质疑和补充。教师根据学生的回答情况,引导学生形成基本思路,带领学生整理在学案中。之后,通过对话给学生简介如何测算消费者固定的能量。	发言、对话	4分
4. 提供林德曼研究数据表,追问学生应该用哪些数据进行传递效率的计算,然后告诉学生计算结果,提出10% ~20%的传递效率。最后,对照赛达伯格湖的能量流动图解,概括通过定量研究获得的基本结论。	对话 书写	3分
5. 解释林德曼研究的重大意义。要点如下:提出了以流经生态系统各成分的能量作为研究营养级之间关系的衡量指标,发现了具有普遍意义的规律;其研究思路为后续的生态学研究奠定了基础。	聆听	2分

【板书设计】

5.2 生态系统的能量流动

一、过程

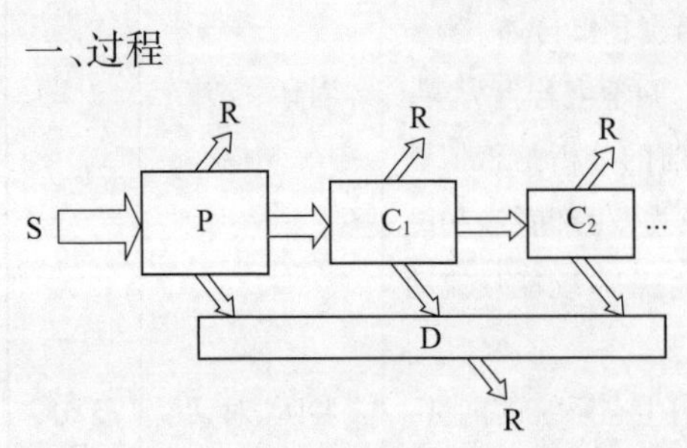

二、特点

单向流动

逐级递减

三、定量分析

1. 基本方法

2. 基本结论

10% ~20%

【学习效果评价设计】

1. 过程评价

(1)课堂上,观察学生对学习内容的关注程度、情绪表现、发言情况、参与讨论的情况、完成学案的情况等,从而对学生的学习意愿以及对学习内容的接受程度等做出评价;

(2)课堂上,对学生的发言及学习成果的展示进行及时的口头评价,鼓励为主,以此来促进学生提高表达、展示、交流的积极性;

(3)课后,查阅学生的学案,通过对学案中任务和问题的完成情况评价学生在学习过程中的表现。

2. 结果评价

(1)课后,用相关习题测验学生,对本节课知识目标的达成情况做出评价;

(2)课后,设计一个有关生态系统能量流动定量研究的情境问题,让学生尝试写出研究思路和方法,从而对本节课能力目标的达成情况做出评价;

(3)课后,与部分学生交谈,收集、整理、统计学生对本节课的学习感受,从而对本节课情感态度和价值观目标的达成情况做出评价。

【教学反思】

这节课是北京教育科学研究院基础教育教学研究中心组织的区县联合教研活动中的一节研究课,研究主题是探索如何在"生态"部分进行生物学核心素养的培养。为了上好这节课,我对"人教版""浙科版""北师大版""国图版"4 个版本的教材进行了比较研究,分析了不同版本教材在内容上的共性和差异,确定了本节课的教学内容。我还查阅了大量有关能量流动的教学设计,认真研读了《普通生态学》和《生物学核心概念的发展》等书籍中的相关内容;查阅了林德曼 1941 年至 1942 年发表的英文原版论文,了解了他的研究方法、研究历程和基本观点;查阅了能量流动定量研究的基本方法。上述文献研究为我设计好本节课奠定了坚实的基础,之后的几次试讲又使我获得了许多实践经验。经过不断改进,该教学设计得以逐步完善。总的来看,最后的实施效果是比较理想的。本节课主要具有以下特点。

1. 创造性地使用教材,引导学生理性思维

我们所使用的"人教版"教材中,有一个"孤岛生存"的问题讨论。在我所查阅到的教学设计中,这个问题讨论都是作为引发兴趣的材料,用于课的导入。而在本教学设计中，我将它转化为一个个体水平能量流动分析的材料，真正从获得能量多少的角度，分析了不同取食策略所造成的不同结果。学生对此非常感兴趣，在展示交流的过程中，表现出了很高的关注度。在本环节中，学生从最初凭感觉做出各自的判断，或者是无法做出判断，到后来通过抓住“哪种策略能够获得更多的能量”这一本质问题进行理性分析，得到统一的认识，不难体会到理性思维的重要性。更重要的是，教师在引导学生进行个体水平能量流动分析的过程中，已经悄然帮助学生确定了分析能量流动的基本思路，为之后学生独立进行食物链上的能量流动分析和生态系统能量流动分析奠定了基础。

2. 带领学生进行模型建构，发展学生理性思维

在本节课中，教师用“迁移法”引导学生进行了生态系统能量流动模型的建构，使学生在个体水平、食物链水平和生态系统水平这几个不同的层次上认识了能量流动的过程和特点，在理解上会比单纯进行模型分析更加深入和全面。而且，这种方式比用“问题串”引导学生分析教材中提供的两个营养级之间的能量流动模型，进而理解生态系统能量流动模型具有更大的开放性，更加有利于学生在学习过程中发展理性思维。因为，在建构模型的过程中，学生是按照之前的思路，再结合一些新的条件进行创造性的思考，而不是被“问题串”牵着走。学生在思考的过程中，会自己产生疑问，这是教师非常希望看到的。比如，在构建食物链上的能量流动模型的过程中，就有学生提出了自己的疑惑：太阳光能是否直接流入兔和狐呢？对于学生提出的这一问题，我没有立即回答，因为我知道这是一个引发其他同学思考、争论的极好的教学资源。所以，我首先问了另外两个同学的看法，又征求了刚才提问者的意见，最后才说出答案。我认为这样的教学互动是本节课的一个亮点。

学生自己产生疑问，与教师提出问题让学生回答是有本质区别的。对学生而言，生疑是主动思考的结果，答疑则是相对被动的。我们教师就是要努力创造让学生主动思考的条件，要给学生任务，提示方法，然后放手让学生自己去分析、思考，并展示成果。在分析时，学生会有很多机会生成自己的疑问；在展示中，这些疑问会展现在其他同学面前，成为生生互动和师生互动的素材，进而形成热烈的交流、研讨氛围。课堂就需要这样的氛围！

3. 组织学生探讨研究方法，促进学生科学探究素养的提升

在能量流动的定量分析部分，我首先带领学生初步设想了能量流动定量研究的一些思路，然后向学生介绍了能量流动定量研究的基本方法，最后向学生介绍了林德曼的研究。让学生设想能量流动定量研究的思路，实质是引导学生参与一种局部性的科学探究,即进行研究方案的设计。介绍能量流动定量研究的基本方法,主要是为了让学生认识到科学研究不能仅限于方案的设计,还要有具体的操作方法,这些方法都是在实践的过程中产生、积累下来的,对于真正得到研究成果有着重大的作用。对于林德曼的研究,不是直接带领学生分析教材中提供的数据,而是将重点放在介绍这些数据是如何获得的以及林德曼研究的贡献上,突出了勤奋努力、勇于创新等情感态度的教育。当让学生尝试确定能量流动定量研究的思路、学习能量流动定量研究基本方法的时候,学生已经体会到其中的不易;在了解了林德曼研究之后,这种感觉则变得更加明显。课后,有学生说,了解了林德曼的研究之后,才知道看似不起眼的几个数据,背后有这么多付出!学生的这番话反映出本节课这部分的教学对学生情感态度的发展起到了积极的作用。

另外,林德曼从流经各营养级的能量角度方面进行了分析,发现了生态系统能量流动的基本规律。了解这一发现过程及其意义,认识这一基本规律,对于学生形成稳态与平衡观、物质与能量观等都具有非常积极的意义,这是本节课在培养学生生命观念方面所具有的价值。再有,学生对能量流动规律的认识,可以为其选择正确的饮食策略提供理论依据,这是本节课在培养学生社会责任方面所具有的价值。

4. 顺应学生实际需求,形成了别具一格的板书设计

在本课的板书设计中,能量流动过程模型采取了用字母来表示相关内容的方式。之所以这样,是因为这个模型是在学生对个体之间和食物链上的能量流动进行分析的基础上形成的。而在分析过程中,因为一些内容要多次重复书写,因而拖慢了分析的速度,有很多学生都不愿意写了。为了解决这一问题,我引入了用特定的字母表示呼吸量、未食入量、粪便量等,并将这种简化表示的方法沿用到最终的模型中。我认为,这一设计也契合了"以人为本"的指导思想,因为学生非常喜欢简化的记录方式。我们应该尽量创造条件,让学生用自己喜欢的方式学习。

本节课需要进一步探讨的问题是:

第一,由于学生对能量流动定量研究的方法完全没有认识,所以在教师介绍这些方法时,他们接受起来是比较困难的。那么,教师是应该再多用一些时间,讲得慢一些,让学生确实学到一些方法,还是就像本节课这样,一带而过,让学生略有印象就算达成目标了?

第二,本课中采用了手机拍照上传到屏幕上的方式来展示学生的思维成果,很新颖、便捷,但是也存在一个问题,就是不能在展示、分析的过程中进行修改。所以,我认为用实物投影可能是更好的选择。

附:本课学案

5.2　生态系统的能量流动

一、"孤岛生存"的策略选择

策略1:先吃鸡,再吃玉米。

玉米　　鸡　　人

策略2:先吃玉米,同时用一部分玉米喂鸡,吃鸡产下的蛋,最后吃鸡。

玉米　　鸡　　人

二、能量流动的过程

(1)一条食物链上的能量流动

草　　兔　　狐

(2)一个生态系统中的能量流动(简化图解)

三、能量流动的特点

四、定量分析的方法

1.讨论:要确定一片草原各营养级之间的能量传递效率,大致要经过哪些步骤?

2.林德曼通过对赛达伯格湖能量流动的定量分析,得出了什么基本结论?

应用概念图进行教学的尝试

——“有关染色体的知识点复习”课例及评析

【课例说明】

本课例最初的设计和实施时间为2012年4月。概念图是一种有效组织和表征知识的工具。由于生物学有许多概念，而且概念之间的关系错综复杂，所以，在生物教学中若能合理地利用概念图，对于提高学生的学习效率和学习能力都将起到非常积极的作用。但是，由于在理解上和实际操作中存在一些问题，许多教师并没有将概念图的作用真正充分发挥出来。那么，如何才能充分发挥概念图的作用呢？我以“有关染色体的知识点复习”为例进行了尝试，取得良好的教学效果，同时也获得了一些感受。该课例于2013年5月在北京市朝阳区生物学科教学设计评比中荣获一等奖。

【教学背景分析】

内容分析

本节课的主要内容是复习细胞遗传学的一些重要概念。这些概念之间关系错综复杂，要深入理解一个概念往往需要与其他概念相关联。所以，这部分内容非常适合使用概念图教学。学生通过构建概念图，一方面可以很好地梳理各概念之间的关系；另一方面还可以进一步澄清或加深对染色体组、染色单体、同源染色体等重要概念的理解。

学情分析

对于本课节所涉及的概念，学生都已经学习过并进行过一轮复习。不过，从平时的教学和测验情况来看，有不少同学对染色体组、同源染色体、子染色体等基本概念还没有深刻认识，对各概念之间的关系也还没有全面掌握。所以，本节课还是需要先易后难、循序渐进地进行复习。另外，学生虽然对概念图有一定的认识，但是，许多学生主动应用概念图的意识还不够强，制作概念图的技能也还不是非常熟练。

【指导思想与理论依据】

指导思想

本教学设计的指导思想主要有以下三点:第一,面向全体学生。让各个层次的学生(尤其是基础相对薄弱的学生)都积极地参与到学习活动中来,充分考虑各层次学生的实际水平,让各层次的学生都能在原有基础上得到发展。第二,注重对学习方法的指导。从用概念图引导学生学习发展到引导学生用概念图来学习,这样可以更好地引导学生对自己已经有的知识进行加工处理,形成自己的知识体系,同时提高学习能力。第三,通过合作学习提高学习效率。

理论依据

本节课采用了概念图教学的方法,其主要理论依据是奥苏贝尔的认知同化学习理论。

【教学目标】

知识方面

1. 说出高中生物教材中与染色体相关的重要概念并解释这些概念之间的关系。

2. 说明染色体的各种变化与遗传和变异的关系。

能力方面

制作以染色体为核心的概念图。

情感、态度和价值观方面

感受生物学概念系统的逻辑之美。

【重点和难点分析】

教学重点

解释高中生物教材中与染色体相关的重要概念之间的关系。

教学难点

解释高中生物教材中与染色体相关的重要概念之间的关系。

解决重点、难点问题的方式与方法

带领学生按照由易到难的次序制作概念图。

【教学方式】

谈话法、讨论法、现场制作概念图。

【教学手段】

多媒体投影系统、课件。

【教学过程】

教学环节及教师活动	学生活动	估时
环节一：导入 讲述：前面，我们以基因这一概念为核心，通过制作概念图的方式复习了遗传学中的许多概念。今天，我们继续用这种方式复习与染色体相关的重要概念。	聆听，进入学习状态	1分
环节二：初步整理概念间的关系 1. 组内交流 讲述：课前我给大家布置了作业，要求同学们先独立制作一个以染色体为核心的概念图。现在，我们就两个同学为一组，快速地交流一下，找一找你们俩的概念图有哪些相同点和不同点，你们有没有共同的疑问。之后我们再在全班进行交流。 巡视、指导	交换概念图，找出相同点、不同点、共同的疑问	3分
2. 班内交流 在黑板上记录学生所说的概念间的关系。 适当引导和质疑。（引导学生先说出自己最有把握的概念间的关系。待大家比较认可的关系基本都明确以后，再引导学生说出自己的疑问） 引导学生质疑。	分别发言 记录要点 质疑 聆听	15分
环节三：以组为单位合作重建概念图（主要完成框架的构建） 讲解：我们已经将一些比较明确的关系整理出来了，同时也提出了不少疑问。我们还能看出，实际上在我们列出的这些关系之间还有关系。为了进一步理清这些关系，我们需要利用一下可以随意调整位置的印有	操作：利用教师提供的工具、材料，2人一组，尝试将写有概念的纸片摆放在特定位置，并利用箭头、	

续表

概念的小纸片。请你将这些纸片摆放在白纸的适当位置上，确定后用胶棒粘好，再用箭头、线段将它们连接起来，形成一个概念图框架。要求将给出的所有概念都用上，如果需要，还可以补充概念，写在相应的位置上。 巡视、指导	线段连接。可以将自己想到的其他概念补充书写在相应的位置。时间不够的情况下，可以暂时不写联系词，留到课后完成	
环节四：学生展示 选定发言人。	发言人发言。利用投影系统进行展示与讲解。主要讲解从染色体引出了几条主线，之后又是如何延伸的。 其他学生聆听、质疑。 发言人回答其他同学的质疑。	
环节五：教师引导学生突破难点 **1. 明确概念图基本方向和层次** 教师展示自己制作的概念图并简要说明方向和层次。	聆听、观看 聆听、思考、对话	5 分
2. 澄清几个问题 **讲述**：有几个问题需要特别澄清一下。 (1)同源染色体和子染色体 从图说起。图中有没有同源染色体？——不能将子染色体误认为是同源染色体。(只看形态是无法区分的，因为都是形态相同的染色体，所以要分析来源) (2)染色单体和子染色体 从图说起。物质成分上没有区别，染色单体是子染色体的前身。共用一个着丝点时称为染色单体，简称为单体；一旦分离即成为独立的染色体，是原染色体的子染色体。 (3)染色体组 从图说起。这幅图中有几个染色体组？—— 一套非同源染色体构成一个染色体组。	记录	3 分

续表

(4)染色体结构变异中的易位与非姐妹染色单体交叉互换 从图说起。它们属于可遗传变异的两种不同来源,前者属于染色体结构变异,后者造成基因重组。		3分
环节六:布置作业 **讲解**:完成本节课的概念图。		1分

【板书设计】

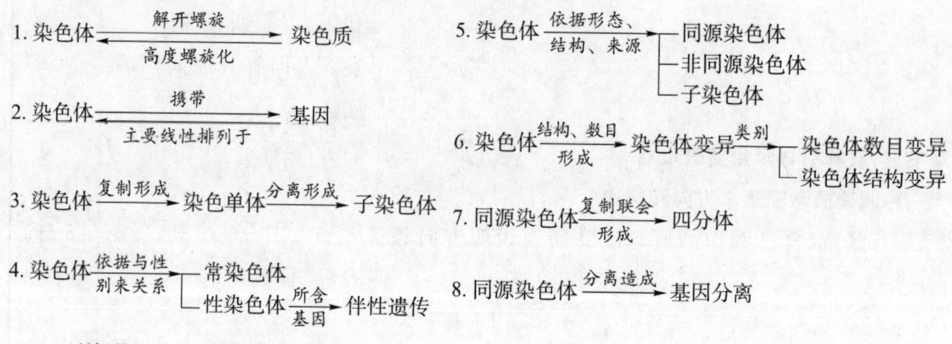

(说明:以上为教师预设的部分板书内容,实际板书根据学生的发言情况书写)

【学习效果评价设计】

评价方式

概念图评价。依据以下评价量规对学生的概念图进行评价。通过评价学生所做的概念图,对学生的知识、能力和态度做出评价。

评价量规

概念图评价量规

	1分	3分	5分
综合性：概念图中包含全部概念，涵盖内容广泛。(5分)	缺少学科概念；知识非常简单而且有限；概念图的覆盖面有限。	概念图包含适当的学科概念，但是某些领域的知识是有限的；概念图暗示了对学科问题的某种狭隘理解。	概念图覆盖了学科领域的全部概念，内容广泛。
组织性：概念图比较系统(5分)	概念仅仅是以线性的方式连接起来；分支内部和分支之间几乎没有什么连接；概念也没有很好地整合。	概念图的分支内部与分支之间连接比较多；部分分支的概念之间有明显的整合关系；概念图中也存在一些横向连接。	概念图以整合的概念和横向连接很好地组织起来；有复杂的分支结构和连接。
正确性：符合事实、逻辑或者已知的真理(5分)	概念图简单，包括对学科领域的一些概念的误解；某些词或者术语使用不当；概念图也反映了对某学科领域问题理解得不正确。	概念图几乎很少有不正确的学科问题；大部分连接是正确的；概念图上存在一些拼写错误和语法错误。	概念图恰当地整合了概念，反映了对学科问题的正确理解，很少或根本没有错误的概念，也没有拼写错误和语法错误。

【教学反思】

我对这节课进行了充分的准备，总的来看，教学的效果是比较理想的。本节课主要具有以下优点：

第一，每个学生都实实在在地参与了学习活动。本节课改变了单纯的教师讲学生听的授课状态，也避免了少数学生表演，多数学生观看的现象，使各个层次的学生都积极地参与到学习活动中来，都有收获，尤其是照顾到了能力、基础较弱的学生。

第二，强调了概念之间具体关系的分析。要求学生在构建概念图之前，先梳理两两概念之间的关系，进行了比较深入的分析，形成了许多有效命题。这些命题本身对于学生理解概念就是非常重要的，即使没有后续的构图过程，学生也已经有了很多收获。

第三，强化了循序渐进构建概念图的方法。从梳理两两概念之间的关系入手，从学生最有把握的关系开始说起，这都为帮助学生树立信心创造了条件。之后，逐步引导学生按照直接关系形成线索，确定层级，补充各线索之间的关系，最后形成一个内容丰富的概念图。这样的教学过程，对于学生掌握概念图的构图方法有很好的启发作用。

第四，课上、课下密切配合，独立学习与合作学习相得益彰。应用概念图教学，完全靠课下或课上都是不现实的，完全独立和完全合作也都是不能达到最佳效果的。本节课做到了课上、课下密切配合，学生的独立学习与合作学习相得益彰，达到了较好的复习效果。

本节课主要存在以下问题需要探讨。

第一，时间分配问题。本节课用了较多时间进行两两概念之间关系的分析，因而制作概念图以及交流的时间就相对少了。但是如果将两两概念之间关系的分析放在课前完成，则又会失去在课堂上引导学生逐步构建概念图的过程。究竟应该怎样处理，在研讨过程中不同的老师提出了不同的意见。我认为主要取决于学生的水平。在大多数学生能够独立正确分析出两两概念之间关系的情况下，是可以安排在课前的。但基于我对自己所教学生的判断，还是认为在课堂上集体分析更有把握，更可靠一些。

第二，如何照顾不同学生的学习风格。尽管在老师的要求下，学生都进行了概念图的制作，但实际上部分学生由于学习风格等原因，并不喜欢通过制作概念图的方式来学习。对于这些学生，我们应不应该强行要求他们按我们设计的方法学习呢？

【总结提升】

例谈如何充分发挥概念图在中学生物教学中的作用

概念图是一种有效组织和表征知识的工具。由于生物学有许多概念，而且概念之间的关系错综复杂，所以，在生物教学中若能合理地利用概念图，对于提高学生的学习效率和学习能力都将起到非常积极的作用。目前，概念图在中学生物教学中已经有了比较广泛的应用。但是，由于在理解上和实际操作中存在一些问题，许多教师并没有将概念图的作用真正充分发挥出来。那么，如何才能充分发挥概念图的作用呢？笔者认为主要应注意以下三个方面。

一、从“用概念图引导学生”变为“引导学生用概念图”

笔者观摩和查阅了许多应用概念图进行生物课教学的课例，发现很多教师还是将概念图仅仅作为辅助讲解的工具。基本形式如下:教师事先做好一幅概念图,同时设计出一系列的问题,上课时引导学生回答这些问题并利用投影系统逐步呈现概念图中的相应部分,最终展示出全图。这就属于“用概念图引导学生”,它对于帮助学生建立知识框架可能会起到一定的作用,但是对于提高学生的学习能力和学习的自主性、创新性并没有突出的价值。原因在于学生没有亲身经历绘制概念图的过程,思维上仍处于被动接受的状态。对他们来说,教师给出的概念图是一个现成的、需要记忆的学习材料,这显然没有充分发挥概念图应有的作用。实际上制图的过程才是最有价值的,它可以有效地促使学生认真回顾已有的知识,自主发现知识之间的联系,审视自己的知识结构,揭示自己的问题,等等,非常有利于全面实现知识、能力、情感态度三维教学目标。如果没有制图的过程,上述作用就都不存在了。所以,一定要让学生亲自制作概念图,也就是要引导学生用制作概念图的方式来学习。

需要注意的是,要让学生用制作概念图的方式来学习,不是简单地提出要求就能实现的。在实际教学中笔者发现,若只是要求学生制作概念图而没有精心的安排和具体的引导,课堂往往会成为少数几个学生的舞台,大部分学生仍然只是充当观众而已。原因在于我们的学生学习水平是参差不齐的,有的学生在知识、能力方面非常薄弱,对概念以及概念之间的关系掌握得十分有限,所以无法独立完成老师布置的任务;有的学生则是态度方面的问题,认为制作概念图浪费时间,没多大用处,所以不愿意完成老师布置的任务。因此,要真正做到面向全体学生,就必须充分考虑到这些实际问题,加强对学生的引导。

二、强化对概念间具体关系的深入分析

许多教师在进行概念图教学时,无论是对自己制作的概念图还是对学生提交的概念图,都过多地偏重于概念图的整体结构而缺乏对概念间具体关系的深入分析,其表现就是对概念之间的连接词重视不够。笔者认为这对于充分发挥概念图的作用是十分不利的。概念图的作用应该不仅仅是为学习者提供知识框架,更重要的是要使学习者形成一系列的有效命题。学习者可以通过这些有效命题进一步加深对各个概念的认识。

例如,在进行染色体相关概念复习的时候,仅仅通过联想将各个概念联系在一起对于学生来说是没有太大价值的,只有分析清楚它们之间的具体关系才能真正启发学生深入理解这些概念。举一个具体的例子,比如学生往往凭直觉将“染色体”“性染色体”“常染色体”“同源染色体”“非同源染色体”这几个概念用线连在一起,形成图1所示的结构。但是,如果你问他们这里面包含着哪些命题,他们通常只会说“染色体包括性染色体和常染色体”“染色体包括同源染色体和非同源染色体”，至于根据什么进行的区分，往往没有考虑。在这种情况下，如果教师不进一步引导学生进行深入的分析，学生就不会从概念图中得到更深入的理解。只有引导学生说出箭头上的连接词，形成图 2 所示的结构，学生才会真正有所提高。

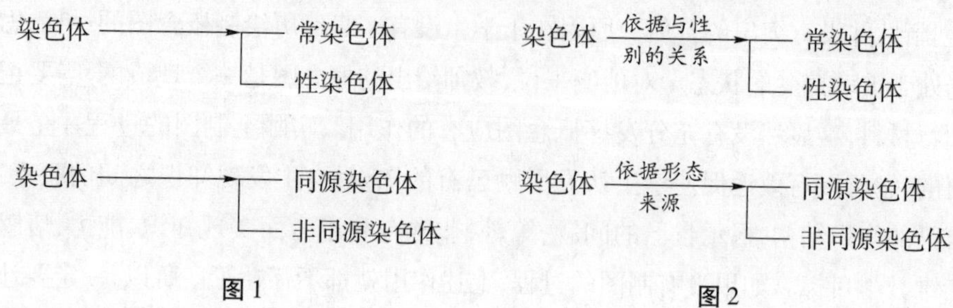

图 1　　图 2

再举一个具体的例子，比如，学生往往会凭直觉将“染色体”和“染色体组”联系在一起，形成图 3 所示的关系。但这实际上没有真正反映出两个概念之间的确切关系，对于理解什么是染色体组也没有实质性的意义。教师必须引导学生明确什么样的染色体组成一个染色体组，形成图 4 所示的关系，才能真正帮助学生加深对染色体组概念的理解。

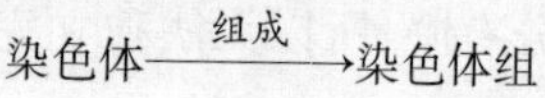

染色体 —组成→ 染色体组

图 3

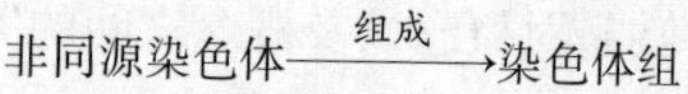

非同源染色体 —组成→ 染色体组

图 4

三、循序渐进地引导学生不断有新的发现

让学生亲自动手制作概念图，一定要掌握循序渐进的原则，使学生逐渐挖掘自身已有的知识，从最基本、最简单的关系开始梳理，一步一步走向深入，在不知不觉中构建出一个内容丰富的概念图。

还以染色体的相关概念复习为例来进行说明。与染色体相关的概念是非常多的，而且都比较抽象。如何才能引导学生顺利地制作出结构科学、关系准确的概念图并使他们在制作的过程中加深对各个概念的理解呢？我采用先易后难、循序渐进的办法，取得了比较理想的效果。课前我给学生提供了 22 个相关概念，让他们提前思考一下这些概念之间的关系。课堂上，我首先引导学生分别发言，要求他们说出自己非常确认的两两概念间的关系，我在黑板上记录。各个班的学生基本上都是从“染色体”与“染色质”之间的关系，“染色体”与“基因”之间的关系等最为熟悉的部分开始叙述的。渐渐地，熟悉的关系说完了，学生就开始搅尽脑汁地考虑其他关系，于是对关系的分析逐渐深入起来，这正是我所希望的结果。在学生发言时，我不断地追问，要求学生必须明确说出概念之间的关系，促使他们重新审视这些概念及其关系。最后,学生们基本上说出了我预计的所有关系,如图5所示。

1. 染色体 ⇄ 染色质（解开螺旋：染色体→染色质；高度螺旋化：染色质→染色体）

2. 染色体 ⇄ 基因（携带：染色体→基因；主要线性排列于：基因→染色体）

3. 染色体 —复制形成→ 染色单体 —分离形成→ 子染色体

4. 染色体 —依据与性别的关系→ 常染色体；性染色体 —所含基因→ 伴性遗传

5. 染色体 —依据形态来源→ 同源染色体；非同源染色体；子染色体

6. 染色体 —结构、数目形成→ 染色体变异 —类别→ 染色体数目变异；染色体结构变异

7. 同源染色体 —复制联会形成→ 四分体

8. 同源染色体 —分离造成→ 基因分离

9. 非姐妹染色单体 —交叉互换造成→ 基因重组

10. 非同源染色体 —自由组合造成→ 基因重组

11. 非同源染色体 —组成→ 染色体组

12. 染色单体 —依据位置→ 一条染色体上：姐妹染色单体；同源染色体上：非姐妹染色体单体

13. 染色单组 —数目为2的个体→ 二倍体（受精卵发育成的）；—数目大于等于3的个体→ 多倍体（受精卵发育成的）

14. 染色体组 —数目与配子中相同→ 单倍体（单个配子发育成的）

图5

在此基础上，我进一步引导学生考虑在各个条目之间是否还有其他关系，并在黑板上用彩色粉笔进行连线。渐渐地，学生们发现这样的联系还有很多，黑板上开始变得混乱了。这时，我向学生们提出应该优化黑板上这些关系的结构，将同一概念合并起来，从而形成更为简明的概念图。构图的基本思路是以染色体为核心，先确定出与它存在直接关系的概念，构成外围的第一层。然后再在第一层概念的基础上找出第二层概念，以此类推。于是，学生们开始按照我所说的思路当堂利用工具、材料构建概念图。（具体操作是2人一组，尝试将写有概念的纸片摆放在特定的位置，确定之后用胶棒粘好，并利用箭头、线段连接，写联系词）

待学生基本完成后，我邀请了2名学生利用投影系统进行展示和讲解，其他学生聆听、质疑，发言人回答其他同学的质疑。

最后，我分步展示了自己预先做好的概念图，给学生解释我为什么这样组织而不那样组织，与学生进行了深入的交流。最终呈现的完整概念图如图6所示。

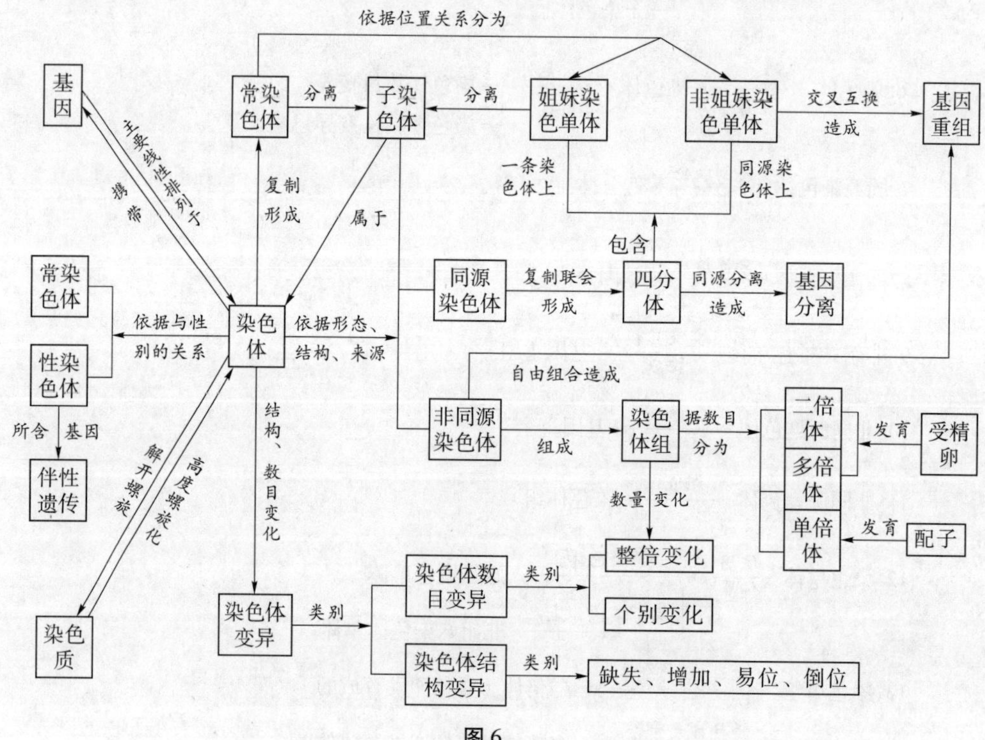

图6

本节课从梳理两两概念之间的关系入手，从学生最有把握的关系开始说起，这都为帮助学生树立信心创造了条件。之后，逐步引导学生按照直接关系形成线索，确定层级，补充各线索之间的关系，最后形成了一个内容非常丰富的概念图。这样的教学过程,对于引导学生用制作概念图的方式来学习有很好的启发作用。

综上所述,笔者认为要使概念图在生物教学中更充分地发挥作用,一是要切实组织学生动手制作;二是要强化概念间具体关系的分析;三是要循序渐进地引导学生。还有,需要注意的是,应用概念图教学必须课上、课下密切配合,使学生的独立学习与合作学习相得益彰,这样才能达到最佳的效果。

【参考文献】

[1]李应.概念图研究综述及其应用[J].山西大学学报(自然科学版),2011(12).

[2]郭娜.新课改中高中生物核心概念教学策略研究——遗传与进化[D].天津:天津师范大学,2010.5.

[3]姜宇.浅谈生物教学中概念图策略的应用[J].教育创新,2011(10).

(本文于2014年5月获北京市2013—2014学年度基础教育科学研究优秀论文二等奖,并于2015年7月发表于《科教导刊》)

利用统领性问题组织高三复习的尝试

——“减数分裂复习”课例及评析

【课题说明】

本课例最初的设计和实施时间为2015年3月。许多学生在学习生物课的过程中，都感到生物课需要记忆的知识太多、太碎、太杂，很难记全，还很容易遗忘。那么，有什么办法能够减轻学生在记忆上的负担，而且能记得牢固、应用自如呢？我想，如果能找到一个统领性的问题，使学生对相关知识的记忆都与对这一问题的理解挂钩，那么一定会取得很好的效果。比如，对于减数分裂的复习，可以将“染色体的各种行为变化与遗传物质的合理分配之间存在什么关系”作为统领性问题，将减数分裂过程中染色体的行为与其意义联系在一起，让学生在复习染色体的行为变化时，不再是机械地记忆，而是顺着“遗传物质怎样才能实现合理的分配”这个总的思路来梳理染色体的各种变化。由于是在理解基础上进行记忆的，知识就比较容易保持和应用。而一旦学生切实掌握了染色体行为变化这条主线，那么像染色体、DNA、染色单体的数量变化等内容就不再需要去专门记忆了，这又减轻了学生记忆的负担。本课例于2015年9月在“2015年北京市基础教育优秀课堂教学设计评选”活动中获优秀课例三等奖，并于同年12月在北京市朝阳区高中教师基本功优质课评比中获一等奖。

【教学背景分析】

内容分析

减数分裂是高中生物学的重点和难点内容。减数分裂是遗传规律的细胞学基础，是基因重组的来源，也是基因突变、染色体变异的重要来源。因此，掌握这一内容，对于学生理解遗传现象的本质以及有性生殖对生物多样性的重要意义具有非常关键的作用。

这部分内容主要包括减数分裂的概念以及在描述减数分裂过程中提出的许多

相关概念;减数分裂的过程(以哺乳动物精子和卵细胞的形成过程为例)和意义等。在众多知识中,染色体的行为变化是主线,其他知识是围绕此内容而衍生出来的。因此,染色体的行为变化及各种变化的意义是最核心的内容。

由于减数分裂具有微观、动态、连续变化的特点,而且学习时经常要对同一过程从不同角度进行解读,比如同源染色体的分离和非同源染色体的自由组合,联会和交叉互换,染色体、DNA 和染色单体的变化,在染色体变化的同时,细胞其他结构的变化、基因的变化等,所以学生在认知上会存在较大的困难。另外,为了清晰地阐明减数分裂过程,科学家提出了很多相关的概念,如同源染色体、非同源染色体、联会、四分体、非姐妹染色单体、交叉互换等,这又进一步增加了学习的难度。

从与其他内容的联系来看,与本内容联系最密切的是有丝分裂、遗传规律和生物的变异。此外,生物的多样性及生物进化与本内容也存在间接的联系。

学情分析

学生在高二第一学期学习了减数分裂这一内容,形成了对减数分裂的初步认识;在之后的学习中,常会涉及减数分裂的知识,学生对该内容的认识又会有进一步的提高。目前,学生刚刚完成了有丝分裂的复习,对有丝分裂的过程、特点和意义等有了比较深入的理解,对染色体的结构、染色单体和同源染色体等概念也有了比较明确的认识,这些都是复习减数分裂的有利条件。但是,由于减数分裂内容本身的复杂性,加之从初次学习至今已经有了很长的时间,所以学生目前对该内容的实际掌握程度与应该达到的程度之间是存在很大差距的。许多学生对减数分裂过程的理解缺乏逻辑性,甚至识记都不清晰;许多学生对名词术语的理解模糊或存在误解;有些学生虽然能说出减数分裂的概念、过程和意义等知识,但是在运用知识分析、解决问题时,就感到非常困难,比如在识别细胞分裂各时期的图像以及辨认同源染色体时经常出错,不能顺利地用减数分裂过程解释基因的行为以及分析染色体数目变异的原因等。上述情况表明,学生还非常需要对本内容进行深入的学习。

从心理上看,许多学生对减数分裂的内容存在茫然和畏难的情绪。知道自己学得不好,但又说不清是什么原因,不知道怎样才能真正提高。但总体上看,学生有比较强烈的学习愿望。

【指导思想与理论依据】

指导思想

本教学设计的指导思想主要有以下三点：第一，面向全体学生。让各个层次的学生都积极参与到学习活动中来，充分考虑各层次学生的实际水平，让各层次的学生都能在原有基础上得到发展。第二，倡导探究性学习，提高生物科学素养。引导学生主动参与探究过程，勤于动手和动脑，使学生在学习知识的过程中，提高分析和解决问题的能力以及交流与合作的能力。第三，注重核心概念的学习，充分发挥核心概念在知识学习中的统领作用。

理论依据

本教学设计的基本组织形式是小组合作学习，理论依据主要有社会互赖理论、动机理论、教学工学理论等。其中，社会互赖理论认为，人与人之间积极的合作会产生积极的互动；动机理论认为，学习动机是借助于人际交往过程产生的，其本质体现了一种人际相互作用建立起的积极的彼此依赖关系。激发动机的最有效手段就是在课堂教学中建立起一种“利益共同体”的关系。这种共同体可以通过共同的学习目标、学习任务分工、学习资源共享、角色分配与扮演、团体奖励和认可来建立。教学工学理论认为，影响课堂学习质量及社会心理气氛的因素主要有三个：任务结构、奖励结构和权威结构。合作学习是合作的奖励结构，因为一个学生的成功同时可以帮助别人成功，合作学习正是利用这一正性的互赖关系来激发和维持学习活动。

减数分裂是高中生物学的一个难点，本教学设计采用组内合作、组间竞争的形式，就是希望通过组内合作实现学生之间的积极互动；通过组间竞争，调动学生参与研讨的积极性，使学生在互助和竞争中积极思维，有效地突破难点，取得更好的学习效果。

【教学目标】

知识方面

1. 分析减数分裂的概念和意义。

2. 绘图表示减数分裂的基本过程，并据图分析各阶段的染色体行为特点和意义，解释配子多样性的原因及异常配子形成的原因。

3. 运用减数分裂示意图解决基因遗传及染色体数目变异的问题。

能力方面

运用模型方法,分析、解决遗传和变异问题。

情感、态度、价值观方面

1. 体会生命活动(生物传递遗传信息过程)的精妙。

2. 认同画减数分裂示意图在解决遗传分析问题中具有非常重要的价值。

【重点和难点分析】

教学重点

1. 减数分裂过程中染色体的行为变化及其意义。

2. 运用减数分裂示意图解决基因遗传及染色体数目变异的问题。

教学难点

1. 配子多样性的原因。

2. 运用减数分裂示意图解决基因遗传及染色体数目变异的问题。

解决重点、难点问题的方式与方法

1. 通过让学生画示意图并分析相关问题的方式,使学生深入理解减数分裂的过程及意义,以及减数分裂与遗传和变异之间的联系。

2. 通过组内合作实现学生之间的积极互动;通过组间竞争,调动学生参与研讨的积极性,使学生在互助和竞争中积极思维,快速地突破难点。

【教学方式】

谈话法、讨论法、小组合作学习(竞赛式)

【教学手段】

多媒体投影系统、课件

【教学过程】

教学环节及教师活动	学生活动	估时
课前:给出某生物的细胞有丝分裂中期示意图,要求学生画出该生物精原细胞进行减数分裂时,第一次分裂前、中、后期以及第二次分裂前、中、后期的示意图(只画染色体,不区分颜色)。	画图	10分

续表

教学环节及教师活动	学生活动	估时
环节一:带领学生分析减数分裂的概念 1. 提问:什么是减数分裂?(组织学生抢答) 2. 投影出示减数分裂的概念,提问:概念中有哪几个要点?(组织学生抢答) 3. 过渡:既然我们说减数分裂是一种特殊的有丝分裂,那么它在过程上与有丝分裂相比有哪些特殊之处呢?	回忆、思考、抢答	3 分
环节二:组织学生研讨课前所画的减数分裂过程示意图,并据图分析各阶段的染色体行为特点和意义 1. 安排学生进行简要的组内交流和相互点评。 2. 请各小组推荐 1 名代表在黑板上画某一时期的示意图。	组内交流,互相点评、修改,各小组推荐 1 名代表在黑板上画图	20 分
3. 组织学生进行全班范围的点评、交流,分析各阶段染色体行为的特点和意义。 (1)与学生一起逐一评价、完善黑板上模式图,并酌情给各组加分。 (2)请各小组再推荐 1 名代表说出特点,与学生一起评价,并酌情给各组加分。 (3)请 1 ~2 名学生完整地叙述一遍减数分裂的基本过程。	参与全班范围的交流、点评	
(4)引导学生思考、回答以下问题(从一组开始依次作为优先回答组,若答的不对或需要补充,则其他组学生可以抢答):第一,据图可知,减数分裂的结果是什么?(一是数目减半;二是无同源染色体;三是仍然具有全套的非同源染色体)第二,是什么原因导致了这样的结果?(染色体复制一次,细胞连续分裂两次;同源染色体分离,非同源染色体自由组合在一起)第三,哪些过程为同源染色体的分离做好了准备?(联会、四分体排列在赤道板上)	思考、竞答	

续表

教学环节及教师活动	学生活动	估时
环节三:组织学生画图分析减数分裂过程中的基因遗传情况,解释配子多样性的原因及异常配子形成的原因		12 分
1. 投影出示染色体上带有特定基因并区分了颜色的有丝分裂中期示意图,要求学生画出该生物精原细胞进行减数分裂后可能形成哪些类型的精细胞。	个人画图、组内研讨	
2. 组织学生进行全班范围的点评、交流,分析基因遗传的情况和配子类型具有多样性的原因。请学生回答以下问题:据图分析,减数分裂可形成多种配子的原因是什么?(非同源染色体自由组合、非姐妹染色单体交叉互换都会造成基因重组)	思考、竞答	
3. 引导学生分析出现异常配子可能的原因。		
环节四:引导学生根据前面的分析总结出减数分裂的意义		4 分
1. 引导学生根据前面的分析,归纳总结出减数分裂的意义。	思考、竞答	
2. 教师确认学生答案并将要点归纳如下:第一,与受精作用相配合,维持生物前后代体细胞中染色体数目的恒定,保证遗传信息的正确传递;第二,产生多样的配子,使同一双亲的后代呈现多样性,有利于生物在自然选择中进化。	聆听	
环节五:小结本节课内容并宣布小组竞赛的结果 本节的主要内容是:减数分裂的概念,减数分裂过程中染色体的行为和基因的遗传,减数分裂的意义。 在本节课的学习竞赛中,某某组胜出,我们用掌声对他们表示祝贺。	聆听	1 分

【板书设计】

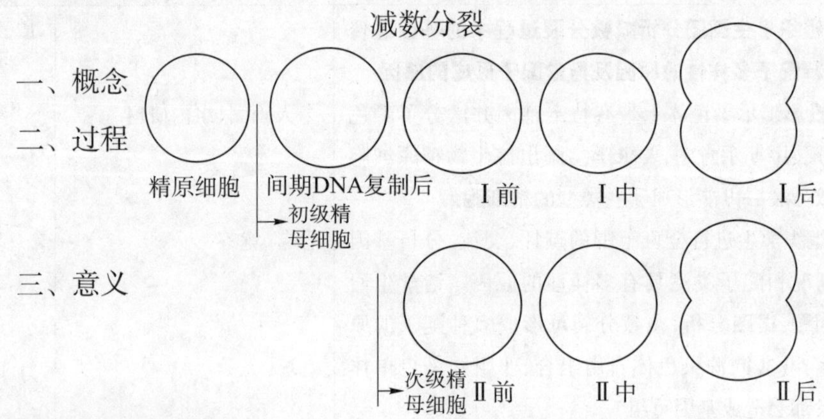

【学习效果评价设计】

评价方式

1. 过程性评价。以小组为单位进行评价。累计各小组在画图、回答问题等竞赛活动中的得分，在本节课结束时，表扬积分位于前三名的小组。课后，教师将各组在本节课中的得分，累计到小组日常得分中。在月总结中，对优秀小组进行进一步表彰。

2. 纸笔测验。课后，用相关习题测验学生应用减数分裂知识的能力。

【教学反思】

我对这节课进行了充分的准备，总的来看，课的效果是比较理想的。本节课主要具有以下优点：

第一，这节课的设计站位较高。这节课的设计没有停留在知识的识记层面和解题技巧的掌握上，而是立足于引导学生发现更深层次的问题，发现表现与实质之间的关系。本节课的统领性问题是染色体的各种行为变化与遗传物质的合理分配之间存在什么关系，这一问题将减数分裂过程中染色体的行为与其意义联系在一起，有利于学生更加深入地理解和牢固地掌握减数分裂的过程、概念和意义。这样的设计，让学生在复习染色体的行为变化时，不再是机械地记忆、简单地重现，而是有了依托，即顺着遗传物质怎样才能实现合理的分配这个总的思路来梳理染色体的各种变化，这样一来，记忆的难度就大大下降了。而且，由于是在理解基础上的记忆,知识就容易保持并且能够灵活运用,使学习难点得到了有效的突破。一旦学生切实掌握了染色体行为变化这条主线,那么像染色体、DNA、染色体单体的数量变化等内容就不再需要去专门记忆了,完全可以推算出来,这又减轻了学生记忆的负担。可见,充分发挥核心概念在知识教学中的作用,有着一举两得的效果。

第二,多形式、多层次地夯实了知识。对于染色体的变化这一重点知识,本节课安排了五次不同形式和层次的夯实。第一次是让学生画图,要求学生形象地再现出减数分裂的基本过程,在这个环节,很多学生暴露了自己的错误,同学之间在纠错、改错的过程中统一了认识;第二次是让学生说要点,要求学生能用语言概括各时期的主要特点,这样就变换了一种形式,学生对信息的掌握更加牢固;第三次是让学生完整描述,还是用语言,但要更全面;第四次是用问题串引导学生深入思考,提高认识;第五次是通过解决配子类型等问题来强化前面复习的效果。这样的方法使学生既夯实了基础,又提高了能力。

第三,采用小组合作、组间竞赛的形式调动学生交流的积极性。由于学生对减数分裂的学习存在较大的困难,所以同学间的交流就格外重要。小组合作,使学生有了更充分的提出问题和了解其他同学想法的机会;组间竞赛,有效地调动了学生在全班范围发言的积极性。

本节课主要存在以下问题:

第一,时间分配上要进行一定的调整。本节课的环节四,即"引导学生根据前面的分析总结出减数分裂的意义"部分留的时间过少,学生思考不够充分,很多学生还是处于被动接受的状态。应该给学生更充足的时间进行整理思路和讨论,争取自己领悟减数分裂的意义。

第二,竞赛氛围的创设还有待加强。本节课的竞赛氛围不是很热烈,原因之一是学生对这部分内容的掌握确实不太扎实,对那些有一定深度的问题感觉难以作答,所以都不敢发言了。后来,在另一个班,对于比较难的问题,我将自由抢答改成轮流必答,并让其他组纠错、补充,结果回答问题的学生数量大大增加,课堂竞赛氛围热烈了许多。可见,通过调整竞赛方式,竞赛氛围是可以创设和改善的。

附:本课学案

6-1　减数分裂

课型:复习课　　　主备人:潘勇　　　审核人:高三生物组

学习者姓名＿＿＿＿＿　　班级＿＿＿＿＿

【学习目标】

1. 分析减数分裂的概念和意义。

2. 绘图表示减数分裂的基本过程,并据图分析各阶段的染色体行为特点和意义,解释配子多样性的原因。

3. 运用减数分裂示意图解决基因遗传及染色体数目变异的问题。

【学习重点】

1. 减数分裂过程中染色体的行为变化及其意义。

2. 运用减数分裂示意图解决基因遗传及染色体数目变异的问题。

【学习难点】

1. 配子多样性的原因。

2. 运用减数分裂示意图解决基因遗传及染色体数目变异的问题。

【学习导航】

预习案

1. 减数分裂的概念

进行＿＿＿＿＿的生物,在产生＿＿＿＿＿时进行的染色体数目＿＿＿＿＿的细胞分裂。在减数分裂过程中,染色体只复制＿＿＿＿＿次,而细胞连续分裂＿＿＿＿＿次。结果是＿＿＿＿＿细胞中的染色体数目比＿＿＿＿＿细胞的减少一半。它是一种特殊方式的有丝分裂。

2. 右图为某生物的细胞有丝分裂中期示意图。请画出该生物精原细胞进行减数分裂时，第一次分裂前、中、后期以及第二次分裂前、中、后期的示意图（不区分颜色）.

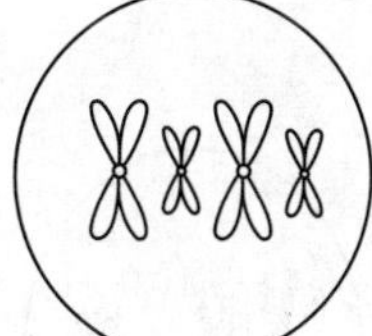

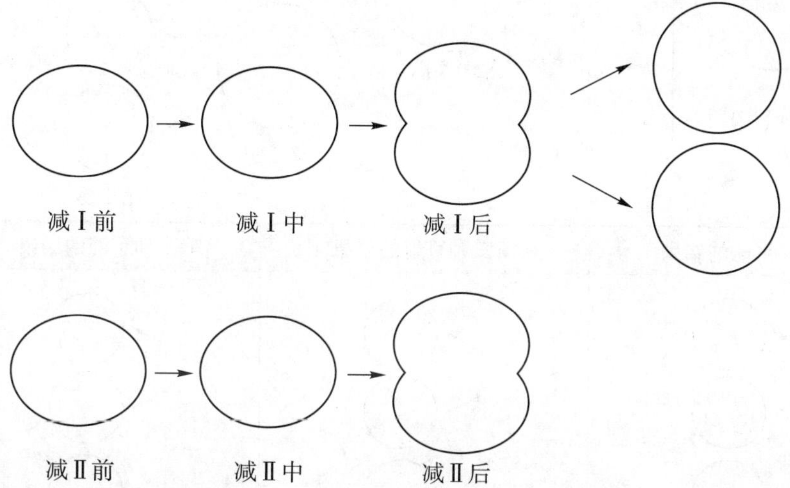

探究案

1. 减数分裂过程中染色体的行为及其意义

第一，据图可知，减数分裂的结果是什么？

第二，是什么原因导致了这样的结果？

第三，哪些过程为同源染色体的分离做好了准备？

2. 减数分裂过程中基因遗传的情况

请根据某生物的细胞有丝分裂中期示意图，画出该生物的精原细胞减数分裂形成的精细胞中的染色体和基因的情况。

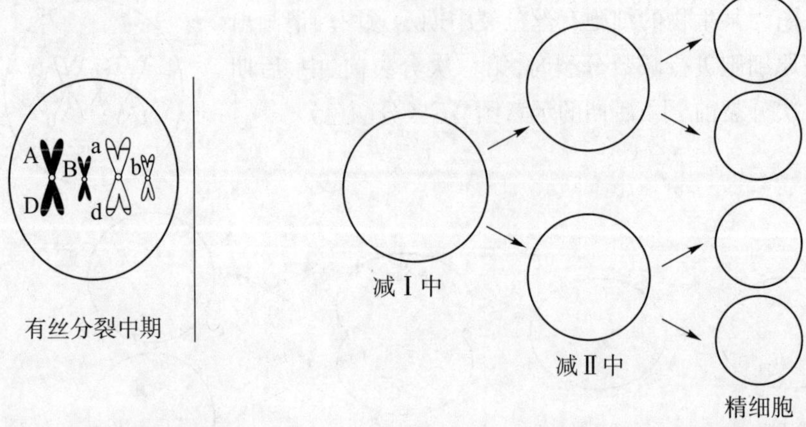

第二种可能的结果	第三种可能的结果	第四种可能的结果
静细胞	静细胞	静细胞

减数分裂可形成多种配子的原因是什么？

____

若上述生物细胞减数分裂形成了如图甲、乙所示的异常精细胞，则合理的解释是：

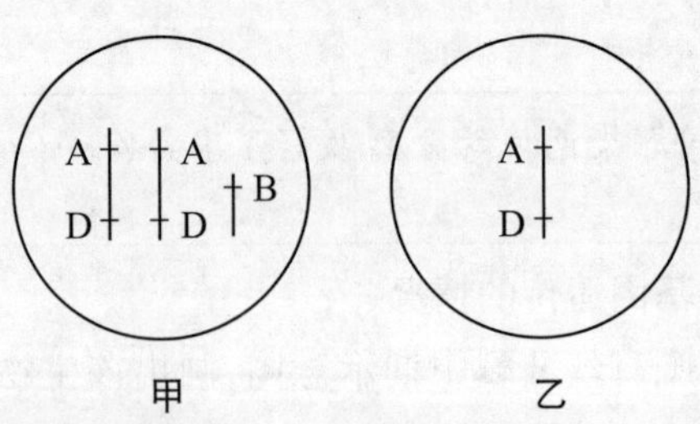

出现图甲所示精细胞的原因是______________________

出现图乙所示精细胞的原因是______________________

3. 减数分裂的意义

第一，为什么有性生殖细胞的形成必须经过减数分裂？（减数分裂在遗传上的意义）

____

第二，减数分裂在生物进化中有何意义？

____

训练案

1. 考查减数分裂的过程

例1：（2014 江苏卷，28 节选）某研究者用非洲爪蟾性腺为材料进行了下列实验。请回答下列问题：

对非洲爪蟾的精巢切片进行显微观察，绘制了以下示意图。

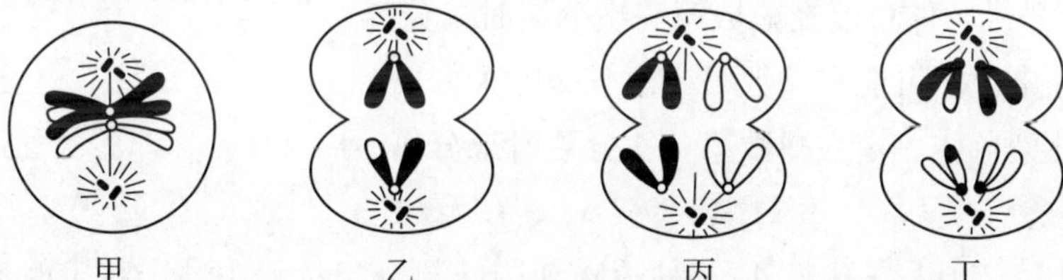

上图中甲、乙、丙、丁细胞含有同源染色体的有__________；称为初级精母细胞的有__________。

丁细胞中染色体的互换区段内同一位点上的基因__________（填“相同”“不相同”或“不一定相同”）。

2. 考查减数分裂中基因的行为

例2：（2008 江苏卷，28 节选）现有某种昆虫一个体基因型如下图所示，请回答下列问题。

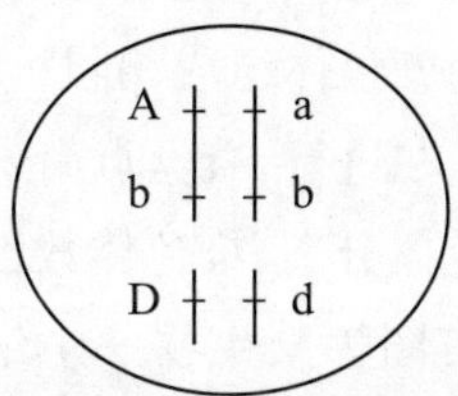

（1）该昆虫一个初级精母细胞产生的精细胞的基因型为__________。

（2）该昆虫细胞有丝分裂后期，移向细胞同一极的基因有__________。

（3）该昆虫细胞分裂中复制形成的两个 D 基因发生分离的时期有__________。

3. 考查有丝分裂与减数分裂过程中染色体行为与 DNA 分子数目变化

例 3:(2013 新课标 I 卷,2)关于同一个体中细胞有丝分裂和减数第一次分裂的叙述,正确的是

A. 两者前期染色体数目相同,染色体行为和 DNA 分子数目不同

B. 两者中期染色体数目不同,染色体行为和 DNA 分子数目相同

C. 两者后期染色体行为和数目不同,DNA 分子数目相同

D. 两者末期染色体行为和数目相同,DNA 分子数目不同

4. 考查减数分裂中染色体的异常行为

例 4:(2011 山东卷,8)基因型为 $AaX^{B}Y$ 的小鼠仅因为减数分裂过程中染色体未正常分离,而产生一个不含性染色体的 AA 型配子。等位基因 A、a 位于 2 号染色体。下列关于染色体未分离时期的分析,正确的是

① 2 号染色体一定在减数第二次分裂时未分离

② 2 号染色体可能在减数第一次分裂时未分离

③ 性染色体可能在减数第二次分裂时未分离

④ 性染色体一定在减数第一次分裂时未分离

A. ①③ B. ①④ C. ②③ D. ②④

练习 1:(2014 安徽卷,4)某种植物细胞减数分裂过程中几个特定时期的显微照片如下。下列叙述正确的是

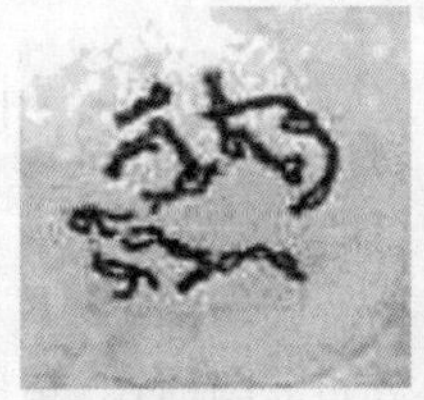
甲

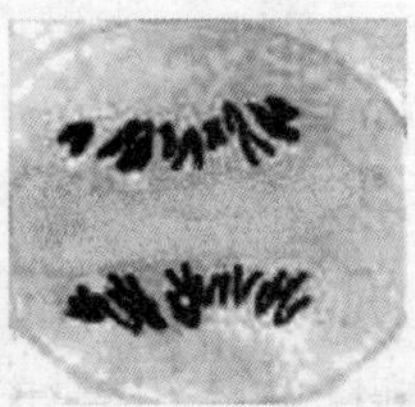
乙

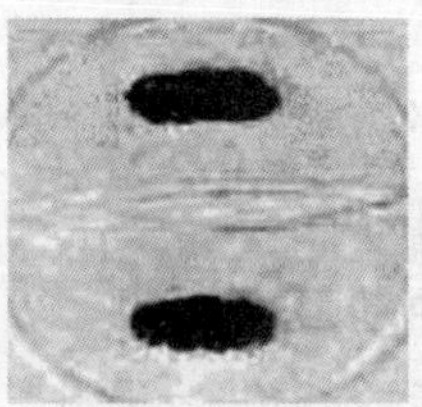
丙

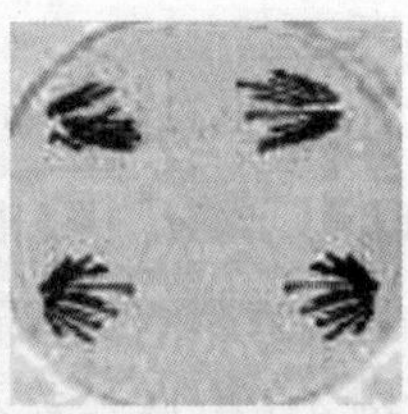
丁

A. 图甲中,细胞的同源染色体之间发生了基因重组

B. 图乙中,移向细胞两极的染色体组成相同

C. 图丙中,染色体的复制正在进行,着丝点尚未分裂

D. 图丁中,细胞的同源染色体分离,染色体数目减半

练习 2:(2013 江苏卷,8)右图为某生物一个细胞的分裂图像,着丝点均在染色体端部,图中 1、2、3、4 各表示一条染色体。下列表述正确的是

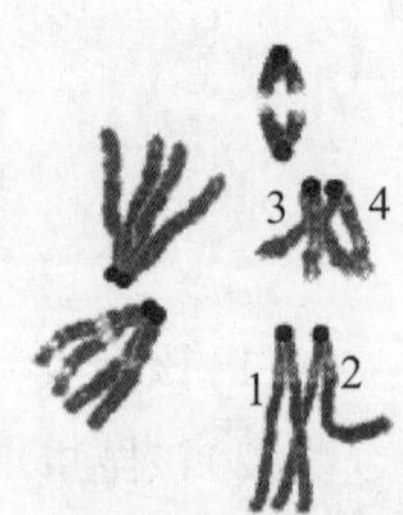

A. 图中细胞处于减数第二次分裂前期

B. 图中细胞的染色体数是体细胞的 2 倍

C. 染色体 1 与 2 在后续的分裂过程中会相互分离

D. 染色体 1 与 3 必定会出现在同一子细胞中

练习 3:(2012 江苏卷,8)观察到的某生物($2n=6$)减数第二次分裂后期细胞如图所示。下列解释合理的是

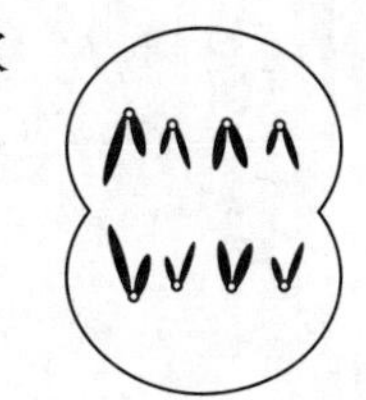

A. 减数第一次分裂中有一对染色体没有相互分离

B. 减数第二次分裂中有一对染色单体没有相互分离

C. 减数第一次分裂前有一条染色体多复制一次

D. 减数第二次分裂前有一条染色体多复制一次

第三章

持之以恒的教育科学研究

教育科研与日常教研既有共性又有区别。它们的共性在于都是针对教育教学中的问题而开展的研究,它们的区别则体现在研究目标、性质、要求等方面的不同。第一,日常教研的主要目标是找到提升教育教学质量的方法,并且特别强调适用性,也就是以是否适合自己和自己所教的学生为首要的评判依据;而教育科研则是为了发现更具普遍意义的规律和方法,而且特别强调创新性,也就是必须在前人研究的基础上有所突破。第二,日常教研往往需要在教育教学的各个方面同时展开,属于"耕种"式的研究;而教育科研则往往是在一两个问题上进行长期、深入的研究,属于"挖井"式的研究。第三,日常教研要求教师将从各种渠道获得的方法与自身实际相结合,以保证方法的实效性;而教育科研要求以科学的研究方法和系统的研究过程来保证结论的可靠性。由于教育科研具有以上特点,所以常常以课题研究的形式展开。

我自从教以来,一直坚持开展教育科研,参与了3个国家级课题、1个市级课题和5个区级课题的研究,主持了1个市级课题和4个区级课题的研究。本章主要呈现的是我在进行教育科研的过程中形成的一些体会和部分成果,在此与广大同行分享。

浅谈中学教师如何提高教育科研水平

如今,社会对中学教师的专业化要求越来越高,可以用“三位一体”来概括:即教育、教学、科研三方面都必须有过硬的本领。其中,对教育科研能力的要求与以前相比有了很大的提高。那么,作为中学教师,怎样才能提高自己的教育科研水平呢?我想从以下几个方面谈谈自己的想法。

一 明确一个观念——教师必须成为教育的研究者

对于教育科研工作,很多中学教师的感觉是“想说爱你不容易”。尽管许多教师已经认识到,无论是从社会的要求来看还是从个人发展的需要来看,自己都应该积极地开展教育科研,但仍然有很大一部分教师并没有真正尽心、尽力地进行研究。原因主要有以下几方面:第一,时间和精力有限,有太多具体的教育教学任务必须完成,所以只好把教育科研工作放在最后,甚至放弃;第二,认为自己的科研能力不高,不可能搞出有价值的研究成果,所以干脆不做,以免浪费时间;第三,认为搞教育科研对自己教学成绩的提高帮助不大,所以不愿意投入时间和精力。基于以上原因,整体上看,中学教师进行教育科研的意识和水平还处于比较低的状态。

那么,怎样才能提高我们的教育科研水平呢?我想,我们首先要做的就是必须真正认识到,我们一线教师参加教育科研意义是极为重大的。第一,从社会角度看,教育事业的发展需要我们热情地投身教育科研。只有我们一线教师热情地投入到研究中来,以研究的态度和方法从事教育工作,我国的教育水平才能更快地提高。第二,教育科学的发展也有赖于我们的参与,专门的教育科研人员是很有限的,而且,他们的许多研究也需要我们一线教师参与和配合才能更快、更好地开展。第三,从我们个人的发展来看,进行教育科研是提高自己科学素质和创新能力的非常有效的一种方式。教育科研能使我们教师以科学的态度去创造性地工作,实现新课程所要求的教师角色转变,即成为教育的研究者和课程的开发者。许多优秀教师是通过教育科研,发现了教育工作的创造性,发现了一个更有创造性、更丰富的自我,提高了自信心,同时也提高了教育教学水平。

因此,尽管我们有很多具体的教学任务要完成,还是要安排出一定的时间和精力来认认真真地进行教育科研工作。

二 认清我们的优势和不足,选择适当的研究方式

作为中学教师,我们主要有以下优势:直接参与教育实践,体会深刻;能直接观察到许多现象,感觉比较敏锐,容易发现教育教学中的实际问题。我们的主要不足是:不善于确定研究课题;研究过程常常缺乏系统性;研究方法以经验总结为主,缺少严密的论证;研究成果的科学性、创造性不够强。如果我们能够注意发挥优势、弥补不足,提高研究的科学性,那么我们一定能取得相当多的成果。

为了更好地发挥优势,我们应当注意选择适当的研究方式。研究的方式主要有两类:一类是"积累—提升"的方式,另一类是课题研究的方式。

"积累—提升"方式是一线教师比较容易自发采用的研究方式。它的特点是研究过程没有明确的起点和终点,也没有特别具体的研究问题,是教师在教学实践中不断将观察到的教育现象,自己的心得体会、经验做法等记录下来,然后分类整理,分析出规律性的内容,再努力提升到理论水平。这样的研究比较自由,对研究者本人以后的教育教学有直接的指导作用,如果能提升到理论层次,则对其他教育工作者也会产生积极的作用。但是,它的不足之处是,由于没有进行前期的论证工作,其研究成果对于教育学知识体系而言,未必能提供新的知识。

课题研究方式的特点是要按照严格的研究程序来进行。首先是要确定出一个研究课题,并且要论证这个课题是前人没有形成结论的,或者有证据表明前人的结论是存在局限性的,然后再开展深入的研究工作。这种研究方式的科学性和系统性更强,但难度也相应更大一些。

我认为对于中学教师而言,应该在主要采用"积累—提升"方式进行研究的同时,明确一两个特别具体的小问题进行课题研究,这样研究效率和研究水平能够更有保障。或者是将"积累—提升"方式的研究建立在一个更高层次的研究框架之下,也可以起到提高研究水平的作用。目前逐渐兴起的"教育行动研究"就属于这种方式。

三 提高研究的科学性

一线教师的教育科研成果,往往存在科学性不够强的不足,这是和研究过程的科学性、系统性不强有直接关系的。要提高研究的科学性,就必须注意在研究过程

中采用科学的方法,注重过程的科学性。具体来讲,应注意以下四个问题。

(一)确定适当的研究课题

万事开头难!确定一个适当的研究课题,就等于成功了一半。那么,怎样才能确定一个适当的研究课题呢?一般来说,课题往往不是一下就能准确地确定下来的,确定课题是一个逐步具体化的过程。最初只是一个总体的方向,是由个人的兴趣以及知识、科研背景来决定的。之后,是在这个大方向的基础上,提出一些想要研究的问题,并不断地将较大的问题具体化,直到提出可以直接研究的具体问题。最后,通过反复思考和争论,确定出具体的研究课题。作为中学教师,在确定研究课题的时候,如果能获得教育科研机构的专业研究人员的帮助,对于确定出一个好的研究课题会有很大的作用。

对于两种研究方式中的第二种,即课题研究而言,我们所选择的问题必须是前人没有解决的问题,或者有证据表明前人的结论是具有局限性的问题。创新是科学研究的灵魂,这一点必须始终作为一个基本准则牢记在心。就课题的难度而言,应该是我们有能力进行研究的问题。为了能够将研究进行下去,我们的课题必须植根于自己的教育教学实践,在自己熟悉的领域展开研究。

(二)制订系统的研究计划

保证研究的系统性是提高科学性的重要条件。无论是课题研究还是“积累—提升”式的研究,都应强调研究的系统性。

从研究过程来看,应该计划好一个课题的各个研究阶段的具体任务。例如:在研究前期,应首先进行课题论证,分析清楚研究的目的及意义、前人已有的研究结果以及本课题研究的切入点和创新之处等;之后,要撰写研究方案,在方案中明确研究方法、研究的基本过程等;再之后,要考虑在什么时间段内完成哪些具体工作,最终才能按时完成研究任务,得出相应的结果。只有整体上有系统的研究计划,才能保证研究的顺利进行,最终达到研究目的。

(三)应用科学的研究方法

你想要得到什么答案,你就必须设计出相应的方法,使你有可能得到答案。

如果方法科学性强,其结论也就更可靠,更有说服力。例如,在对学生进行情感态度方面的调查时,就可以采用 Likert 式量表,用定量的方式来了解学生对某件事的态度是否积极。再如，对开放式问卷的分析，需要有科学的统计、分析方法。开放式问题有利于让研究者了解学生关注的焦点，获得更加全面的资料。但是对学生叙述的分析难度比较大，工作量也很大。只有善于科学地归类、统计和分析，才能让我们做出正确的判断。

（四）严谨地表述研究成果

有了一定的研究结果以后，如何将它们表述出来，形成一篇严谨的论文就成了关键问题。论文在表述方面的基本要求是结构清晰，语言简练、平实易懂，论证有力，能准确地反映研究结果，等等。

研究成果的表达方式除了论文，还有研究报告、教学案例等。具体的内容要求和格式要求我就不在此介绍了，各位老师可以自己参看有关书籍。

四 提高教育科研能力的几点具体措施

（一）重视与同行的交流

一定要尽可能寻找一两个研究伙伴。志同道合的人之间可以毫无拘束地进行问题讨论，可以相互激发灵感。在研究遇到困难的时候，可以推动研究进行下去。有时还能提供资源上的支持，比如教学课件、有价值的网站、论文等。当然，如果能与专业的科研人员建立平等交流的关系，就更好了。不交流，思维就容易枯竭，而交流则是非常令人兴奋和愉快的，是我们在教育科研中获得乐趣一个重要途径。

（二）及时进行记录

写下来，才能防止遗忘。科学研究过程中的灵感常常是在一瞬间出现，有可能很快就消失了。所以，无论出现什么想法，都应先记录下来。有些人在写作时用录音笔，也是出于同样的目的，就是抓住瞬间出现的灵感。记录下来的想法一般比较分散，所以一定要分类整理，把同一类的内容放在一起，以便以后综合应用。

有时还可以采用自己和自己笔谈的方式。自己同时扮演两个角色，一个是质疑者，一个是回答者。用两种颜色的笔记录下这两个角色的发言，也能成为进一步研究的珍贵资料。

（三）在做中学

要有意识地在研究的过程中，努力掌握和深入领会研究的方法。“教育科学研究方法”本身是教育科学中的一门学科，它所包含的知识很多，我们很难一下子全部掌握。在研究过程中，为了取得比较科学的结果，我们应该根据实际需要主动学习一些科学研究的方法，从而提高科研能力。而且这样的学习方法比单纯学效果更好，更具针对性和实用性。这样一来，我们既进行了研究，又提高了研究的能力，是一举两得的事。

（四）变压力为动力

有一个具体的任务和一定的时间限制，可以使我们提高研究工作的效率。我们一线教师的共同特点就是都有比较大的教学压力。所以，能用来进行教育科研的时间和精力就比较有限。如果没有一定的外在的压力，我们很可能会放弃这项工作。所以，为了督促自己积极地开展教育科研工作，要积极申报各级课题，这样可以起到督促的作用。

（五）要正视艰苦的“高原期”

学习有“高原期”，科研也会出现“高原期”。进入了科研的“高原期”后，我们会感觉时间像飞一样迅速流逝，我们投入了大量的精力，却没有任何实质性的进展，遇到这样的情况，作为研究者是非常容易焦虑的。这时，我们不能急躁，应该认识到做任何事都有一个相对低效率的阶段，是不可避免的。实质的进展常常是在长期酝酿之后，以灵感的形式突然出现的，其他大量的时间都是处于酝酿、反复的阶段。但是，在“高原期”我们不能因为没有进展而垂头丧气，进而什么也不做，等着灵感的到来。在研究过程中，无论自己是否“有状态”，都要要求自己做一些具体的事情，比如写心得、看书等。自己写不出东西的时候就看别人在写些什么，受到启发以后自己再写。总之，要持之以恒，有决心和毅力。当然，也不排除有些时候需要完全停下来一段时间，调整状态，以备再战。

以上是我对中学教师如何提高教育科研水平的一些想法，不妥之处恳请批评指正。我想，既然教育科研既是我们分内的工作，又是我们提高业务能力的重要途径，我们就一定要坚定信心，边做边学，相互帮助，共同努力。我相信，只要我们不懈努力，就一定能在教育科研领域取得丰硕的成果！

五 参考文献

[1]李秉德,檀仁梅. 教育科学研究方法[M]. 北京:人民教育出版社, 1986.

[2]刘恩山,汪忠. 生物课程标准(实验)解读. [M] 南京:江苏教育出版社,2003.

[3]朱慕菊. 走进新课程[M]. 北京:北京师范大学出版社,2002.

(本文于2008年3月获北京市基础教育科学研究优秀论文一等奖)

“中学生物课双语教学研究”结题报告

一 双语教学研究的背景

目前,我国的教育改革正在广泛而深入地进行,其中基础教育改革的核心内容是实现由应试教育向素质教育的全面转变。邓小平同志曾经指出:“教育要面向现代化,面向世界,面向未来。”在基础教育阶段,绝不能只是着眼于考试和升学,而应着眼于学生的身心发展,着眼于培养学生具有适应未来社会的基本素质。这种转变,使学科教学本身有了更广阔的天地,可以不仅仅局限于本专业的内容,还可以考虑将其他学科的内容综合起来,通过科学合理的组织,使其相得益彰,从而提高教学的总体效益,这也正是国际教育发展的一个趋势。

在我国单科教学的形式估计短时间内不会被综合课程所取代,但是起码在人们的观念上已经对学科之间的融合持可以接受乃至支持的态度。在这样的背景下,将某一学科的教学与外语的学习和使用联系在一起的尝试,也就不会引起太多的反对和非议,所以进行双语教学研究的外部压力就相对小多了。

另外,中学教师队伍结构的变化也为开展双语教学提供了条件。总体上,中学教师的学历水平正在逐年提高。以北京市为例,各中学招收新教师,基本都要求大学本科以上学历,并且有一定数量的研究生。他们当中有一大批具有较高的外语水平,而且有不少人在大学学习期间,接触过某些形式的双语教学,曾经体会到双语教学可以给学习者带来的好处,所以他们自己也有意在中学进行双语教学的尝试。而且,双语教学显然也可以成为教师自己保持和提高外语水平的一种方式。因此许多新教师具有进行双语教学的心理基础和能力基础。

二 开展双语教学的目的和意义

如上所述,学科教学之间出现了广泛地渗透与融合的趋势,那么语言的学习是否能和学科知识的学习联系在一起呢?有没有可能在学习某一门学科知识的过程中,以这个学科知识为依托,来促进外语的学习和掌握呢?如果可以,那就会在不增加教学时间的条件下,大大提高教学收益,因此,其必将成为一种值得大力推广的教学方式,这就是双语教学研究的一个出发点。

身处知识爆炸的年代,一个人需要学习的知识量越来越大,这是一个必然的趋势,可是一个人用来学习知识的时间和精力却是十分有限的,所以单纯依靠延长学习的绝对时间,是无法解决以上矛盾的。教师们普遍认为解决这个矛盾必需采取两种策略:一个是选择对自己最有价值的、最需要的内容学习;另一个就是提高单位时间内学习的效率。

如何才能提高单位时间的学习效率?脑科学研究者和学习理论研究者都认为,脑是沉睡的巨人,大有潜力可挖,挖掘脑潜力的方法就是改变教学和学习的方式。双语教学就是力图通过教学方式的变化,来实现对大脑潜力的挖掘。

在我们国家的中学教育阶段,是非常重视外语教学的。学生自己也很重视这门课,花费了不少的时间来学外语。但是外语教学却始终存在一个问题,就是大多数学生学习外语都只是将其作为一门知识来进行学习,学习的目的则是为了考试取得好成绩,结果往往学得非常死,实际运用语言的能力很低。事实上,这样的学习就没有充分发挥大脑在掌握语言方面的强大能力,而究其原因,关键是没有将学习和运用很好地结合在一起,实际运用在学习外语中的巨大作用没有发挥出来。我们都知道,如果一个人有机会在国外生活一段时间,他的外语能力就会非常迅速地提高,原因是有了语言环境,有了不断接触的机会和运用的机会,于是他的学习潜力得到了充分发挥。所以,为了使学习者更高效地学习外语,关键是要为他们创造大量的运用机会。做练习题和考试也是一种运用,但是那种运用主要是运用语言知识,而不是运用语言本身的功能,即交流信息的功能。真正能促进语言学习的主要是后者。

外语教师会努力创造一些机会,促使学生运用外语,比如让学生扮演不同的角色进行对话练习等。创造这些机会对学生提高外语能力是十分必要的,然而这样的机会还很不够。

双语教学可以提供更多这样的机会。比如生物课的双语教学就是在上生物课的过程中,以汉语为母语,以英语为第二语言,用两种语言开展教学活动的教学方式。在这样的课堂上,教师和学生都会不断地接触外语。如果多个学科都能开展双语教学的话,学生接触外语的机会就更多了,意义也就更大了。

开展双语教学的意义还并非仅此一点,我们可以从对学生的价值和对教师的价值两个方面进行分析。

对学生的价值。第一,双语教学的开展,使学生有机会在学习某一学科知识的同时,进行语言学习和锻炼,一定程度上代替了专门花时间进行课外阅读和听说练习,节省了专门学习外语的时间;第二,由于在学习学科知识的时候,运用了“双重编码”,一个概念或内容,有两种语言的印象,记忆就更牢固,有利于学科知识的掌握;第三,双语教学有助于形成双语思维的习惯,国外有实验证明习惯运用双语思维的人,在发散思维能力等方面优于只习惯使用一种语言的人。

对教师的价值。第一,教师要组织双语教学就必然要进行准备,在准备的过程中,有利于促进自己的外语水平不断提高;第二,在准备过程中,必须要阅读自己所教学科的外文资料,有利于扩展自己的知识广度;第三,同学生一样,双语习惯的形成有利于教师思维能力的发展和学习能力的提高。

总之,双语教学可以使学生和教师双方受益。它使学生在同样的45分钟内,由于使用了这种优化的教学方式而有了双重的收获;它促使教师运用英语,提高自身的水平,可以促进教师形成多技能综合运用的能力。

三 可行性分析

(一)对“两个疑问”的解释

有人指出:如果确实可以在一个学科的教学过程中,开展双语教学,其结果当然是好的。但是,是否真的具有可行性?集中表现为两个疑问:第一个疑问是,既非外籍教师,也非外语教师的一个学科任课教师,是否有能力运用一部分外语进行教学;第二个疑问是,用双语教学肯定会占用课堂教学的时间,这样用于学科知识学习的时间就减少了,会不会影响这门课的正常学习。

对于第一个疑问,我们认为:首先,不能静止地判断一个教师是否具有开展双语教学的外语能力,因为一个人的外语能力总是在不断变化的。本来外语水平较高的人,一段时间不接触、不运用,水平也会很快下降;而即使本来是外语比较薄弱的人,如果迫切需要提高,不断地学习并且经常运用,也会很快地提高。第二,从近几年参加工作的青年教师的实际情况来看,大部分都具有大学本科以上学历,并且曾经通过大学英语四级考试,具有良好的外语基础。之所以有这样的疑问,很大程度上还是观念问题,比如非外语专业的教师应不应该涉足到有关学生外语学习的领域中来。再比如有人会用过于理想化的标准来要求开展双语教学的教师,认为教师的口语一定要讲得非常流利和标准才行,否则他就没有资格在课上讲外语。用这样的标准加以限制,很多人都会对自己的外语能力表示怀疑,恐怕没有多少人“有资格”讲外语了。保守的观念使人们不敢去尝试,更不敢出一点错。实际上,正是人们的保守思想严重地压制了人们外语能力的发展。每一个学习外语的人,都需要不断地运用,反复印证,才能形成熟练运用的能力。必须大胆地去尝试,允许出错,才能在不断地纠正错误的过程中,掌握正确的表达方式。

对于第二个疑问,理论分析和我们的实践结果都可以证明,进行双语教学并不一定会对学科教学造成损失。相反,如果方法得当,还可以促进学科的学习。许多双语学校的实践成果也可以说明这一点。一节课的教学时间是固定的,但是课堂上时间的利用效率不是固定不变的,双语教学并不是专门用一部分时间来讲解外语知识,而是运用外语去表达一些学生能懂的内容。要表达这些内容,即使只用母语也是要花时间的,现在是用双语来表达,一部分用外语,一部分用母语。理论上可以不额外地占用时间。另外,我们在用母语讲课的时候,也经常会反复重复一个意思,用不同的说法,或完全是原话重复,来强调一个意思,这些都是必需的和必要的。而如果我们用外语和汉语交替进行意义上的重复,等于是没有消耗额外的时间,实质上是见缝插针地利用了时间。当然开展双语教学是需要讲究方法的,如果方法不当,还是会造成不好的结果。所以,采取什么样的方法来进行双语教学就是我们要研究的核心问题。

(二)生物课开展双语教学的独特优势

在哪些学科开展双语教学更能得到学生的支持?调查表明,学生普遍认为,在生物、地理和历史等学科开展双语教学最容易让人接受。作为研究者,我本人是生物教师,选择生物课开展双语教学是自然而然的。但是,生物课确实具有开展双语教学的独特优势。首先,学科的内容是决定能否开展双语教学的一个重要因素,如数学、物理、化学等重点在于进行理论分析、抽象思维的学科,进行双语教学的客观条件就不充足。因为这些学科不具有较多的描述性的内容,而生物学科的内容广泛,既有新兴的、位于自然科学发展前沿的尖端科技,又有很多与人们日常生活息息相关的常识。依赖这样丰富的内容,比较容易广泛地与英语的学习和运用结合起来。另外,生物课的教学形式多种多样,各种教学媒体的频繁使用,再加上没有沉重的考试压力,使得在生物课首先进行双语教学的尝试具有独特的优势。

（三）开展双语教学存在的问题

既然双语教学有着很大的价值，而理论上分析又是可行的，为什么事实上尝试进行双语教学的学校和教师数量仍然非常少，问题主要出在哪里？

第一，观念问题。正如前面所分析的，尽管人们已经认识到学科教学可以交叉融合，但还是有许多人会认为，外语就应该在外语课上学，与别的学科是没有关系的。各学科有各自的教学内容，理应互不侵犯。即使相互融合，也是有交叉内容的部分的融合，比如生物课中的一些内容和地理或物理、化学有关，所以在教学中可以融进相关的地理知识和物理、化学知识；而外语的学习和其他学科没有这样的交叉内容，所以不能相互结合。这是一种反对的观点。另外，还有对教师的外语能力怀疑的观点等，都会对开展双语教学尝试的教师造成一定的心理压力，使之产生顾虑，教师要完全打消顾虑需要一定的勇气。

第二，能力问题。艺高人胆大，如果一名教师对自己的外语能力确实很有把握，那么他的顾虑就会少得多，他就会很有自信。而在想尝试双语教学的教师中，有一部分教师自身的英语基础确实比较薄弱，这对于他们来讲就是不利因素。因为尽管我们相信这完全是可以改变的，但需要的时间比较长。

第三，生源问题。学生的基本素质，也是影响双语教学能否开展的很重要的因素。有些学校的学生基本素质比较低，诸如学生的学习积极性不高，学习习惯不好，课上总是有各种各样的问题等，都会使教师无暇考虑开展双语教学的问题。

第四，方法问题。目前，还没有一套比较完善的开展双语教学的方法，无论谁要开展双语教学都只能是靠自己尝试和摸索。由于缺少行之有效的方法，教师很难在短时期内取得明显的效果，却需要投入大量的时间和精力，有时又与自己其他方面的工作冲突，所以真正肯于投入精力尝试双语教学的人比有此想法的人少得多。

然而，事情都不是绝对的，不是一成不变的。对于观念问题，只要对事情进行实事求是的分析，就可以转变；能力暂时不够，只要有决心、有信心就一定能提高上去；而对生源的要求也不是绝对的，目前我们尚没有研究开展双语教学要求学生方面必须具备怎样的基本条件，但是我们认为，起码在重点学校比较好的班级中，学生的条件是满足开展双语教学的基本要求的，而具备这样的基本条件的班级在北京市数量还是十分可观的。因此，在这种条件下得出的方法和经验也具有一定的普遍意义。

四 研究过程和结果

为了探索开展双语教学的具体方法，我们除了在日常的教学中不断进行各种小的尝试之外，还专门进行了两次双语教学实验。

第一次实验：

第一次实验是在1997年进行的。实验班是初二年级的一个班。这个班的学习情况比较好，学习气氛浓，学习积极性高，我们认为在实验初期选择这样一个班，成功的可能性会比较大。

这次双语教学的实验课采取了以情境教学为依托的方式，内容是生物之间的食物关系。通过角色扮演的方式，实现了课堂中，用英语和汉语两种语言来表现生物之间的食物关系。之所以选择这样的形式，主要是考虑到初二学生的英语水平比较有限，如果由老师来用汉语和英语轮流讲解，学生很可能只注意汉语意思，而不能真正注意英语的部分，而且也不利于学生参与到教学活动之中。而通过情境教学、角色扮演的方式，一方面，使学生参与到了教学活动中；另一方面，由于在课上说英语的人不只是老师一个人，也不只是一两个学生，而是分配给了很多学生，这样就降低了难度，老师和学生在心理上都不会过分紧张，从而使双语教学得以顺利进行。整个过程中，很多学生参与了情节、语言的设计以及道具的制作等，参与程度很高，学生表现出很大的兴趣。

这次实验可以说达到了预期的目的，证实了以情境教学为依托开展双语教学的可行性。学生在能力方面可以达到，在态度方面是积极接受的。

实验后，我们总结了成功的经验，分析了需要进一步完善的方面。关于这次实验的具体过程和分析，参见附件一："情境教学脚本"；附件二：《中学生物课双语教学的尝试——情境教学法》一文；附件三：教学录像带。

从开展这次实验课到现在，已经过了三年的时间。而通过对部分学生的跟踪调查，有些学生至今还记得当时的情景，甚至当时的一些对话。这说明了这次实验给学生留下极为深刻的印象。

第二次实验：

这次实验是在高二年级的两个班进行的。教学内容是生物的进化专题，教材选用了美国BSCS原版的英文教材中的部分内容，经教师进行一定的加工处理，印发给学生作为阅读材料。由于我们的目标是进行连续性的双语教学，所以这次开展了连续四节课的实验。

这个阶段的实验采取了比第一次实验更严密的研究方法。首先,对实验班的学生进行了意向调查,以了解学生对双语教学的认识和对在本校生物课开展双语教学的意见。调查结果及分析如下:

双语教学学生意向调查问卷

随着时代的发展,中外科技、文化的交流与沟通已成为一种不可逆转的趋势。大家会发现广播、电视中的双语节目越来越多,而且有些中学也开设了双语教学的课程。我校准备在高中生物课部分内容进行双语教学的尝试,现对同学们接受双语教学的意向,做一个调查,从而了解同学们对双语教学的认识以及对于在我校开展双语教学的看法,以便根据实际情况开展双语教学。请将符合你的想法的一个或几个答案选出,或将自己的想法写在括号中。(说明:以下所说的双语教学不包括英语课中同时使用汉语和英语进行的教学)

1. 你听说过双语教学吗?

A. 听说过　　　　B. 没听说过

调查结果:A 33　B 10

分析:说明多数学生听说过双语教学的形式。

2. 根据你的理解,你认为什么样的教学形式属于双语教学?

(______________________________)

调查结果:说法不一,但多数学生认为是在一节课中,同时运用汉语和英语两种语言进行讲解和学习,包括学习英语的生物教材或生物学文字材料。

分析:说明学生多为“顾名思义”的理解,对具体是什么形式,没有太确切的认识。

3. 你接触过某种形式的双语教学吗?

A. 有　　　　B. 无

调查结果:A 4　B 39

分析:说明虽然多数学生听说过双语教学,但很少有人亲身体验过。

4. 你现在是否愿意接受双语教学?

A. 基本愿意　　B. 不太愿意　　C. 无所谓

调查结果: A 43

分析:全部学生都愿意接受双语教学,说明双语教学开展有思想基础。

5. 如果开展双语教学,你对自己的接受能力有多大信心?

A. 只要不是太难,基本有能力接受

B. 即使不是太难,也只有大概百分之五十的信心能接受

C. 完全没有信心

调查结果:A 40 B 3

分析:多数学生有信心,说明双语教学的开展有能力上的基础。

6. 如果在某个学科中开展双语教学,你最希望老师在什么方面,使用第二种语言(英语)?

A. 教学组织的语言上用英语

B. 对该学科中一些重要的概念给出英文表述

C. 用英语来讲授和解释一部分学科的内容

D. 提供与某些学科内容相关的书面的英文资料

其他(____)

调查结果:A 6 B 10 C 24 D 2

分析:要求不尽相同,但选"C"项的最多。

7. 你认为以下哪些学科比较适合开展双语教学?(多选)

A. 数学 B. 物理 C. 化学 D. 生物 E. 地理 F. 历史 G. 政治

调查结果:A 19 B 13 C 14 D 38 E 34 F 27 G11

分析:各个学科都有支持者,但生物和地理的支持者最多,支持历史的也超过半数。

8. 你认为在某个学科开展双语教学,除了对提高英语水平有好处外,对于该学科的学习可能有好处吗?

A. 很有可能

B. 可能性不大

C. 不可能

调查结果:A 30 B 13

分析:多数学生认为双语教学对该学科的学习也有好处,但也有相当一部分认为不太可能。结合学生对双语教学的接受情况(全部愿意接受)说明,学生认为双语教学对英语的提高有好处是肯定的,对学科本身的好处,不是十分肯定。

9. 如果在接受双语教学的过程中你遇到了困难,你会怎么做?

A. 自己努力下工夫,提高能力

B. 对老师讲,以获得帮助

C. 争取与其他同学合作,解决难题

D. 向老师提议停止进行双语教学

调查结果:A 14　B 12　C 24

分析:体现了不同学生面临困难时的不同策略,多数学生愿意与同学合作,共同克服困难,愿意对老师讲的并不很多,反映出当前高中学生的一种心态。根据这一特点,我们在开展双语教学的过程中应该注意组织学生的合作学习。

通过调查分析,我们了解了学生的基本态度,认为大多数学生的反应是非常积极的、令人鼓舞的,于是开始具体实施。实施的过程如下:

1. 印制学生用的文字材料。由于这次选用的是美国原版教材,校内只有一册,所以我们必须自己印制出学生用的教材。这个工作由我和一部分学生来完成。首先是将文字内容录入计算机,然后我利用计算机中的电子词典和屏幕汉化软件得到生词的汉语解释,并将我认为对学生来讲有较大困难的词的解释注在这个词后面的括号中。经过反复审阅定稿之后,印成多份,装订后发给学生。

2. 制作电脑演示课件。由于原教材中包含大量的图片资料,而我们不可能印发给学生,所以为了让学生能看到相应的图片,以便使双语教学能够顺利地进行,我决定利用计算机辅助教学的手段,作为教学的一个依托。我首先利用扫描仪将书中的图片输入计算机,然后使用相应的图形处理软件 Photoshop 等进行美化和修改,最后利用 Powerpoint 制作成电子幻灯片的形式,以备上课使用。

3. 编写教学设计。我首先认真学习了 BSCS 教材有关的教学参考,确定了我在四节课中内容的分配,和将要采用的教学方法。在设计如何具体使用英语和汉语进行教学的问题上,我进行了仔细的思考并做了细致的安排,如大标题、问题、要点和结论、图的说明等都采用英文;还有引用科学家的语言和思想也使用英语,我们认为这些都是学科内容和英语运用之间很好的结合点。

4. 上课。上课的过程中,我交替使用汉语和英语进行讲解,在解释较为复杂的原因时,比较多地使用汉语;而在讲述结论的时候,在引出问题的时候,在解释图片内容的时候以及引用科学家原话的时候都较多地使用英语。我让学生对内容的标题做一些记录,以便加深印象和便于回忆。

5. 课后分析。每上完一节课后,我都要和课题组的老师以及前来听课的英语老师一起分析这节课的效果,需要注意的问题和对下节课的设想。

这次实验最成功的一点就是充分利用了计算机技术，使计算机真正成为了教师的得力助手，帮教师解决了很多问题。首先就是节省了大量的翻译时间，如果没有计算机，仅仅是查出课文中生词的解释和音标一项，就需要用十几倍的时间；其次是帮助教师纠正发音，由于计算机电子词典有发音功能，所以它可以成为教师随问随答的外语老师；再次是利用计算机可以制作出图文并茂的教学课件，一来成功地将原书中的图片、图形展示给了学生（如果没有计算机和多媒体技术，这几乎不可能实现），二来教师在课堂上所要讲的外语内容，在课件中也都有提示，于是计算机技术和多媒体技术成为教师开展双语教学的一个重要依托。这是我们在找到情景教学这个依托之后，找到的又一个依托。

除了这一点成功之外，教师通过开展双语教学提高自身的综合能力也有明显的体现。无论是在外语方面，还是在运用计算机、多媒体教学手段方面，进行实验的教师都取得了长足的进步。

这次实验不足之处是参加双语教学课的学生的接受能力和学习热情，没能达到教师预期的程度。事后，我们对这个问题进行了深入的分析，认为有以下几方面的原因：第一，选用的美国的 BSCS 教材知识难度过高，无论是知识的深度还是广度都一定程度上超出了我国现行生物教材，造成我们的学生学习起来比较困难；第二，对学生参与教学的活动设计不够具体，造成了最终主要采用了教师讲授的方式，学生参与的具体机会不多，在课堂上比较被动；第三，学生的其他方面的课业负担重，无暇投入更多的精力用于准备双语教学课，因此预习情况不够好，没有达到教师预期的目标，造成在课上，当教师让学生进行解释等活动的时候，学生显得困难比较大。后来的调查结果表明以上几点确实是造成这次实验存在不足的主要原因。具体的上课情况，参见附件三中的教学录像。

实验过去半年之后，我们对当时参加了实验的学生做了一个调查，答卷总人数为 79 人，结果如下：

双语教学后期调查

我们班上个学期生物课选用美国 BSCS 教材的一部分内容进行了“生物进化”专题的双语教学，距今已经过去半年的时间了。为了了解同学们的想法、感受，获取相关的信息，以便今后在其他年级更好地开展双语教学，现做一个调查，望同学们热情支持，认真填写。

1. 你对这一阶段双语教学课的整体感觉如何?

A. 有兴趣,基本上能接受

B. 有兴趣,但感觉接受起来比较困难

C. 不感兴趣,基本上不能接受

结果:A 35　B 37　C 27

分析:说明大多数学生在实验后还是认为有兴趣,但是有一半左右的学生认为比较困难。

2. 这段内容的学习与其他内容的学习相比,是否给你留下了更深刻的印象?

A. 是　　B. 否　　C. 感觉不明显

结果:A 33　B 8　C 38

分析:双语教学对学科学习的促进作用,在不同学生身上的表现有所不同。

3. 你认为老师提供的阅读材料的难度如何?

A. 太难了　　B. 比较难　　C. 不太难

结果:A 7　B 45　C 27

分析:多数学生认为阅读材料比较难。

4. 你认为老师提供的阅读材料的量如何?

A. 太多了　　B. 比较多　　C. 不太多

结果:A 3　B 48　C 28

分析:多数学生感觉阅读量比较大。

5. 你认为双语教学中选用的英文材料是引用原版的英文教材好,还是将现行的中文教材的一些专题翻译为英文更好?

A. 我认为应偏重于前者,因为这样才能接触地道的英语

B. 我认为后者更符合实际,不会造成学的内容与考试要求不一致

C. 我认为应该两种方式轮流使用,大约各占一半

结果:A 39　B 16　C 24

分析:尽管多数学生认为阅读材料的难度比较高、量比较大,但是仍然坚持认为应该选用英文原版教材,说明了学生有一定的知难而进的精神,这对双语教学的开展是有利的。

6. 如果老师在用英语表达的时候出现了错误,你的态度是:

A. 能谅解,并且认为这对双语教学的整体效果不会有很大的影响

B. 能谅解,但是认为这对双语教学的整体效果会有较大的影响

C. 不能谅解,认为这会对自己的英语学习造成很大负面作用

结果:A 56　B 19　C 4

分析:绝大多数学生表示对老师支持和理解,并且能认识到这对整体效果不会有大的影响。

7. 你认为在上一阶段的双语教学中,老师的英语表达如何?

A. 比较好　　B. 一般　　C. 比较差

结果:A 23　B 52　C 4

分析:多数学生认为教师的英语表达一般,有一部分学生认为比较好,说明学生基本认可,不过也说明教师的外语水平还有待进一步提高。

8. 你认为这一阶段的双语教学中,计算机辅助教学的作用如何?

A. 作用明显　　B. 作用不明显

结果:A 53　B 26

分析:多数学生认为计算机辅助教学的作用明显。

9. 通过这一阶段的双语教学,你是否体验到实际运用英语的感觉?

A. 有这种感觉　　B. 没有这种感觉

结果:A 23　B 56

分析:多数学生还是感觉不到在这一过程中英语的实际应用,说明在学生活动安排上存在问题。

10. 这一阶段的双语教学,是否也引起了你对生物学习的更多关注?

A. 是　　B. 否

结果:A 38　B 41

分析:证明双语教学对学科学习的影响,在不同的学生身上有不同的表现。

11. 你是否愿意经常上生物双语教学课?

A. 愿意上　　B. 不愿意上　　C. 可有可无

结果:A 35　B 5　C 39

分析:大约一半学生愿意经常上,另一半学生认为可有可无,反对意见比例很小。但是我们认为可有可无的学生数量比较多,说明这次实验还存在很多不足之处,有些学生从中的收获还不够大。

12. 双语教学课除了老师讲为主的形式,你建议还可以采用哪些其他形式?

建议:____

结果:学生提出的建议多数为应该给学生更多的表达和讨论的机会。

通过对两次实验的结果进行对比分析,我们发现生物课双语教学的开展,在初中和高中是各有利弊。实验前认为,高二年级的学生,已经掌握了相当多的基本词汇和基本语法,这对于开展双语教学应该说是非常有利的条件,但是由于高二学生各个学科的课业负担重,高中生物课的内容的难度比较大,高中生不像初中生那么活泼和易于调动,所以高中的双语教学的难度更大,对教师的要求也更高。而在初中,虽然学生的英语基础水平不高,但是他们对双语教学这种形式的热情高,对老师布置的一些任务能非常认真地去完成,这样一来老师就能处于比较主动的位置,老师的想法也比较容易落实。再者,老师在外语上的压力也比较小一些。

五 结束语

总的来看,中学生物课双语教学是完全可以开展起来的,而且它对于师生双方都能产生十分积极的影响。不过,作为一名学科教师,要在本学科开展双语教学,方法的选择是十分重要的。因为我们必须从自己的实际能力出发,同时还必须考虑学生的实际情况,在此基础上探索切实可行的方法。

通过实践,我们已经取得了一些成功的经验,也确实看到了开展双语教学的复杂性。比如,一方面,学生对双语教学是很感兴趣的,但是另一方面如果双语教学给他们带来新的学习任务的话,有些学生的表现就不那么积极了;再比如一方面学生希望选用外文的原版教材,但另一方面这又会使他们感到困难,以至影响到他们对双语教学的态度;还有,一个班里学生的外语基础各不相同,他们对双语教学的反应也就不一样,有的学生认为并不难,而有的则认为太难,无法接受,等等,有很多的矛盾需要我们去解决,这将是一个曲折的过程。

因此我们认为,双语教学的开展必须分阶段进行,要循序渐进。在开始阶段我们不要求它十分完美,允许其中存在这样那样的问题,无论是对学生还是对老师都是如此。重要的是先开展起来,然后再去逐步完善它,寻找更好的方法,使双语教学的作用更充分地发挥出来,使学生和教师更多地从中受益。

我们的研究将不断地继续下去,也希望有更多的教师和教学科研人员加入到双语教学的研究与实践中来,促进这种教学方式的快速发展。

六 参考资料

[1]胡槐玲.双语与智力关系研究述评[J].外语教学与研究,1999(3).

[2]戈登·德莱顿(新西兰),珍妮特·沃斯(美国)著;顾瑞荣,陈标,许静 译.学习的革命[M].上海:三联书店,1998.

[3]坚持办学宗旨,构建"双语模式".南京二十一世纪双语学校(来自互联网).

(该结题报告是本人主持的北京市朝阳区"九五"区级课题"中学生物课双语教学研究"的研究成果。该结题报告的精简版于2000年12月获北京市中青会年度优秀论文评比一等奖)

中学生物课开展双语教学的尝试
——情景教学法

目前,我国的教育改革正在广泛而深入地进行,其中基础教育改革的核心内容是实现由应试教育向素质教育的全面转变。这种转变,使学科教学本身有了更广阔的天地,可以不仅仅局限于本专业的内容,而且,可以考虑将其他学科的内容综合起来,通过科学合理的组织,使其相得益彰,从而提高教学的总体效益,这也正是国际教育发展的一个趋势。面对当前我国改革开放的形势、世界信息时代的到来以及电脑网络的普及,英语作为一种国际性的语言,将在今后的交流中发挥越来越重要的作用。但中国学生学习英语的语言环境是相当缺乏的,他们往往把学习英语就当作是学习词汇和语法知识,实际运用很少。如果能够在其他学科中合理渗透英语的学习,尤其是运用,开展双语教学,创造语言环境,显然将会对学生英语水平的提高起到很大的促进作用,同时也提高了该学科教学的综合效益和吸引力,可谓一举两得。现在已经有一些学校开始了这方面的研究并取得了一些经验。

一 生物课中开展双语教学的优势和困难

21 世纪是生物学的时代,为了适应未来,每个人都要接受生物教育,这使得在生物课中开展双语教学有了普遍的基础。生物学的内容非常丰富:既有新兴的、位于自然科学发展前沿的尖端科技,又有很多与人们日常生活息息相关的常识。因此,依赖这样丰富的内容,比较容易广泛地与英语的学习和运用结合起来,词汇上不至于过于专业和枯燥。而且生物课的教学形式也是多种多样的,各种教学媒体的频繁使用,再加上没有沉重的考试压力,使在这里首先进行双语教学的尝试具有独特的优势。

然而,要真正开展起来也存在着许多困难,主要有:第一,中学教师要开展双语教学,首先自身得具备较高的外语水平。但生物教师并不是从事外语工作的专业人员,能力毕竟有限,所以在开展过程中肯定会遇到很多困难,要付出相当多的时间和精力克服各种困难,才能把这项工作坚持下来,并逐渐提高水平。第二,生物课的教学难度增大了。在开展双语教学过程中,首先要摆正两方面内容的关系,应该是以生物学的教学为中心兼顾语言学习和运用,不能本末倒置。因此,怎样把两方面的内容合理地安排在课堂教学之中,又给教师提出了一个难题。在教学方法上,不能为了英语的学习而造成太多局限,比如被迫回到以讲授为主的老路上去;更不能违背生物课教学要强调学生的主体作用,强调科学素质培养等基本原则。第三,学生的英语水平有限也是一个难题。尤其在初中,很多基础语法和词汇都还没有学过,想要他们能听、能说、能看懂英语的材料当然不容易。第四,生物课目前只在初一、初二和高二这几个年级开设,因此连续开展起来的条件还不充分。要克服种种困难,找到具体的办法,还需要我们在实践中不断摸索。

二 开展双语教学的具体途径

双语教学是指在教学过程中,同时运用两种语言(通常指汉语和英语)进行教学的教学形式。一般来说,开展双语课主要可以从课堂教学用语的英语化和在课堂上提供一些常用的专业词汇两方面来考虑。但是,如果能找到一些灵活多样的途径,往往可以达到画龙点睛的效果。比如在初中阶段,运用情景教学的方法来开展双语课,不失为一种一举两得的办法。因为情景教学是通过创设了一个特定的情景,将教学内容融于其中的教学形式,这种形式木身就具有很强的吸引力。能有机会参与其中,扮演角色,编排表演,这对于爱玩、爱动的初中生来讲,无疑是件难得的乐事。另一方面,用分配角色的方法把较多的英语内容分别分给多个学生进行准备,采用学生会说的、听得懂的语言进行表演,其他学生也容易接受。可以按以下步骤来安排这样的教学活动。

情:指情节。情景教学必须围绕着一个特定的情节展开教学活动。因此首先要选择一部分特定的教学内容,把它巧妙地编设成一个情节。这个情节应该是有趣的并且有一定的教育意义。比如我选择了“生物之间的食物关系”为内容,编设了一个由两名学生调查某地区生物的主要种类以及它们之间关系的情节,围绕着这个情节,我编写成一个英汉对照的短剧脚本,通过情节的发生发展来体现教学内容。这不但考虑到趣味性,而且有意识地渗透着科学方法的内容:如确定课题、设计方案、调查、终结汇报等。这些过程在情节中自然地体现出来,对学生起到潜移默化的作用。学生不一定意识到这是在教给他们科学方法,但他们已经在接受这种教育了,这正符合教育的心理学。

景:指道具、布景等。景是为了烘托气氛,使情节得以更充分地表现,形成情景交融的现场效果。还有重要的一点是:景的准备要让学生亲自参与,充分调动他们的积极性,发挥他们的想象力、创造力,给他们表现才能的机会。这样就增强了学生的主动性和参与意识,也使学生在美术、劳技等方面得到锻炼,获得收益。

排:指对担任角色的学生进行排练,主要是解决语言问题,兼顾表演。教师最初编设的脚本只是提供给学生基本的思路和语言,学生拿到以后,要进行加工变成适合自己表演的语言。比如在我的“生物之间的食物关系”这节课中,狐狸的语言应该有什么特色,小兔的语言应该怎么设计等,这些都要学生自己发挥想象力,为了在上课时每个学生都能明白情节内容,我还安排了与英语对照的汉语角色。

演:指现场的表演。有前三部分作基础,现场的表演就没有太大问题了。对于表演的学生,主要是调整好心理状态,增强勇气,不要紧张。对演出要求不必过高——因为这毕竟不是真正的演出,准备时间也不可能很充分,中心目的还是围绕着“学”字。

演完以后,组织学生针对情节中体现的内容开展一些讨论,回答一些问题,甚至对表演提出一些评价,这都是生动的参与教学的活动。

通过这样的教学组织形式,解决了语言困难的问题,而且使不同层次的学生有了不同程度的收获:担任角色的一般是英语水平比较高的学生。他们当中最优秀的能够在教师提供的材料的基础上作较大的改动、增删,运用更生动的语言来表现角色;中等的基本可以顺利地利用现成的材料;较弱的还会主动找教师寻求帮助来准备好自己要表演的部分。而不参加表演的学生主要是在听的能力上得到锻炼。另外,还渗透了科学方法的教育,培养学生的参与精神和勇气,在美术、劳技、语言、表演等方面起到促进作用。无论是在课前准备还是在课上,都可以充分调动学生的主动性,提高学习兴趣,使学生成为学习的主体。

三 中学生物课开展双语教学的前景

以情景教学为依托的双语课是一种比较新颖的教学形式,实际效果也不错。不过,生物教学中只有一少部分内容适于采取这种形式,对于其他的内容又应该如何开展双语教学呢? 除了循序渐进地在日常课上安排适当的英语内容之外,利用生物教学具有多种形式的特点,找到多种与英语结合的途径,是我们要研究的课题。生物教学除了讲授、观察实验之外还有许多形式,如:以社会生产生活实际问题引入的讨论课;课外活动和课堂教学相结合(如结合植物分类,给校园内的植物标注中、英文标牌)的教学;情景教学,角色扮演;学生分工准备的专题讲演式(较适合高年级的复习课等应用);录像课;计算机辅助教学;等。我们要充分发掘这些生动活泼的形式,合理地与英语学习和运用结合,寻找到更多的双语教学形式。

如今,在我国,尤其是在北京,教师的学历水平越来越高,很多教师具有较强的英语能力,如果不发挥作用,也将是一种浪费,久而久之还会造成英语水平大幅度下降。而且现在学生的英语水平比以前也提高了很多,相信有条件开展双语教学的学校已为数不少,而且肯定还在增多。双语教学这种形式,正是时代的产物,具有鲜明的时代特色,希望有更多的教师早日加入到这方面的研究和实践中来,发展双语教学,为培养适应未来的人才而共同努力。

四 参考文献

[1]刘保明. 怎样撰写学术论文[J]. 教育科学研究,1995(2):32-36页.

[2]朱正威. 生物科学教育要加强素质教育的研究[J]. 生物学通报,1996(8):37-39页.

[3]朱正威. 调动学生积极参与教学过程的建议[J]. 生物学通报,1997(1):25-26页.

(本文于1997年10月获北京市朝阳区优秀生物教改论文评比二等奖)

“以计算机为认知工具促进学生主体性学习的研究”结题报告

前 言

随着计算机技术的不断发展，以计算机技术为核心的信息技术在教学中的应用水平也在不断提高，应用方式不断扩展。最初，人们都把目光集中在研制和应用教学软件上。从用途来看，教学软件主要包括两大类：一类是作为教师演示工具的“演示型”课件，另一类是学生独立操作的“自学型”软件，它们都在教学中发挥了各自积极的作用。然而，随着应用的不断展开，人们也在不断反思其中存在的问题。将信息技术作为教师的演示工具虽利于教师的“教”，易于在课堂中使用，却不易充分发挥学生的主体作用；而将计算机作为学生的自学工具，则常常会割裂教师与学生的直接联系，不利于课堂上教师主导作用的发挥。更重要的是以上两种方式都还是让学生接受一个现成的知识体系而不是通过研究性的学习来构建自己的知识体系，学习过程缺乏创造性，不能使学生实现充分的、全面的主体性学习。当前，我国正在全面推进以培养学生的实践能力和创新精神为重点的素质教育，重要的着眼点是帮助学生形成一种对知识主动探求，并重视运用知识解决实际问题的积极的学习方式。计算机技术的进一步发展和计算机普及程度的提高为其教育应用提供了更多的可能性；同时，教育自身的调整和变革也对信息技术在教育中的应用提出了新的要求。这两者相互作用，便形成了将信息技术与学科教学整合的新思路——将计算机作为学生的认知工具用于日常的教学活动中。

一 将计算机作为学生的认知工具应用于教学的研究背景

上世纪90年代初一些专家就提出，要把以计算机技术为核心的信息技术作为学生学习的认知工具。所谓信息技术是指研究信息的产生、获取、度量、传输、变换、处理、识别和应用的科学技术，现代信息技术的核心是计算机技术（或者说是数字化技术）。应用于教育的现代信息技术主要有数字音像技术、通信技术、多媒体技术、局域网技术、互联网技术、人工智能技术、虚拟现实仿真技术等。

所谓认知工具就是指参与和促进学习者认知过程的工具,即支持、引导、扩展学习者思维过程的工具。把信息技术作为认知工具,可以从以下几个方面来认识。

第一,将信息技术作为获取学习资源的工具。现阶段用信息技术获取学习资源有三个渠道:一是利用搜索引擎。目前国内雅虎、搜狐、网易三个引擎都很容易使用。二是利用网站。目前网站分为三类,一类是政府网站,如中国教育部、中国教育和科研计算机网、中国基础教育信息网等;一类是专业网站,如中学语文教育、中学语文教学园地等;还有一类是主题网站,如鲁迅、茅盾、数学奥林匹克等。三是利用各地建立的信息资源库。

第二,将信息技术作为情景探索学习的工具。情景探索学习就是围绕一个知识点或者一个教学单元,通过情景探究的方法学习,解决其中的一个难点。办法不外乎两种:一种是建立生动的社会、文化、自然情景,使学生认识自然,认知社会。另一种就是建立问题情景。提出一个问题,这个问题是没有答案的,建立一种探究的环境,让学生进行思考、讨论、探究,激发、培养学生的观察、发现、思考能力。

第三,将信息技术作为发现探究的工具。利用虚拟实验环境,让学生通过实际操作,观察现象,读取数据,科学分析,培养学生的探索精神。

第四,将信息技术作为信息交流的工具。利用网络平台进行通信、交流,培养学生信息应用能力和交流能力;利用网络通信技术,组织各类协商、讨论活动,培养合作精神。

第五,将信息技术作为知识组织构建的工具。如文字处理软件,多媒体集成软件(如 Powerpoint),网页制作软件,几何画板、作图、作曲、制表软件,各种形式的自我评测软件,等等。

计算机既然可以成为学生的认知工具,那么如何利用它来构建新的教学模式呢?依据计算机的功能特点,结合教学的要求,研究人员提出了以下几种主要模式。

一是基于课堂教学的设置情景——探究模式。它的基本样式是设置问题情景(资源共享),思考分析,形成创意,实践探索(操作环境),意义建构(观点表述),自我评价(评价材料)。例如,天津有一个教师将计算机信息技术中的几何画板的使用方法教给高一学生,以后函数、几何题目基本不再讲解,而是出题目让大家用几何画板做出来,大家比赛,看谁解得好,结果学生的创新思维,创新习惯就逐步培养出来了。

二是基于资源利用的主题探索型教学模式。它的基本样式是这样的:教师提出探索主题,提供与主题相关的资源目录和网址,指导学生以所找到的资料为基础,做一个与主题相关的研究报告内容;学生介绍报告内容;师生评议研究报告。如一个学校的教师提出的主题是五十年来我国衣食住行的变化,学生四五人一个小组,在网上及有关媒体上搜索资料,他们把国家统计局的数据整理简化并制成统计图等,从中学到的不仅仅是数学等课本知识,而且还探究到许多社会学知识。

三是基于校园网络环境的合作学习模式。它的基本样式是由教师提出合作完成的学习目标;组织合作学习小组;建立合作学习网络环境和提供网上资源共享;组织协作学习活动——竞争、辩论、设计、问题解决、评价和角色扮演;成果展示(报告)。如广东一所学校提出的标题是:面对WTO,怎么做呢?它要求学生用《羊城晚报》《人民日报》《新加坡联合早报》三个网站收集资源,让学生分成小组扮演四个不同角色,买汽车的、卖汽车的、国内生产汽车的和国外生产汽车的,站在各自不同的立场上发表自已的意见,使用BBS贴上,愿意发言的在网上发表并进行讨论。

四是基于Internet的远程协商学习。基本样式是在不同国度、地区或城市,各自选择几所实验学校;在校内,各自组成若干个合作学习小组;小组同学内部分工,分别进行问题探索;围绕同一主题,不同地点的学校通过上网寻找与主题相关的网页,并通过下载,获取相关信息;建立小组网页,同学分工合作完成网页制作;小组定期观看合作学校的网页进行讨论;对合作学校的网页发表意见,互相交流;经过一段时间进行总结,评比网页。如:李克东教授曾组织广州、深圳、新加坡、香港、泰国几个国家、地区的小学做了一个项目,称为DISCOL(远程协作学习)实验,就是围绕各自的城市,各人说说自己的城市,谈情况、发感想。

五是基于课程主题网站的自主学习模式。基本样式是提供学习内容相关的文本、图形、动态资料;提供学习工具(字典、词典、读音、仿真实验);提供相关资源的链接;提供讨论的区域;提供形成性练习,自动记录评测结果;提供答疑和指导;提供具有随机性和等价性的水平测试试题。

尽管已经有人提出了上述教学模式,但是这些教学模式主要是根据信息技术的功能设想出的教学模式,而不是建立在长期、大量的教学实践基础之上的。即使有一定的实践,也是少量的、实验性的。所以,目前缺少的正是大量的教学一线的实践研究。可见,一线教师积极参与此方面的研究是非常必要的。

根据我们的实际条件,本课题组将研究重点确定为基于资源利用的主题探索型教学模式研究。关于此种模式,国外已经有过一些试验,如Intel“未来教育”项目。该项目提出的一些具体方法为我们提供了较多的参考。

二 研究方法和步骤

(一)研究方法

课题整体上采取教育行动研究法,具体方法如下:

1. 文献法。通过查阅文献,了解该研究领域的发展现状和存在的主要问题。

2. 调查法。通过问卷调查,了解学生对本课程的态度以及学生家中的信息化水平等问题;课程实验完成后,了解学生对课程的反应。

3. 实验法。选择实验班开展课程实验,获取第一手资料。如选择教学内容的标准;课程实施的具体方法和效果;遇到的问题和解决的情况;评价学生的学习成效;总结出的经验和不足等。

4. 个案研究法。通过观察记录和谈话记录等方式跟踪研究部分学生从课程开始到结束全过程的态度、方法、学习效果等方面的发展变化情况。

(二)实验对象

我们选择了初一、初二、高一、高二 4 个年级开展教学实验。参与实验的科目为语文、外语、物理、化学、生物、地理和信息技术共 7 个学科。

(三)研究过程

1. 调查学生情况

课题组首先讨论制定了一份调查问卷,对开展实验课的年级进行调查。主要目的是了解学生对本课程所持的态度以及学生家中的信息化水平,如:有无计算机;能不能上网;有没有打印机、扫描仪,是否会使用;掌握信息技术的水平如何等。调查是分成两次进行的。第一次时间为 2001 年 11 月,调查对象为初二(90 人)、高一(127 人)、和高二(236 人)三个年级共 453 名同学。第二次时间为 2002 年 4 月,调查对象为初一年级共 125 人。下面是第一次调查的结果及分析。

调查问卷

我校计划逐步开展让同学们以计算机为学习工具进行自主学习的教学实验。在进行实验之前,我们希望先了解一下同学们现有的计算机使用条件和应用水平,以便有针对性地开展实验,因此设计了此调查问卷。请同学们与老师配合,按真实情况认真填写。(所有题目均为单项选择)

1. 你家中是否有计算机

A. 有　　B. 没有

2. 你家中是否有打印机

A. 有　　B. 没有

3. 你家中是否有扫描仪

A. 有　　B. 没有

4. 你家中是否可以上网

A. 可以　　B. 不可以

1 ~4 题主要是调查学生家中的信息技术条件,调查结果见表一:

表一　学生家中的信息技术条件

	有	无
有无计算机	83%	17%
有无打印机	51%	49%
有无扫描仪	16%	84%
有无上网条件	67%	33%

分析:从表一中可以看出,多数学生家中的物质条件比较好,尤其是电脑的普及率已经比较高了,但是像扫描仪这类数字化输入设备还不普及。

5. 你上网主要是在

A. 自己家里　　B. 同学家里　　C. 学校　　D. 网吧

调查结果:A:72%　B:8%　C:10%　D:10%

6. 你平均每周的上网时间大约是

A. 0 小时　　B. 1 小时　　C. 2 小时　　D. 3 小时以上

调查结果:A:33%　B:26%　C:22%　D:19%

分析:5 ~6 题主要是调查学生的上网情况。可以看出学生主要在家中上网,学校为学生提供的上网机会比较少。整体上看,学生每周的上网时间是比较少的。

7. 你是否会使用 Word 或其他文字处理软件

A. 不会　　　　B. 会一点儿　　　　C. 比较熟练

8. 你是否会使用 Powerpoint 或其他制作多媒体作品的软件

A. 不会　　　　B. 会一点儿　　　　C. 比较熟练

9. 你是否会制作网页

A. 不会　　　　B. 会一点儿　　　　C. 比较熟练

7～9 题主要是调查学生对常用软件的掌握情况，调查结果见表二：

表二　学生对常用软件的掌握情况

	不会	会一点	比较熟练
文字处理软件	9%	70%	21%
多媒体编辑软件	51%	40%	9%
网页制作软件	74%	22%	4%

分析：在常用软件中，学生对文字处理软件的掌握情况相对较好，只有 9% 的学生完全不会使用。而多媒体编辑和网页制作软件的掌握情况要差得多，分析原因主要有两个方面：一是所在学校没有开设相关课程；二是由于个人在课外较少有使用的机会，所以也没有进行业余自学。

10. 你在学习活动中是否用过 Word 或其他文字处理软件

A. 从没用过　　　B. 很少使用　　　　C. 经常使用

调查结果：A：12%　B：60%　C：28%

11. 你在学习活动中是否自己制作过多媒体演示文稿或其他多媒体作品

A. 做过　　　　B. 没做过

调查结果：A：19%　B：81%

12. 你是否在互联网上发布过网页

A. 发布过　　　B. 没发布过

调查结果：A：9%　B：91%

分析：10～12 题主要是调查学生对常用软件的应用情况，目的是考查学生是否存在“会而不用”的现象。通过与学生对软件的掌握情况的对比可以看出，文字处理软件在学习中的使用情况与掌握情况的比例基本对应，多媒体编辑软件方面，会而不用的现象比较明显。

13. 你是否曾经在众人面前进行过时间在两分钟以上的演示讲解

A. 有　　　　　B. 没有

调查结果:A:29%　B:71%

14. 当你进行演示和讲解时,你感觉

A. 非常紧张　　B. 比较紧张　　C. 有一点儿紧张

D. 一点儿也不紧张

调查结果:A:24%　B:25%　C:32%　D:19%

分析:13～14 题主要是调查学生借助信息技术进行交流的情况。结果表明多数学生不曾有机会进行公开的演讲,在进行过演示和讲解的学生中,他们的心态各异。

15. 目前,你主要以什么方式将计算机用于与课业有关的学习?

A. 上网校　B. 使用学习软件　C. 上网查找相关资料

D. 上网随意浏览　E. 看一些电子读物　F. 收发电子邮件

G. 其他　H. 没有

调查结果:A:5%　B:11%　C:24%　D:16%　E:12%　F:11%　G:9%　H:12%

分析:学生将计算机用于与课业有关的学习方式是多样的,其中相对采用较多的方式是"上网查找相关资料"和"上网随意浏览"。

问卷调查的基本结论是:第一,学生家中的信息技术条件比较好;第二,学生现有的信息技术水平还比较低;第三,学生还没有将计算机作为自己非常重要的学习工具。

2. 开展课程实验

任课教师首先确定实验课程的内容,并对此内容的特点和在学科中的地位等情况做出分析。其次,收集有关的材料,建立学习资源库。再次,筹划上课的方式;最后,与学生家长建立联系,取得家长的支持。

我们在地理、生物、语文、外语、物理、化学等六门课程中进行了约 25 节研究课。

在各学科的教学实验中,比较典型的是在初一年级生物学科开展的"生物运动的方式"单元的教学。该单元的教学是在两周时间内通过 6 次课完成的。以下是该教学实验的实施过程要点。

单元计划实施时间表

时间	任务
第一次课 （在教室）	教师提示，学生看书，了解本部分教材的主要内容。 教师提供5个备选课题。 学生进行讨论后确定课题，并向教师汇报。 教师要求学生课后收集一部分相关资料。
第二次课 （在机房）	学生建立个人的文件夹。 学生将已收集到的资料复制到自己的文件夹中。 对不会使用PowerPoint的学生，教师用30分钟进行教授，要求做出演示文稿的第一页。 教师提供资源，学生从中收集有关自己课题的更多资料。 学生建立并初步制作多媒体演示文稿。 学生上交本节课完成的所有作业，在教师机备份。 教师通知学生课后可以到网络中心扫描图片。
第三次课 （在机房）	学生继续制作多媒体演示文稿，教师从旁指导。 教师课后检查学生制作的情况。
第四次课 （在机房）	学生继续制作多媒体演示文稿，教师根据课后检查的情况对部分学生进行指导。 对不同学生提出不同的要求：对基本完成的学生，教师要求他进一步改进，并可以开始准备讲解稿；对做得很少的学生，教师督促其抓紧时间完成。 教师提供多媒体演示文稿的评分标准。
第五次课 （在机房）	学生继续制作多媒体演示文稿，教师从旁指导。 学生准备讲解稿。 学生练习一边演示，一边讲解。
第六次课 （在生物实验室）	交流评价活动： 将学生分组（6人一组），每组发一张评分标准表备用。 安排大约6名学生按次序到前面演示、讲解他制作的多媒体演示文稿，其他同学观看，并考虑评分。 每位学生讲解完毕之后，由每组出一个代表对该同学的演示文稿以及讲解过程进行评价，并给出成绩。 教师出示自己给此同学的评分，说明理由，进行评价。 教师总结。

3. 教学效果分析

根据学生的表现和反馈的意见，可以看出课程实验的效果如下：第一，学生参与学习的积极性高涨；第二，不同的学生，学习效果存在显著差异，直接表现在作业的质量上；第三，学生的表达能力和创造能力得到锻炼和发展；第四，从知识掌握情况看，学生对自己研究的专题掌握较好，对别人研究的专题内容掌握较差。

作业情况：优秀10%；中等60%；较差：20%；未完成10%。从完成作业的情况来看，结果不是很理想。许多学生作业中反映出系统性、科学性较差，反映出应用此种教学方法对于学生系统地掌握知识效果较差。当然，也应该认识到由于是第一次采用新的教学方式，许多学生还不十分适应，相应的能力尚未培养起来，这也是造成作业完成情况不理想的原因之一。

个案分析：

史妮妮同学是在这次教学活动中取得较大收获的一名学生。她平时是一名默默无闻、不引人注意的学生，在计算机方面也比较薄弱。这次，在老师的帮助下，她选择了一个大多数同学都没有选的题目——“植物的运动”。由于全班只有她和另一个同学选择了这个内容，所以老师就提前告诉她很可能要由她来给全班同学介绍这部分知识。这样一来，对她来说就形成了一个重要的任务，调动了她学习的积极性和主动性。因此，通过这一阶段的学习，她在信息技术方面、表达交流方面、自信心方面、知识方面都取得了很大进步。最后，她成功地完成了任务，得到了同学们的一致好评，获得了学习的成就感。之后，她在生物课的学习上变成了一个活跃分子。

三 分析与讨论

在基于资源利用的主题探索型教学模式中，主要是利用计算机作为学习资源获取的工具和进行知识组织建构的工具，特别强调要将它作为知识组织建构的工具，因为只有这样，学生的主体性才能得到充分的发挥。开展此种形式的教学时必须注意以下几个方面的问题。

（一）基于教材内容，选择适当的主题

与目前正在准备开设的研究性课程不同，我们进行的是学科教学内部的研究性学习，力求融入现有的课堂教学体系之中，所以要尽可能从教材内容中选择主题。但是，众所周知，由于学科知识的特点，只有一部分内容适于采用这种方式，所

以主题的选择必然要受到一定的限制。从学科来看,生物、地理、历史、政治等学科有比较广泛的选择空间。

在实际开展教学的时候,内容的选择合适与否是决定教学能否成功的关键因素之一。由于是以学科教学内容为依托的,换句话说,它本身就是学科教学的一部分,所以学习内容不像研究性课程中那样开放。我们必须在考虑学科教学要求的同时,开展新模式的教学。具体来说,就是学生必须能够通过这样的学习在知识和技能方面达到学科要求,同时能培养学生自主学习的能力。所以,原则上要选那些知识面比较宽而难度不太大、不特别抽象的内容,例如初中生物学中"生物运动的方式",高中生物学中"变异的种类和诱发变异的因素"等。那些目前看来,必须在教师的讲解、分析之下,学生才能够较好理解和掌握的内容,还是由传统教学方式来解决。这样可以发挥各种教学形式的优势,形成教学方式多元化、优势互补的状态,从而可以为各方面所接受。另外,内容的量要适当,最好可以在两周内(6 至 8 课时)完成全部学习过程。

(二) 做好准备工作

开展此类教学特别强调计划性,务必要做到有计划、按步骤进行,因为它不是靠任课教师一个人就可以完成的。开展这样的教学活动需要涉及学校其他部门的工作人员和物质条件,而且一般为阶段性的教学,不能在一节课内完成,需要准备的资料很多,所以具体事宜必须事先安排,否则就难以落实,必将半途而废。

开展基于资源利用的主题探索型教学,我们务必要提前做好以下工作:

第一,认真研究教材,确定出若干适于采用此种教学模式的内容,制订本学期和学年的实施计划。

第二,围绕选定的内容搜集相关的资源,建立学习资源库。这是一项需要长期坚持的工作,不能希望一蹴而就。因为一方面我们要不断丰富资源库的内容,另一方面还要不断对其进行优化,使用时才能得心应手。建立高质量的学习资源库对于教学的开展有至关重要的作用。使用局域网内部的资源,其效率远远高于使用因特网。没有资源库,完全让学生在因特网上搜索,会消耗大量的时间,能获得的有价值的信息却很少,而且还可能有不良的信息。使用资源库,一来节约了时间,避免了一些不着边际的搜索,同时也避免了不良信息的影响。资源库中的资源应包括关于专题内容的学习资源和制作多媒体作品所需要的背景图片、花边、按钮、音乐、动画等素材。虽然要保证资源库有足够丰富的内容,但是它总不可能是无限大的。事实上资源库还是只能提供一些最基本、最重要的资料和素材,更多的资源还需要靠因特网提供,教师可以在资源库中给学生提供相关的网址,帮助学生快速找到这些资料。我们最初建立的是一个个独立的、针对某个专题内容的资源库,当这样的库建多了,有些素材就可以在多个专题共享,资源库的作用就更大了。

第三,尽早确定上课的时间,及时与有关部门人员联系,请他们提供相应的条件。教师务必做好时间安排,纳入学校的教学进度,不能搞临时动议。教师要时刻注意规范性,才能逐步发展成为主流教学模式之一。

(三)认真指导学生,确定研究题目

正式上课的第一步是教师提出学习主题,并引导学生围绕主题确定具体要探索的问题。主题通常是比较宽泛的,需要分解为一个个具体的研究题目,才便于每个学生进行探索学习。那么,怎样才能形成具体的研究题目呢?应该由教师和学生通过讨论共同提出。要尽可能引导学生通过讨论提出研究题目,这是让他们进行知识建构的重要步骤,有着特别重要的意义。但是如果没有教师的指导,完全靠学生提出问题是不现实的。学生受知识及能力水平的限制,有时会提不出足够多的问题,或者提出的问题远离核心内容,再或者提出的问题目前根本无法研究。所以,教师还需要在进行教学目标分析的基础上,选出当前所学知识中的基本概念、基本原理、基本方法和基本过程作为当前所学知识的基本问题,然后再引导学生围绕这些基本问题(是比较具体的问题)思考研究题目。学生的年龄越小,越需要具体的引导。教师自己也要提前准备一些具体的研究题目,在需要的时候用以启发和引导学生选题。但绝对不要将准备的问题和盘托出,更不能强加给学生,否则就背离了主体性学习的基本要求。

经师生集体讨论后,将会形成若干研究题目,每个学生都要从中选择一个进行研究。选择应本着学生自愿的原则,但教师仍需统筹安排,与学生协商(不能强加于人),尽可能使学生所选的题目覆盖所有最重要的内容,以便最后可以通过交流让全体学生对所学习主题的内容有一个比较全面的认识。

(四)学习过程中要给学生多种具体指导和技术上的支持

搜集资料、组织材料完成作品或报告是学生主要的学习活动,应主要在学校的计算机教室完成,部分在课外完成。每次上课的前几分钟,教师都要先布置本节的具体任务,并根据课下对学生作品的检查,提出基本要求和较高要求。整个学习过

程中,教师要对学生进行以下指导:对不会使用软件的学生进行培训;告诉学生如何获取及有效地利用资源;解决学生在制作多媒体作品中遇到的疑难问题;解答学生遇到的学科知识方面的问题;指导学生重视资料的版权问题,随时记录并在最终的作品中标明资料来源;进行扫描、视频采集等技术支持;课下及时检查学生的完成情况,有针对性地提醒学生存在的问题;等等。

(五)加强教学管理

要利用计算机等信息技术推进学生主体化学习,就必须将计算机作为一种认知工具,真正交到每个学生的手中。然而,学生在拥有了这个工具之后,并不一定总能正确、合理、高效地使用它。所以我们首先必须引导学生正确、合理、高效地使用计算机及网络这种工具,也就是做好“宏观调控”。有效的管理将是新教学模式取得成功的保证,它与发挥学生学习的主体作用并不矛盾。学生在校学习的特点就是有组织、有计划、目的性强,学生集体进行的学习只有在教师的合理组织之下才能高效率地完成。

管理中需要特别重视两类学生:一类是学习能力比较差,学习积极性不高的学生;另一类则是“快而灵”但缺乏耐心的学生。对前者,要尽可能激发其兴趣并给予格外、具体的帮助,一旦有一点儿成绩就要及时肯定;对后者,则应多指出他的不足,促使他不断改进自己的作品。

教师要合理地运用任务驱动式教学。在基于资源利用的主题探索型教学模式中,教师往往要使用任务驱动的方式。任务可以起到两方面的作用:富有挑战性的任务可以激发学生的探究热情;任务的规定性可以起到督促学生按时完成学习的作用。然而任务驱动有时并没有我们想象的那么有效。学生的学习热情激发出来之后,还有维持的问题;任务可以起到督促的作用,但是如果学生完全将任务看作是一种负担,也就丧失了学习的主体性。所以,在运用任务驱动方式的同时,教师细致的组织管理、帮助和鼓励都是非常必要的。如果没有组织管理,一部分学生肯定会因为自觉性不高等问题,远远落在别人后面,以至最后完全放弃学习。

(六)组织好交流评价活动

交流评价是另一个非常重要的环节。由于学生是分别对不同的专题进行研究的,必须通过交流,才能形成对问题的整体认识,同时这个过程可以锻炼学生的交流和表达能力。评价则一方面可以给被评价者以肯定和建议;另一方面,作为评价者的学生可以提高自己的评价能力。交流活动本来应该是很吸引人的,但实践中却常常出现部分学生注意力不集中的现象。比如,一名学生在前面讲,下面有的学生却在做别的事或者议论别的问题。

为什么会出现这种情况呢?有多种可能的原因。比如可能是发言的学生准备不够充分,讲解不够清楚熟练,缺乏吸引力,于是听众失去了耐心;或者是教师没有给下面的学生布置任何任务,使他们感觉与自己的关系不大,所以想听就听,不想听就不听,表现比较松散;也可能并非是上课的形式引发的,而是个别学生固有的不良习惯;等等。这些客观事实,在进行理论研究的时候往往是被忽略的,我们经常把学生看作理想化的人,而实际上正是这些客观问题导致了理论与实践出现了不一致。

为了防止以上问题的发生,必须进行必要的安排。第一,课下对即将发言的学生进行个别指导,使课上的交流更有效率;第二,控制每个学生发言的时间,不能过长;第三,给作为听众的学生布置评价任务,要求他们按照教师提供的评分标准进行负责任的评价,使全体学生都有事可做,调动所有学生的积极性。

四 结束语

目前,基于网络资源利用的主题探索型教学已经受到广泛的重视和认可,但开展还不十分普遍。原因主要是目前仍存在许多限制其广泛应用的因素,主要有以下几个方面:第一,现行教材中可选择的内容有限;第二,资源库的建设并非轻而易举;第三,目前的考试对精确记忆的要求过高,学生必须用大量的时间去记忆教科书上的内容,而没有足够的时间思考和探究;第四,有些学生已经习惯了长期以来一直采用的接受性学习方式,习惯于接受现成的、固定的答案,不习惯乃至不愿意自己去探究问题的答案;第五,教师自身的计算机应用水平的限制;第六,计算机教室及设备等教学条件的限制等。

尽管从目前来看,尚存在一些限制因素,但随着教育改革的不断深入,形势正在快速地发生着变化。研究性学习课程以必修课的形式由上向下铺开,基于网络资源利用的主题探索型教学一定能在其中发挥重要作用;研究性学习方式逐渐深入人心,学生的观念也在转变,主体意识不断增强;考试制度也在改革,减少对死记硬背内容的考查,使学生有更多的时间用于思考和探究问题;教师使用计算机越来越普遍,整体水平正在不断提高;将来设备条件的改善更是一种必然。由于限制因素越来越少,基于网络资源利用的主题探索型模式必将有机会逐步发展成为一种常用的主流教学模式。

五 参考文献

[1]李克东.应用现代教育技术.建构新型教学模式[M].学校教育现代化建设.北京:中央广播电视大学出版社,1998.

[2]李克东.把信息技术作为认识工具[DB/OL].K12 网站通讯,2001-06.

[3]何克抗.多媒体教育应用的重大意义及发展趋势[DB/OL].互联网,2001-05.

[4]张民生.普通高中研究性学习案例[M].上海:上海科技教育出版社,2001.

[5]Debbie Candau 等."Intel 未来教育"培训教材,2001-08.

[6]何克抗.论现代教育技术与教育深化改革——关于 ME 命题的论证[DB/OL].北京师范大学现代教育技术研究所主页,2003.

[7]王相东.对计算机辅助教学的再认识之一[DB/OL].全国中小学计算机教育研究中心主页.

[8]王治文.信息技术教育的防御性价值[N].中国教育报,2003.

[9]余胜泉.信息技术与课程整合的目标与策略[J].人民教育,2002.

[10]北京市基础教育课程教材改革实验工作领导小组.新课程下专题课例研究(2003—2004)[M].北京:首都师范大学出版社,2004.

(本文精简版于 2002 年 10 月获"全国中小学基于网络环境的教与学暨高中研究性学习研讨会"论文评比二等奖,并发表于"研讨会成果专刊")

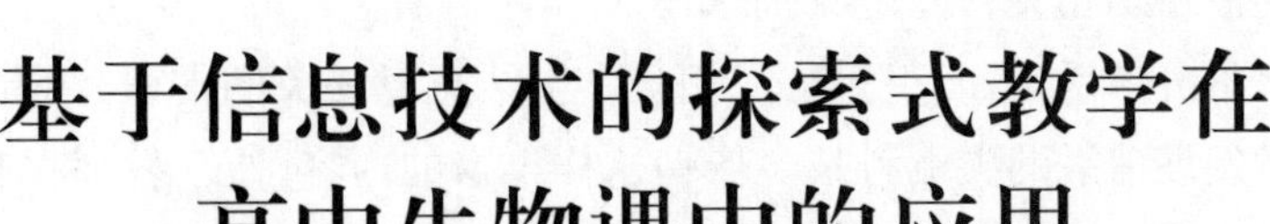

基于信息技术的探索式教学在高中生物课中的应用

随着信息技术的不断发展,其在教学中的应用水平也在不断提高,应用方式不断扩展。将信息技术作为学生的认知工具并以此促进学生的主体性学习已经成为信息技术与课程整合的新思路,基于信息技术的探索式教学便是在这一思路的基础上提出的多种教学模式中很重要的一种。

一 概念的界定

基于信息技术的探索式教学是一种在信息技术与课程整合的实践研究中逐步发展起来的教学模式,也可称为基于资源利用的主题探索型教学模式。它的基本程序为:首先,教师提出一个学习主题并引导学生围绕主题确定出要研究的具体内容;第二,教师为学生提供与主题相关的信息资源和网址等,指导学生围绕要探索的问题搜集资料,并以所找到的资料为基础,做一个与主题相关的研究报告或形成一个作品(通常是介绍某个专题内容的多媒体演示文稿);第三,学生介绍研究报告的内容或演示、讲解作品,师生共同评议研究报告或作品。学生在整个过程中学习知识,同时培养多种能力。这种教学方式的突出特点是将信息技术作为学生获取信息的工具以及知识组织建构的工具,使学生的学习具有更强的自主性和创造性。

二 在中学生物课开展基于信息技术的探索式教学的优势

不同学科有着不同的特点,因此也会有各自比较适合的教学方式。生物课所具有的一些特点,使得基于信息技术的探索式教学更容易发挥其优势。

第一,教学内容中形象的、描述性的内容较多,比较容易理解。在基础教育阶段,生物课中关于生物的形态、结构、功能、分类等方面的知识大多是描述性的,比较形象、具体,学生在独立理解方面不是特别困难。这对于开展基于信息技术的探索式教学是比较有利的。

第二，教学内容与实际生活联系紧密，比较容易引起学生探索的兴趣。生命科学与人们生活密切相关，许多生物学知识对学生有着天然的吸引力。而且，生物课涉及的内容十分广泛，既有很多与人们日常生活息息相关的常识，又有新兴的、位于自然科学发展前沿的尖端科技。依赖这样丰富的内容，便于教师在教学中从多个角度确定探索学习的主题并引起学生探索的兴趣。

第三，有丰富的科学史内容，可以作为探索式学习的良好素材。生物科学史的内容非常丰富，有许多精彩的科学发现过程和科学家故事。当学生进行探索式学习时，这些科学史的资料可以为他们提供明确的线索和丰富的内容，而且可以引导学生领悟科学家是如何发现问题、寻找证据、进行推理的，体验科学家不断探索的精神。这不仅有助于学生理解概念，而且还有助于培养学生提出问题、解决问题的能力，提高科学素养。

可见，在中学生物教学中采用基于信息技术的探索式教学是具有一定优势的。生物课教师应该认识到这一点，积极地在教学中开展基于信息技术的探索式教学。

三 在中学生物课开展基于信息技术的探索式教学的主要策略

通过本人的实验研究，结合案例分析及文献研究，我认为在中学生物课开展基于信息技术的探索式教学，应把握以下几点策略。

（一）选择难度适中、知识面宽的主题

在实际开展教学的时候，主题选择是否适当是决定教学能否成功的关键因素之一。选择主题的主要依据是教学内容的特点和学生自学能力的强弱。

在基于信息技术的探索式教学中，学生主要通过自主学习的方式获取知识，所以一般来说，难度不特别大、但涉及的知识面比较广的主题，更能发挥该教学模式的优势。当然，内容也并非越简单越好。太简单，则会失去探索式学习应有的挑战性，同时也会失去能力培养的价值。

（二）按照动态资源库思想为学生提供学习资源

资源库的建设与使用是基于信息技术的探索式教学中最关键的问题之一。众所周知，直接利用互联网资源具有最大限度的开放性，但其不利的一面也非常突出。因此，在很多情况下，我们必须为学生提供资源库，与互联网的使用相互配合，从而较好地解决以上问题。

为学生提供的资源库必须精心选择内容，并要依据学生的能力、学习的进程进行动态调整。所谓动态资源库，就是内容不断变化的资源库。利用资源库中内容的变化来调控学生的学习进程是一项非常重要的策略，因为它可以在学生没有感觉到被控制的情况下来实现调控。

使用动态资源库的前提是教学必须是阶段性的，这样才能在两节课之间进行内容的调整。首先，我们要在教学之前收集过量的资源以备后面选择性地使用；之后，在教学过程中，每次课后我们都要依据学生的学习状态、进度等情况对资源库进行调整。这一方面是为了适应学生的学习，另一方面可以通过这种调整，对学生的学习过程施加影响。比如，在课程进行的初期，我们希望学生自己更多地从互联网上搜集资料，从而培养学生搜集、筛选信息的能力，因此，就可以在资源库中只放入一些用于制作多媒体作品的装饰性的图片、背景、线条等素材以及一些网址，这样学生就必须自己动手去搜集那些与学习主题有关的具体资源。当我们希望学生深入认识一个内容的时候，我们就增加一些专业性比较强的、能比较全面系统反映知识结构的信息资源，同时控制学生上网的时间，使学生的学习重心转移到对信息的深入分析和理解上来。

动态资源库的另一个作用是可以将学生搜集到的资源以及学生创作的作品也作为其他学生的学习资源来使用，这对于学生在学习中相互促进也是非常重要的。

（三）利用动态问题记录和答案积累文档引导学生进行自主学习

现代教学理论研究指出，从本质上讲，产生学习动机的根本原因是问题。感觉不到问题的存在，学生也就不会去深入思考，学习只能是表层和形式的。因此，应该特别强调问题在学习活动中的重要性：一方面强调通过问题来进行学习，把问题看作是学习的动力、起点和贯穿学习过程的主线；另一方面通过学习来生成问题，把学习过程看成是发现问题、提出问题、分析问题和解决问题的过程。

在实施基于信息技术的探索式教学时，利用计算机建立动态问题记录和答案积累文档，是引导学生进行真正有意义、的自主学习的一项较为有效的措施。所谓动态问题记录，就是让学生将自己在学习过程中发现的问题都记录下来，在后面的学习中不断地回顾、审视前面的问题，并不断记录新提出的问题。这种做法有许多优点。

第一，可以使学生对自己的学习过程有非常清楚的认识。问题记录等于是让学生留下了自己探索的足迹，便于学生认清自己的思想脉络，回顾自己的探索过程，有利于进一步明确学习的方向。这种做法实际上很大程度提高了学生学习的主体性。

第二,有利于培养学生的问题意识。学生在这样的学习中,会逐渐形成记录问题的习惯,对于发展学生的问题意识和创造性将会起到非常重要的作用。

第三,便于老师了解学生的学习状态,给予及时的反馈和指导。在以往的探索式教学案例中,一般都是通过一个整体任务来驱动学生学习,教师通过提醒和要求学生应该在什么阶段完成多少任务来调控学生的学习进程。这种做法是不够细致的,而且容易演变成教师不断提要求,学生被动执行。教师如果能通过对这些问题以及答案积累文档的交流、反馈来指导学生的学习,则更细致、更有针对性。

第四,为交流提供更加多样的素材。有了问题记录和答案积累文档,学生间的交流就不再仅仅局限于资源和最后作品,又增加了问题的交流和问题答案发现过程的交流。这有利于形成一种开放式的学习环境,促进学生之间的相互学习。

(四)利用多种内容和层次的交流激发和维持学生的学习积极性

我们组织学生进行探索式学习,尽管是提倡学生自主学习,但绝不是让学生一个人孤单地探索。恰恰相反,这种学习是建立在合作与交流基础之上的。我们提倡学生在彼此的交流中进行学习,努力营造一种合作学习的心理氛围。

交流有利于激发和维持学生学习的积极性,因此交流应该是贯穿于整个学习过程的。在以往的案例中,通常只强调学生最后作品的交流,这是远远不够的。实际上,探索过程中的交流更为重要。问题的交流、资源的交流、作品的交流等构成了交流内容的丰富性;全班范围的交流、小组内的交流、随机的交流等则构成了交流层次的多样性。在新的学习方式中,学生需要更多地了解同伴正在学习些什么,提出了什么问题,以及已经解决了什么问题等。我们应该为学生创造进行多种内容和层次交流的机会,使学生在充分交流的过程中实现对知识的意义建构。

多种内容和层次的交流还可以起到防止学生拷贝作业的作用。由于学生间的透明度高,交流充分,相互了解,抄袭别人的作业是极易被其他同学发现而受到耻笑的,所以学生都会尽量努力做得与众不同。可见,交流与共享不但没有为学生提供更多抄袭的机会,反而促使学生努力朝向不同的方向去创造。当然,不能忘记一个重要前提条件,那就是不要对学生要求过高、逼得太紧,要努力让学生形成主人翁意识。

(五)掌握讲解的时机

在探索式教学中并不排斥讲解,但是其作用和特点会与传统意义的讲解有很大区别。在探索式教学中,讲解是一种辅助手段,是针对学生存在的共性的疑难问题而进行的讲解,是在学生内心感到强烈需要的情况下进行的讲解。教师的讲解发生在学生产生需求之后,这样就充分尊重了学生的学习主体地位,有利于培养学生的主人翁意识。

四 发展前景

目前,基于信息技术的探索式教学已经受到了广泛的重视,但仍然未能普遍在课堂教学中得以实施。造成这种情况的原因有很多,例如:目前考试对精确记忆的要求仍然过高,学生必须用大量的时间去记忆教科书上的内容,而没有足够的时间进行探索式的学习;有些学生习惯了长期以来一直采用的接受式学习方式,不习惯乃至不愿意自己去探究问题的答案;中学生自身的不成熟性以及基于信息技术的探索式教学自身方法上的不成熟,导致这种教学方式有时还不能取得确切的效果;等等。

这些问题需要逐步加以解决。为了能使这种教学模式早日进入课堂教学主渠道,作为教师,最需要做的就是努力进行方法、策略的研究。教师应该利用自己能够直接接触学生、直接组织教学活动的优势,通过反复实践,不断总结经验,归纳提升,为该教学模式的发展做出自己的贡献。经过我们的共同努力,基于信息技术的探索式教学一定会在教学实践中不断走向成熟,成为一种主流的教学方式,发挥其重要的作用。

五 参考文献

[1]李克东.数字化学习(下)——信息技术与课程整合的核心[J].电化教育研究,2001(9):18-22页.

[2]何克抗.从Blending Learning看教育技术理论的新发展(下)[J].中国电化教育,2004(4):10-15页.

[3]刘恩山,汪忠.生物课程标准(实验)解读[M].南京:江苏教育出版社,2003.

[4]北京市基础教育课程教材改革实验工作领导小组.新课程下专题课例研究(2003—2004)[M].北京:首都师范大学出版社,2004.

(本文于2012年6月获“中国教育实践与研究论坛”征文评比大赛一等奖,并发表于《中国教育实践与研究指导全书》)

新课程课堂教学评价实施过程中的主要矛盾与应对策略

课堂教学是学校教育教学的主渠道。因此,对于课堂教学的评价,就必然成为关系到学校教育质量的一项最重要的评价。新课程本着“评价的根本目的是促进发展”的理念,在课堂教学评价方面提出了许多新的要求,这些要求对于促进课堂教学中教师的教学方式和学生学习方式的改变以及促进教师的专业化发展都具有重要的意义。不过,我们发现在实施新的课堂教学评价的过程中,也引发了一些新的矛盾,这些矛盾的存在阻碍着新评价方案的顺利实施。对此,我们必须给予高度重视,并努力加以解决。

一 新课程课堂教学评价实施过程中出现的几个主要矛盾

新课程在课堂教学评价方面提出的要求,可以概括为以下几个方面:第一,评价的主要目的是促进学生和教师的发展而不是鉴定;第二,评价的内容侧重于学生的学习表现而不是教师的教学行为表现;第三,评价主体强调多元化而不只是学校领导和教研人员;第四,评价方式强调多样性和多次性,而不是单一的、一次性的。在落实这些要求的过程中,主要出现了以下几方面的矛盾。

(一)评价体系相对复杂与人们追求简捷之间的矛盾

新的课堂教学评价强调多元化、多样性、多次性,这就造成了评价体系相对复杂与人们追求简捷之间的矛盾。

新的课堂教学评价体系中至少包含以下五个方面:第一,专家(研究人员)和管理人员的评价;第二,学生的评价;第三,教师的自评;第四,教师之间的互评;第五,教师对学生学习目标达成度的评价。这些评价活动的开展,涉及很多人和事,需要做大量的组织、管理工作才能有效实现。

要科学、有效地实现这些评价,需要的评价工具也很多。比如学生调查问卷或访谈提纲;课堂观察与评价量表(系列);任课教师自评量表;任课教师观察学生学习情况量表；目标形成性检测题；等等。这些工具往往也需要教师参与开发和研制。

总之，要完成新的课堂教学评价，需要做的工作非常多，工作的难度也比以前大大提高了。这些工作具体由谁来做，什么时间做，怎样才能做好等实际问题给学校和教师带来了许多困扰。因此，学校和教师都迫切希望新的课堂教学评价在操作层面上能够尽可能地简捷化。

（二）评价主体多元化与人们追求评价的权威性之间的矛盾

对于同一节课，不同的评价者常会给出不同的评价。比如，一节以讲授为主的课，教师讲解得非常好，使学生实现了高效率的接受式的学习。对于这样一节课，有的评价者认为这样的课有利于学生静下心来，高效地学习知识，因此应该算是一节好课；有的评价者则认为学生的主动参与度不够，学生的表现不活跃，所以不能算是一节好课。因此，评价主体多元化以后，常常会出现不同的评价者提出的评价意见不一致甚至完全相反的情况，而且各自都有自己的道理，使被评价的教师感到难以判断、无所适从。

另外，由于评价者的水平、层次参差不齐，所提出的评价意见也参差不齐，给被评价者采纳意见带来了困难。事实上，从被评价者的角度来看，他们并不希望评价太多，而是希望有比自己水平更高的、能够真正揭示问题、提出建议的评价者来对自己的教学做出评价。这样，他们就可以比较容易地从评价中获得改进教学的思路。

所以，评价的权威性还是必须重视的。

（三）“以学论教”与教师无法完全决定学生的表现之间的矛盾

许多教师对“以学论教”的提法仍存在一定的疑虑。尽管能够理解这种提法的积极意义，但又认为它存在着从一个极端走向另一个极端的嫌疑。理由是：教师无力完全决定学生的表现。因为学生是有意识的、独立的个体，他们的思想和行为并不是教师能够直接控制的，教师只能起到影响他们的思想和行为的作用。学生本身的特点，如原有的知识水平、思维品质、性格特点、学习习惯等，都会很大程度地影响课堂教学的状态和效果，而由此造成的影响是教师无法决定的。另外，教学内容的性质和特点也极大地影响着教学的方式和学生在课堂中的表现。

因此，很多教师对从学生的表现反过来评价教师的教学是存在一定的心理矛盾的。

二 应对建议

在实施新的课堂教学评价过程中，出现新的矛盾很正常。一方面是由于新的方案本身还需要进一步完善，另一方面是由于实施者在理解上和操作上还存在一定的问题。针对上述主要矛盾，我认为主要可以先从以下几个方面加以解决。

（一）学校要建立“分类组织、有效整合、及时反馈”的管理机制

尽管评价主体是多元化的，但是学校的教学管理部门仍然必须肩负起组织和管理课堂教学评价实施的职责。

由于新的课堂教学评价本身具有复杂性，要想在操作层面上尽可能简捷，就必须进行合理的组织。首先，要将各种方式的评价合理地分散在不同阶段进行；第二，要注重评价活动的有效性，分清哪些评价需要重复进行，而哪些评价在一定的阶段内不需要重复，从而避免时间和精力的浪费；第三，对于教师自评，要建立相应的管理办法，如定期检查和组织教师之间进行交流，从而督促教师认真完成课堂教学。

由于评价主体的多元化、方式的多样性，评价结果也必然很多。这些结果只有经过整合之后，反馈给教师，才能起到促进教师专业成长的作用。这个整合、反馈的任务也主要应由教学管理部门完成或组织完成。为了提高效率，学校务必要采用利用计算机管理评价信息的方式。

（二）学校应引入专业评价机构参与课堂教学的评价活动

课堂教学评价对于教师的教学行为是具有非常直接的影响的。科学、准确的评价可以有效地促进教师的专业发展，而错误的评价则会造成很大的负面影响。因此，提高评价的水平是非常关键的。

为了提高课堂教学评价水平，学校有必要引入专业评价机构参与课堂教学的评价活动。专业评价机构，拥有丰富的评价经验、多样的评价技术和评价工具，善于从多个角度对教学做出比较全面、合理的评价，并提出相应的建议。如果学校选择了具有一定的权威性的评价机构参与到本校的教学评价活动中来，就能在很大程度上解决自身评价的困难，提高评价工作的效率和质量，更好地实现以评价促发展的目的。

(三)学校应积极引导教师正确看待评价

任何一种评价方式都不可能是十全十美的,因此学校应该积极引导教师更多地关注一种评价方式的积极意义,一种评价对自己的启发作用,而不要纠缠在公平性等问题上。比如对待"以学论教",应该认识到它主要目的是引导教师关注自己的教学在促进学生积极学习方面的效果,而不要只关注自己的教学行为。至于由学生因素造成的教学效果不理想,评价者不可能不加分析地将其作为否定任课教师教学水平的理由,因此教师应该打消这方面的顾虑。另外,在课堂教学的其他评价形式中,教师的教学水平还有许多机会可以得到认可。

评价方式的改革一直是基础教育课程改革的瓶颈,是最具难度的部分。要建立起完善的课堂教学评价体系,并且得到广大教师的普遍认同还需要我们付出很大的努力,进行很多深入的研究。不过,我相信只要我们把握住"评价是为了发展"这一宗旨,且不断改进实施方式,最终一定可以取得成功。

三 参考文献

[1]朱慕菊.走进新课程[M].北京:北京师范大学出版社,2002.

[2]胡中锋,李方.教育测量与评价[M].广州:广东高等教育出版社,1999.

(本文于2010年9月获北京市基础教育课程教材实验(高中)2010年优秀论文一等奖,并发表于"北京市基础教育课程教材改革文丛"的《课程教材改革实验论文集(2009-2010)》一书)

高中“雁阵”合作学习教学模式中教师的角色定位

合作学习是新课程提倡的一种学生学习方式，而对于教师来说，就需要建立和运用与之对应的教学模式。我国在这方面的系统研究始于20世纪80年代末，首先在浙江、山东等地开展了较大规模的实验研究，极大地推动了合作学习理论的发展和本土化，已经形成了一些比较有效的教学模式。当然，关于合作学习教学模式的研究还远未结束，在教学实践中尚存在着许多不尽如人意的现象。因此，仍是一个需要重点研究的领域。

借鉴“雁阵”效应在管理中的应用，我校开展了“普通高中小班化条件下的‘雁阵’合作学习教学模式”研究，研究内容主要包括该模式的操作程序、教师角色、学生地位、教学组织形式、教学设计、教学基本原则和基本规范等。通过一个阶段的研究，笔者感到教师角色定位问题是一个非常关键的问题。因为，只有教师正确地选择了自己的角色，并且努力担任好这个角色，才能真正充分发挥“雁阵”合作学习教学模式的作用，做到对学生的学习既不包办代替，又不放任自流，使学生获得最大的学习成效。那么，在该教学模式中，教师究竟应该担任哪些角色呢？下面是笔者一些看法。

一　班级“雁阵”的组建者

在自然界中，大雁依靠长期进化所形成的本能自动结成合理的队形，一些强壮的大雁会交替领飞，带领着相对较弱的大雁完成整个飞行过程，共同到达目的地。而班级中的“雁阵”则需要教师经过精心设计才能组建起来并发挥作用。

在班级中组建“雁阵”时，可以先依据学生的学业成绩（包括测试成绩和平时成绩两个方面）进行初步排列，形成“雁阵”的雏形。之后，再根据学生的品德、学习特点、性格特点等方面的情况进行适当的调整。以一个有30名学生的班级为例，要组建生物课“雁阵”，可首先依据学生的生物课成绩排出名次，之后按照优秀生、中等生、薄弱生搭配的原则形成“基础雁阵”（3人一组），再将“基础雁阵”进行一定的组合，形成“组合雁阵”（4～6人），以便更灵活地组织“雁阵”合作学习。具体搭配情况如下。

名次	1	2	3	4	5	6	7	8	9	10
组号	1	2	3	4	5	6	7	8	9	10
名次	11	12	13	14	15	16	17	18	19	20
组号	10	9	8	7	6	5	4	3	2	1
名次	21	22	23	24	25	26	27	28	29	30
组号	1	2	3	4	5	6	7	8	9	10

这样，第1组就包括排名第1、20、21的学生，第2组包括排名第2、19、22的学生，其余以此类推。然后，将第1组和第10组合并成为第一“雁阵”（即第一大组），将第2组和第9组合并成为第二“雁阵”（即第二大组），其余以此类推。各大组中，学生的名次将会形成以下分布。

第一“雁阵”

20	1	21
30	10	11

第二“雁阵”

19	2	22
29	9	12

第三“雁阵”

18	3	23
28	8	13

第四“雁阵”

17	4	24
27	7	14

第五“雁阵”

16	5	25
26	6	15

这样的分布，最利于组织各种具体形式的“雁阵”合作学习，充分发挥“头雁”的带动作用。同时，各“雁阵”的平均水平基本相同，有利于开展“雁阵”间的学习竞赛。

人们常说“人无头不走，鸟无头不飞”，反映出一个群体要完成一项任务，带头人是极为重要的。在传统的教学模式中，带头人通常只有一个，那就是教师；而在“雁阵”合作学习教学模式中，带头人除了教师，还有各个“雁阵”的“头雁”，也就是各组的组长。这样一来，整个班级的前进动力就提高了很多。教师可以更多地通过指导和调控“头雁”的行为来调控整个班级学生的学习。

那么,在每个“雁阵”中,由谁来充当“头雁”呢?由于主要是解决学习上的问题,所以通常是让学习成绩最优秀的学生充当“头雁”。但是,充当“头雁”的学生除了要学习成绩优秀以外,还应具备以下条件:第一,责任心强,有奉献精神;第二,性格比较外向,具有一定的组织能力和表达能力。教师在确定“头雁”时,一定要权衡好这几方面的条件,找到合适的学生,这对以后“雁阵”合作学习的进行有至关重要的作用。

二 “雁阵”运行的调控者

根据学习内容的性质和难度,“雁阵”合作学习具体可以有以下形式:第一,对于难度较大的、开放性强的问题,可以由大组长组织本组 6 名同学共同研讨、交流,形成意见;第二,对于难度中等的问题,可以由小组长组织本小组 3 名同学研讨、交流,形成意见,之后,两个小组长再在大组中代表自己的小组发表意见;第三,对于简单的问题,或一些单纯记忆性的学习内容,学生可以 2 人结对,互问互答,互相检查,完成学习。在一节课的某个阶段具体采用何种形式,一般都是由教师来调控的。

另外,在教学实践中有时会出现以下现象:同样是采用“雁阵”合作学习教学模式,有的班学生学习状态极佳,成绩突飞猛进;而有的班则收效甚微,甚至成绩还有所下降。通过对这两种班级进行比较,笔者发现,效果不理想的班级主要存在以下几个问题。第一,“头雁”不带动。这是“头雁”的态度有问题。尽管我们在选择“头雁”的时候,会从多方面进行考虑,但是有些班级中实在找不到足够多的适当人选,也就只好选一些相对合适的学生了,这些学生中有的就存在态度问题。他们本身学习成绩不错,但是比较自私,不怎么关心集体。所以,在合作学习的过程中,他们常常不是积极地组织本组同学进行学习,而是自己做自己的。在这种事实上无“头雁”的状态下,其他同学的学习积极性也都比较低,所以成绩难免会下降。第二,“头雁”带不动。这是“头雁”的能力有缺陷。有的学生虽然成绩比较好,但学习能力并不是很强,学习知识比较慢,主要是靠勤奋刻苦才取得了较好的成绩。由于这样的同学自己在学习上就是比较吃力的,所以在带动、帮助其他同学方面往往有些力不从心。也有的学生是表达能力比较弱,自己明白但说不清楚。还有的学生是组织能力比较弱,不善于调动本组同学的积极性,造成组内学习气氛不够活跃,学习效果不理想。第三,“尾雁”带而不动。这主要是“尾雁”的态度或者性格的问题。有的组“头雁”很积极、也有能力,可是“尾雁”就是不合群,基本上不参与合作学习,这种情况不多见,但是一旦出现,"头雁"就很难处理。

所以,在实际应用"雁阵"合作学习教学模式时,教师还必须有很强的调控"雁阵"结构和运行状态的能力。首先是要重视"头雁"的培养,要积极地帮助"头雁"提高思想素质和组织、学习能力,转化那些有问题的"头雁",实在不行的,就要进行更换,以免产生负面影响。另外,要经常组织"头雁"与教师交流思想,让他们向教师反映同学们的意见和要求,使教师清楚地了解同学们在学习中遇到的困难和当前的想法,以便进一步调整教学。

三 学习过程的引导者

在"雁阵"合作学习中,教师直接向学生讲授知识的时间大大减少了,课堂上,很多时间是让学生自主学习。在这种情况下,如何保证学生能够全面地学到课程标准要求的内容,并能够将主要精力放在重点内容的学习上呢?这就需要教师精心设计出一个学习的"路线图",来引导学生在上课的不同阶段完成相应的学习任务。学生的学习,一定是教师指导下的学习,只有这样才能学得全面、系统、高效。所以,在"雁阵"合作学习教学模式中,教师的教学设计不但不能削弱,反而要更加重视。但设计的重点不再是教师应该怎么讲授,而是什么样的学习路线才能使学生更加顺畅地完成自主学习过程,什么样的问题和活动才能最大程度地吸引学生的注意力,激发学生的学习动机。

在"雁阵"合作学习中,学生最重要的学习资源是教材,其次是教师提供的学习资料,包括学案和现场投影展示的学习材料等。当然,如果扩展到课外,则还有互联网、书籍、报刊等很多学习资源。如何引导学生高效地利用这些资料进行学习呢?目前有两种基本形式。第一种是传统的口语导学,即从上课的导入开始,随着课的进行,教师根据自己课前的预设和学生学习的实际情况对学生的学习进程进行口头引导。第二种是文本导学,也就是导学案导学。它是将教师课前设计好的学习"路线图"直接印制出来,发给每个学生,让学生按"路线图"来了解学习的目标是什么,先学什么后学什么,解答哪些问题等。这种方式更有利于降低学生对教师的依赖性,提高学习的自主性。不过,无论是哪种形式,教师作为学习过程的引导者的角色都是不可替代的。

四 难点问题的点拨者

除了组织学生进行合作学习以外,对于一些难点问题,教师还是要及时点拨,避免学生将太多的时间和精力耗费在某一个难点问题上而耽误了其他重要内容的学习。某些难点问题,学生即使是合作学习也很难解决,这是由学生的知识水平和能力水平决定的。在这种情况下,教师必须站在更高的高度,化解难点,深入浅出地给学生解释、说明,必要的时候还要借助模型、图解、实验演示、多媒体等辅助手段,进一步提高突破难点的效率。

特别需要注意的是,点拨应该起到画龙点睛的作用,切不可演变成长篇大论的讲解。教师必须认真研究如何让点拨尽可能地少而精,一旦学生已经突破了关键问题,教师就要及时停止讲解,让学生重新回到自主学习、合作学习的状态中去。

五 学生学习的激励者

除少数学习动机特别强烈的学生外,大多数学生的学习都需要教师经常给予激励。对学生的激励,很多时候可以通过对各个"雁阵"的评价来实现。评价应兼顾过程性评价和阶段性评价。过程性评价就是在日常的"雁阵"合作学习过程中,对各个"雁阵"的表现进行评价。评价应以表扬为主,可采用积分的形式,先制定出各种鼓励学生积极思考、积极发言、积极合作的评分规则,再根据规则给各个"雁阵"积分,并经常性地公布积分情况,以此激发学生的竞争意识,调动学生的学习热情。阶段性评价就是经过一个阶段的学习之后,如半个学期或一个学期,可以根据学生的成绩对各个"雁阵"的进步情况做一个总结,通过比较,找出成绩最好的"雁阵"和进步最大的"雁阵"进行表彰和奖励,以此激励优秀者争取更加优秀,落后者奋力追赶。

综上所述,在"雁阵"合作学习教学模式中,首先,教师应当做好"雁阵"的组建者和"雁阵"运行的调控者;第二,要做好合作学习过程的设计者和引导者;第三,要做好难点问题的点拨者和学生学习的激励者。只有教师真正担当好这些角色,学生才能在"雁阵"合作学习中得到最大的收获。

六 参考文献

[1]北京市基础教育课程教材改革实验工作领导小组. 新课程下专题课例研究(2003—2004)[M]. 北京:首都师范大学出版社,2004.

[2]朱慕菊. 走进新课程[M]. 北京:北京师范大学出版社,2002.

[3]王志达. 浅谈美术专业课中雁阵法的应用[J]. 新课程学习(中),2012.

[4]张海晨,李炳亭. 高效课堂导学案设计[M]. 济南:山东文艺出版社,2010.

（本文是我参加国家级课题"普通高中小班化条件下的'雁阵'合作学习教学模式研究"的研究成果。本文于2014年9月获北京市基础教育课程教材实验（高中）2014年优秀论文一等奖，并于2017年9月发表于《科教导刊》）

“高中生物课学生学习活动系列微课的开发实践研究”结题报告

序　言

“高中生物课学生学习活动系列微课的开发实践研究”课题系北京市朝阳区“十二五”教育科学研究规划2014年度骨干教师专项课题，于2014年4月申报，经朝阳区教育科学研究规划办组织专家评审、区规划领导小组审批，2014年7月正式批准立项，2014年12月开题论证，至2016年11月研究结束，历时2年多，现已完成研究任务，基本实现了预定研究目标，取得了预期研究成果。

一　本课题的研究问题

（一）本课题的研究目的

高中生物课是科学领域的重要学科课程之一，其精要是展示生物学的基本内容，反映自然科学的本质。它不仅是一个结论丰富的知识体系，也包括了人类认识自然现象和规律的一些特有的思维方式和探究过程。然而，有很多学生却将生物课称为“理科中的文科”，认为要学好生物课，关键是多背知识点，这是错误的。学生之所以会形成这种错误的认识，与教师的教学方式以及相对落后的评价方式有很大的关系。

实际上，学生要学好生物课，一方面要努力掌握生物学的基础知识，另一方面要仔细领悟生物学家在研究过程中所持有的观点以及解决问题的思路和方法，而且要将这两个方面有机地结合起来。学生要主动地参与各种学习活动，在亲历资料分析、讨论辩论、实验探究、调查实践、模型制作等活动中习得生物学知识，养成理性思维的习惯，形成积极的科学态度，发展终身学习的能力。在活动中学习是学好生物课的最佳选择。

本课题研究的目的是通过对高中生物课学生活动的优化和系列化设计，切实促进高中学生生物课学习方式的转变；同时，对如何使以学生学习活动微视频为核心资源的微课在促进学生学习方式转变中发挥作用进行探讨。

（二）本课题的研究意义

1. 课题研究的理论意义

本课题对于完善和发展微课的设计理论，具有积极的意义。目前的微课大都是将教师讲解、演示的视频及其他相关资源提供给学生学习，而本课题则提出将学生学习活动的视频及其他相关资源组织成微课，供学生学习。若实践证明此方法可行，则可以促进微课设计理论的发展。

2. 课题研究的实践意义

新课程改革的一个突出特点就是要致力于转变学生的学习方式。改变原有单一的、被动的学习方式，建立和形成旨在充分调动、发挥学生主体性的多样性的学习方式，促进学生在教师的指导下主动地、富有个性地学习，是教学改革的核心任务。本课题研究正是围绕这一核心任务展开的。要真正、全面实现学生学习方式的转变，就必须对一门课程的学习活动进行系列化设计，使教师在课程开始之前，就已经对整个课程中的学生学习活动了然于胸。而且，由于有许多学生活动必须提前进行物质上和组织上的准备，若没有提前进行整体设计，往往会因来不及准备而放弃。另外，将微课用于教学，可以为学生提供能够按照自己的需求而选择利用的学习资源，从而帮助学生实现个性化的学习。因此，本课题研究对于在高中生物课中实现学生学习方式的转变具有非常重要的实践意义。

（三）本课题的研究假设

1. 高中生物课学生学习活动的系列化设计，对于在高中生物课中切实全面实现学生学习方式的转变具有非常重要的意义。学生学习活动设计的科学化、合理化、精细化，对真正提高课堂教学的效益具有至关重要的作用。

2. 观摩和评价其他学生的学习活动，有利于提高学生参与学习活动的水平和积极性，改善学习效果。

3. 微课对于促进学生学习方式的转变、实现个性化学习有独特的价值，是一种不容忽视的学习资源。

(四)本课题核心概念的界定

1. 微课

本课题中所说的微课,是指以微型教学视频为主要载体,针对某个学科知识点或教学环节而设计开发的一种情景化、支持多种学习方式的在线视频课程资源。

2. 学生学习活动

本课题中的学生学习活动是指学生学习过程中的外显活动,如展示、探究、讨论、辩论、实验操作、模拟操作等。

二 本课题的研究背景

(一)理论基础

1. 建构主义理论

建构主义理论认为,“所有知识都是被建构的,包括认知结构”。建构主义观下的教学,学生是学习的主体,教师在学生学习过程中通过组织、引导为学生的学习创设情境,提供支架,通过师生、生生之间的协作对话等学习环境要素,充分发挥学生的主动性、积极性和首创精神,最终达到使学生有效地实现对当前所学知识的意义建构的目的。

2. 发现学习理论

发现学习理论的积极倡导者布鲁纳认为,学习是主体主动地通过认知获得客观事物的意义和意象,从而形成认知结构的过程。他强调教师应当制订和设计各种方法,创设有利于学生自行发现、探索的学习情境,使学生的学习成为一个积极主动的“索取”过程。

3. 现代学生观

现代学生观认为学生是一个独特的、有完整个性和独立人格的完整的生命体,是一个发展的学习的主体。要充分发挥学生主体地位的作用,就要充分认识学生作为一个生命体地位的作用,以及充分认识学生作为一个生命体所具有的个性及人格特点,否则学生的主体性就成为空谈。

(二)相关研究成果

本课题是将高中生物课学生学习活动研究与微课的开发研究相结合的一项实

践研究。因此,涉及以下两个方面的研究现状。

1. 高中生物课学生学习活动研究方面

高中生物课是高中科学课程的重要组成部分,对高中生物课中学生学习活动的研究在国内、外都可谓由来已久。但是,在我国,比较集中的研究出现在2003年以后。2003年3月,我国教育部印发了《普通高中课程方案(实验)》和15个学科课程标准(实验),《高中生物课程标准(实验)》也自此出台。高中生物新“课标”明确提出要倡导探究性学习,力图促进学生学习方式的变革。因此,如何在高中生物课中设计、组织好学生的学习活动,就成为了我国高中生物教学研究的一个热点问题。经过10多年的研究,广大高中生物教师和研究人员在这个领域已经取得了很多成果,涌现了许多优秀的教学设计、课例和论文。这些成果一部分发表在《生物学通报》《生物学教学》等期刊中,更多的则出现在各地区组织的相关竞赛中或者是互联网上。

然而,通过对已有研究成果的归类分析可以看出一个突出的问题:从所涉及的教学内容来看,研究案例的分布是非常不均衡的,大多数案例都集中在某几个“热点”内容上,而其他许多内容都没有对应的案例。这表明对高中生物课学生学习活动的案例研究还没有系列化,仍有待完善。

2. 微课研究方面

在教育领域的应用中,微课(或微课程)的界定还不够明晰,在e-learning业界、基础教育领域、高等教育研究领域的定义和理解都各有不同。

在国外的研究中,2008年美国新墨西哥州圣胡安学院的戴维·彭罗斯(David Penrose)提出了“微课程”(Microlecture)概念,其核心理念是要求教师把教学内容与教学目标紧密地联系起来,以产生一种“更加聚焦的学习体验”。彭罗斯认为微型的知识脉冲(Knowledge Burst)在相应的作业与讨论的支持下,能够与传统的长时间授课取得相同的效果。他还认为微课程将提供一个知识挖掘的平台,并告诉学生如何根据学习所需搜索相应的资源;允许学生对自己的学习有更多的主动权,有针对性地开展学习;并且这种主题集中的微课程能够有效地节约学习时间。这种在短时间内提炼出核心概念的形式,引发了教师、学习者、研究者与利益相关者开始用一种新的思维方式开展教学。随着移动通信技术、社交媒体以及开放教育资源运动的发展,微教学模式逐渐在全球范围内兴起。以可汗学院与TEDED为代表的微型网络教学视频的出现进一步触发了教育研究者对微视频等运用于课堂教学的可行性探索,“翻转课堂”教学模式便是其中之一。

在我国，微课建设经历了三个发展阶段，即“微资源构成”认识与实践阶段、微课的“微教学活动”认识与实践阶段、微课的“微网络课程”认识阶段，每个阶段的微课概念内涵各有所侧重，微课表现形式也不尽相同，其功能特点和应用范围也不同。

然而，无论是国内还是国外，微课中的微视频基本上都是记录教师的讲解与演示，很少有记录学生学习活动的微视频。也就是说，将学生学习活动微视频作为一种学习资源的问题尚未得到充分关注。

三 本课题的研究过程

(一)本课题研究设计

1. 本课题研究的主要目标

(1)实现高中生物课学生学习活动的优化和系列化。

(2)开发出一套以学生学习活动微视频为核心的系列微课，初步建立高中生物课学生学习活动微课的内容体系和类别体系，初步形成对学生学习活动微课开发的途径、方法、策略、应用等问题的认识。

2. 本课题研究的具体内容

(1)选定对于学习高中生物课具有关键作用的学生活动，形成相应的活动方案。

(2)确定高中生物课学生学习活动系列微课的内容体系和类别体系。

(3)开发出一套以学生学习活动微视频为核心资源的系列微课。

(4)总结高中生物课学生学习活动微课开发的途径、方法、策略。

(5)探讨高中生物课学生学习活动微课的应用方式。

3. 本课题研究的重点难点

(1)课题研究的重点

①高中生物课系列活动的选定以及活动方案的编写。

②以学生学习活动微视频为核心的系列微课的开发。

(2)课题研究的难点

①高中生物课系列活动方案的编写。

②学习活动微视频的录制。

4. 本课题研究的过程步骤

(1)前期准备阶段(2014.2—2014.12)

①查阅了大量的相关文献、资料,确定了选题,撰写了课题申报书与设计论证,完成了课题申报。

②组织课题组全体成员学习了课题的相关理论和文献综述。

③撰写了课题研究方案,明确了课题组成员分工。

④撰写了开题报告,进行了开题论证,启动了课题研究工作。

⑤撰写了课题研究前期准备阶段工作总结。

(2)中期实施阶段(2015.1—2016.7)

①根据开题论证专家指导意见,进一步修改完善了课题研究实施方案,形成了课题开题论证书。

②组织了微课文本材料的编写。我们广泛收集了相关的教学设计,结合自己的理解,编写了系列微课的文本材料。我们梳理了现行的人教版高中生物教材中已有的活动方案,参考了浙科版教材中的一些活动方案,从《生物学通报》《生物学教学》等杂志、《教师教学基本能力解读与训练——中学生物》等书籍中析出了一些活动方案,从网络能获取的研究课视频中析出了一些活动方案,从各位参与研究的教师以往的教学设计中析出了一些活动方案。经过比较、筛选,我们最终选定了128个活动,由课题组成员分工编写了相应的微课文本材料。

③初步进行部分微课视频的录制、编辑和效果分析。我们挑选了一定数量的学生,在专门的场所对学生活动场景进行了录制。我们还对教师是否在视频中担任角色等问题进行了分析、研讨。

④撰写了课题研究中期诊断报告,进行了课题研究中期诊断汇报会。

⑤根据专家建议,精选了学生活动内容,确定了52个学生活动,对相关的文本材料进行了进一步的编辑整理,形成了《高中生物课学生活动指南》校本教材。

⑥继续进行微课视频的录制和编辑、完善,并进行微课资源的整合和小范围试用和效果评估,最终实现了30个微课的开发。

⑦经过总结和研讨,形成了"高中生物课学生活动微课开发的基本流程"。

(3)后期总结阶段(2016.8—2016.11)

①整理、分析课题研究资料,梳理研究成果。

②撰写课题研究工作总结和课题研究总报告。

③汇总课题研究成果,申请鉴定结题。

(二)本课题研究对象

高中生物课学生学习活动系列微课的开发实践。

(三)本课题研究方法

1. 文献研究和比较研究

主要通过互联网检索的手段查阅文献,搜集关于高中生物课中学生学习活动设计的论文、教学设计、教学课例(视频)和微课等,之后进行梳理、分类以及比较研究,确定出已有的成熟案例和有待开发的案例。

2. 教育行动研究

对已有的成熟案例加以实施,利用录像手段进行记录,之后进行效果评价,发现问题,提出改进方案,再次实施和评价,如此循环,得出最佳方案或是几种平行的方案,之后形成相应的微课。对有待开发的案例先完成活动设计,之后也按上述过程形成微课。

3. 个案研究

确定一定比例的学生,为其提供高中生物课学生活动系列微课。通过观察、访谈等方法,了解学生对系列微课的关注程度、学习情况,以及这些微课对其学习高中生物课的影响。

(四)本课题技术路线

确定学习内容和活动目的→明确活动方案→选定学生录制微课视频→设计问题,整合相关资源,构建微课→教师之间交流、评议、改进→选定学生适用,反馈意见→改进微课→在更大范围内试用。

四 本课题的研究发现

(一)高中生物课学生学习活动的系列化设计,对于在高中生物课中切实全面实现学生学习方式的转变具有非常重要的意义。学生学习活动设计的科学化、合理化、精细化,对真正提高课堂教学的效益具有至关重要的作用。

(二)学生对于观摩和评价其他同学的学习活动具有浓厚的兴趣。学生学习活动微课为这种观摩和评价活动提供了有利的条件,有助于提高学生参与学习活动的积极性,加深对活动的理解和认识,也有利于相关的知识技能的掌握。

(三)以高中生物课学生学习活动微视频为核心资源的微课,有利于高中生物教师在学生活动设计方面的交流。

五 分析与讨论

(一)对课题核心概念的认识

在教育领域的应用中,微课的界定还不够明晰,在 e - Learning 业界、基础教育领域、高等教育研究领域的定义和理解都各有不同。本课题中所说的微课,是指以微型教学视频为主要载体,针对某个学科知识点或教学环节而设计开发的一种情景化、支持多种学习方式的在线视频课程资源。这一概念,主要参照了胡铁生2013年提出的微课定义的3.0版。即:“微课又名‘微课程’,是‘微型视频网络课程’的简称,指以微型教学视频为主要载体,针对某个学科知识点(如重点、难点、疑点、考点等)或教学环节(如学习活动、主题、实验、任务等)而设计开发的一种情景化、支持多种学习方式的在线视频课程资源。”但是,我们并不同意“微课又名‘微课程’,是‘微型视频网络课程’的简称”的说法,因为这一说法等于是将“课”与“课程”和“课程资源”全都划了等号,显然是不妥的。

(二)对“学生活动微课”价值的认识

“学生活动微课”与常见的“教师微课”的最大区别,就在于它的视频记录的是学生的活动而不是教师的讲解或演示。那么,这又能带来什么不同的效果呢?经过实践和分析,我们发现最主要的区别就是会给观看者带来不同的心理感受和兴奋程度。面对“教师微课”,学生一般都是以一种接受的心态来观看的,通常不会有更多的心理活动;而面对“学生活动微课”,学生则往往是以一种审视的心态来观看的,在学习的过程中,会有更为复杂的心理活动。比如,同样是演示一个实验,如果视频中的演示者是教师,那么学生的心态就是视频中教师是怎么做的,将来自己也要那么做;同时,无论教师的操作多么规范,学生都会觉得是理所当然的,所以看的时候也不会有什么兴奋的感觉。而如果是一名同学(尤其是自己认识的、身边的同学)在演示,学生会带着一种更加关注的、审视的心态来看,很想看看这个同学做得好不好、对不对,与自己想象的是不是一样等。正是因为视频中演示者是自己的同龄人,而且其表现存在一定的不确定性,所以更容易引发观看者的关注和参与意识,这为实现观摩学习和评价学习创造了条件。也就是说,视频中学生的说法、做法可能是对的,也可能是错的,或者是对错夹杂的,观看视频的学习者不能以一种全盘接受状态来学习,而是要加上自己的判断。这就是“学生活动微课”与“教师微课”应用效果的显著区别。当然,“学生活动微课”视频中学生出现的错误,还要以某种方式(比如文字形式或教师演示视频的形式)让微课的使用者确认,以保证使用者最终获得正确的信息。

(三)高中生物课学生学习活动系列微课的内容体系和类别体系

1. 每个学生学习活动微课的结构

本课题研究开发的“学生活动微课”都具有相同的结构,都包含一个或几个记录学生活动场景的微视频、一套包含此活动目标、方法步骤、注意事项、效果监测等内容的文字材料和一个使用界面。使用界面我们采用的是 PowerPoint 的播放文件(pps 文件),利用超级链接将问题、视频和文字材料整合到一起,便于学习者使用。

2. 高中生物课学生学习活动系列微课的内容体系

我们以 2016 年 9 月最新出台的《以普通高中生物学课程标准(征求意见稿)》中的“教学提示”部分列出的教学活动为主要依据,结合现行的人教版高中生物必修教材,配合分子与细胞、遗传与进化、调节与生态三大模块的教学内容,选择了 52 个学生活动,构建起了系列微课的内容体系。

3. 高中生物课学生学习活动微课的基本类别

根据学生活动的性质、目的,我们将高中生物课学生活动微课分为以下八个类别:实验探究类、调查实践类、模型制作类、模具演示类、剧情表演类、讨论辩论类、资料分析类、技能训练类。基本类别的体系的确定,为后续的学生活动微课的开发和评价标准的制定奠定了基础。

(四)高中生物课学生学习活动微课的开发途径

本课题组认为,进行学生活动微课开发可按照以下途径进行:

1. 确定活动内容,编写活动方案

梳理现行的人教版高中生物教材、浙科版高中生物教材中已有的活动设计;从各种渠道获得相关教学设计,结合自己的理解,以分工合作的方式编写系列活动方案。有些课可以平行地编写几个活动设计方案,以适应不同层次学生的需求。

2. 实践检验,确定活动方案,形成案例

当教学进行到相应阶段时,负责该部分的教师及时进行实践,记录过程、效果和感受,从之前设计的各种活动方案中确定出最佳方案。

3. 录制微视频

挑选适当数量和层次的学生,在专门的场所重演课上的活动情境,由教师担任导演，由专业人员负责录制成视频。根据实际情况确定教师是否担任视频中的角色。

4. 以微视频为核心资源，构建相应的微课

以微视频为核心资源，配以相应的文本材料，如针对该视频所设置的引导学生学习、思考的问题，习题及相应的答案、解析等，构成学生可以在课外实现独立学习的资源，即微课。

5. 小范围试用，了解应用效果，为进一步的改进和推广提供依据

将开发出的微课提供给一部分学生，通过访谈、观察等方式，从知识、技能和情感三个方面考量学生试用的效果。根据效果反馈，对微课进行改进。对于确认效果理想的微课，可以在更大范围推广。

（五）学生学习活动微课开发的策略

经过比较，本课题组确定了学生活动微课开发的“平民化”策略。最初，我们选择的是“高端”策略，即设备、人员、场地、软件等方面都要求尽量专业，力争实现微课视频的高质量。但是一段时间后，发现在这个策略指导下，微课开发的进展非常缓慢。而在“平民化”策略指导下，课题组成员使用自己的手机录制微课视频，使用免费的视频编辑软件进行视频的编辑，大大提高了微课开发的速度，而且，也可以达到基本的使用要求。

我们认为，“平民化”策略应该是更符合实际的策略。因为，如前所述，学生活动微课的突出特点就是视频中的人是学生，这会让微课的使用者产生更多的心理活动。而且，如果是使用者身边熟悉的同学，对使用者的吸引力就会更大。所以，我们希望有更多的教师能够找自己的学生来录制微课视频，然后再与我们提供的其他素材进行整合，形成自己的“学生活动微课”，从而达到更好的使用效果。因此，微课开发的简易性、“平民化”是非常重要的。

（六）学生学习活动微课的应用方式框架

众所周知，我们一贯倡导要多让学生参加实验、探究、讨论、辩论等活动，为什么还要让学生去看微课中别的学生的活动呢？学生活动微课可以用在什么地方呢？

实际上，学生活动微课的应用与让学生亲自参与各种活动并不矛盾。学生活动微课可以用于真实活动前，起到引导学生自主预习的作用，有利于提高真实活动的水平和参与的积极性;可用于真实活动之后,作为复习资源,满足学生个性化学习的需求,也可以作为效果检测的资源来使用;还可以将其用于课堂,作为引出某个教学问题或更高水平学生活动的材料。另外,由于客观条件(如时间、设备、材料等)的限制,总有一部分活动在教学实践中无法真的开展,这时,学生活动微课可以作为一种有益的补充。

(七)对已开发的高中生物课学生学习活动微课使用效果的评价

经过课题组成员的努力,我们已经完成了核酸的组成(模具演示类)、细胞膜的流动镶嵌模型(模型制作类)、氨基酸与蛋白质(剧情表演类)、提取和分离叶绿体色素(实验探究类)、同源染色体的辨别(讨论辩论类)、识图和作图(技能训练类)等30个微课的开发。

在开发的过程中,我们一方面在课题组成员之间进行反复交流,相互提出改进意见;另一方面,也小范围地让一些学生试用,并说出他们的感受,进而对微课进行改进。我们随机选择了30名学生进行了微课的试用,同时提供了同一内容的教师演示视频作为对照,现场观察他们的使用状态,并在他们试用之后,让他们回答以下问题:你感觉使用这样的微课与使用教师讲解、演示的微课有什么不同?你可以从中得到哪些收获?你觉得老师应该怎样安排同学使用这些微课?首先,通过对试用者的现场观察,我们发现,初次接触时,所有学生对这种微课都表现出浓厚的兴趣;在试用了更多的微课后,学生会对这些微课的质量做出评价,指出哪些微课很有价值,哪些微课价值不大。对于后边的三个问题,学生的回答可以大致归纳为以下几点:关于学生活动微课与教师讲解、演示微课的不同,约83%的学生更加认可学生活动微课,理由是学生活动微课更有趣,更能吸引学生注意,更亲切,更好接受,给人留下的印象更深,可以发现自己与视频中的同学共同存在的问题等;约10%的学生更加认可教师微课,理由是教师演示的更清晰,熟练;约7%的学生认为差不多,都行。关于可以从中得到哪些收获,学生认为这些微课可以帮助他们巩固一些实验的操作要点、注意事项,发现一些易错点,促进他们对某些概念的理解。关于老师如何安排同学使用这些微课,约50%的学生认为可以上课时老师播放,同学一起观看;约50%的学生认为应传到网络上,让学生自己下载观看。

由学生的上述反映可以看出,学生在利用学生活动微课进行学习时,普遍感觉比较亲切、有趣、容易接受;学生使用的实际效果与微课本身的制作水平密切相关,在微课质量较高的情况下,学生认可这些微课能够起到帮助他们巩固技能、发现易错点、深化概念理解等方面的作用；关于微课的使用，约半数学生愿意与同学一起观看，另外半数的学生希望自己课外使用。

另外，课题组中的部分教师尝试在课堂上使用了我们开发的学生活动微课，普遍反映学生在课堂上的关注度和兴奋度明显高于以前在课堂上播放教材配套提供的教师演示视频。这说明，至少在引发学生的兴趣方面，学生学习活动微课有其独特的优势。

再有，在一些教研活动中，我们向其他学校的生物教师介绍了我们的研究思路，展示了一部分我们已经开发的学生学习活动微课。这些老师一致表示这是一项富有新意的研究，他们非常支持和赞赏我们的研究，并愿意按照这一思路在自己的学校进行尝试。

六 本课题研究的建议

(一)研究存在的不足及改进措施

本课题研究虽然取得了一定的研究成果，但仍然存在很多不足，比如，目前开发的学生活动微课大多还不够精细，数量也还比较少；创新性的学生活动设计比较少；学生活动微课应用效果的评价体系还没有建立；内容体系、类别体系、应用方式的研究还不够深入等。这些问题都需要进一步研究和探讨。

(二)本课题研究结论给予的启示

1. 理论方面

本课题提出可以利用学生学习活动系列微课来促进学生的学习。研究表明，学生对以学生学习活动为核心资源的微课总体上持认可的态度，从而说明微课的设计可以不局限于以教师讲解、演示的视频为核心，这是对现有的微课设计理念的一种发展。

2. 实践方面

实现了高中生物课学生活动案例的系列化和视频化，为高中生物教师之间交流学生活动设计、提高设计水平和实施水平提供了有利条件。

七 参考文献

[1]刘恩山 汪忠. 生物课程标准(实验)解读[M]. 南京：江苏教育出版社，

2004.3.

[2]朱慕菊. 走进新课程[M]. 北京:北京师范大学出版社,2004.7.

[3]梁乐明,曹俏俏,张宝辉. 微课程设计模式研究——基于国内外微课程的对比分析[J]. 开放教育研究,2013.

[4]吴秉健. 国外微课资源开发和应用案例剖析[J]. 中小学信息技术教育,2013(4).

[5]黎加厚. 微课的含义与发展[J]. 中小学信息技术教育,2013(4).

[6]唐军,李金钊. 中小学微课程研究综述[J]. 上海教育科研,2013(9).

[7]陆丽娟. 自主探究性学习活动的内容和形式. 百度文库 https://wenku.baidu.com/view/fed6230102020740be1e9bf0.html? from = search

[8]张静然.微课程之综述[J]. 中国信息技术教育,2012(11).

[9]王觅,贺斌,祝智庭.微视频课程:演变、定位与应用领域[J]. 中国电化教育,2013(4).

[10]李玉平.微课程——走向简单的学习[J]. 中国信息技术教育,2012(11).

[11]李玉平 张瑞琪.微课程:让学习更有效[J]. 今日教育,2014(3).

[12]胡铁生. 微课的内涵理解与教学设计方法[J]. 广东教育,2014(4).

[13]于江. 高中生物教学中学生主动学习策略研究[J]. 新课程研究,2014(10).

[14]叶惠良. 高中生物探究性课程资源开发的实践研究[J]. 中学生物学,2009(11).

[15]林国海. 高中生物自主探究性教学的实践与研究[J]. 考试周刊,2010(37).

[16]吴金兄. 提高高中生物活动实效性的策略探析[J]. 新课程导学,2013(26).

[17]丁兰英. 新课改模式下微课在高中生物教学中的应用[J]. 吉林教育·教研,2014(19).

[18]田欣. 微课在高中生物教学中的应用[J]. 青少年日记·教育教学研究,2014(7).

[19]万晓军.基于 B – Learning 理念的高中生物微课设计与制作[J]. 中小学电教,2014(10).

[20]朱爱锋.生物微课制作及研究实践初探[J]. 教学仪器与实验,2014(11).

[21]教育部基础教育课程教材专家工作委员会 普通高中课程标准修订组. 普通高中生物学课程标准（征求意见稿）,2016 .

（本文的精简版于 2017 年 8 月发表于《新课程研究》）

第四章

来自实践的教育智慧

纸上得来终觉浅，绝知此事要躬行。尽管通过学习可以汲取前人许多的教育智慧，但要真正深刻领悟并运用到实际工作中，往往还要在实践中摸索。在教育实践中，教师总会遇到一些难以处理的实际问题，在设法解决这些问题的过程中，常常会迸发出智慧的火花。积累起来，就能成为自己一笔宝贵的财富。

本章主要以案例的形式呈现了我在长期的教育实践中感悟到的一些教育原理和方法。主要包括如何充分发挥情感在教育教学中的作用，如何利用适当的角色调动学生学习的积极性，如何用认可引导学生走向成功等等。希望能引起您的共鸣。

情感的力量

2003 至 2004 学年,我担任了高三 5 个班的生物教学工作,周课时 20 节,每班还各有 1 节辅导课,这真是一个“恐怖”的任务。这是我第一次带高三,任课班级又很多,所以感到压力比以前又大了很多。而且,这一年我还要参加同等学力人员申请硕士学位的全国统一考试,也需要很多时间和精力进行准备。我能不能过得了这一关呀?

好在有一点我是很有信心的,那就是我和这届学生的关系非常好,已经建立了深厚的感情。我想,有了这个有利条件,再加上高二的基础打得也比较扎实,高三应该也还可以吧。关键就看学生能不能保持住学习的积极性和主动性。

我首先找来了各班的课代表,把自己既想保证同学们的成绩,又想学习深造的想法坦白地告诉了他们,问他们怎么办。我的这几个课代表都特别好,他们说:“老师,您不用着急,我们支持您!您只要给我们上课就行,作业可以不用判,把答案发给我们,我们安排同学之间相互判。同学们有问题的话,我们先试着给他们讲,实在不会的,让同学们上课的时候问您。”和课代表沟通以后,我又分别在各班说了我的情况以及课代表的建议,问大家行不行。结果学生一致表示同意。其中一个班的学生,还在课代表的提议下,全体起立为我鼓掌,祝我考试成功。面对学生的支持,我十分感动,同时一种强烈的责任感油然而生。我暗下决心,等 11 月我考完以后,一定加倍努力,回报学生。

结果,神奇的事情发生了:我的学生在老师不能全力以赴抓教学的情况下,各次重要考试的平均成绩一直排在全区第二、三名的位置,最终的高考理综成绩也很突出,排在全区第三名;而我也顺利地通过了考试。

能取得如此好的成绩,我自己都有些意外。我想,这一方面得益于在高二我帮学生打下了良好的基础;另一方面,就是我们建立了深厚的师生感情,有了相互帮助、相互支持的默契。那一届的学生也格外懂事,我的课代表还经常主动帮我布置作业、检查作业,让我特别感动。最后,我总结了一句话,就是“师生心齐,成绩一定没问题!”

2004年11月，在北京市朝阳区2004年中高考工作总结会上，我作为教师代表，以“投入真情，探求良方，切实提高教学质量”为题进行了发言，受到与会领导和老师们的一致认可。

良好的师生关系是搞好教育教学工作的前提和重要保证。我们一旦与学生建立了友好、真诚、合作的关系，就可以在教育、教学工作中取得事半功倍的效果。这些年的工作使我越发真切地感受到这一点，并且越来越注意积极地去创建融洽的师生关系。

第一，我努力在课堂上营造一种和谐、愉快、民主、合作的气氛。尽管老师和学生在年龄上有很大差别，我们老师是长辈，但是在人格上，我们与学生应该是平等的。所以我总是提醒自己，一定要尊重学生，将学生作为平等的合作者来对待，与学生共同探讨、共同交流，而不要强行灌输，强迫学生接受老师的观点。这样可以让学生更乐于参与到教学活动中来，感到自己也是教学活动中的主要角色。在教学中，我尽可能使课堂教学不单纯是传授知识和培养能力的过程，同时还能成为我和学生进行情感交流的过程，成为建立和培养师生感情的过程。我想，说到底，教学活动终究是一种关心和帮助学生发展的过程，只要我们能从这种基本观点出发，真诚地关心学生的思想和感情，热心地帮助他们获取知识、发展能力，学生就会自然而然地和老师建立起越来越深的感情。

第二，给学生帮助老师的机会。在学校里，老师作为教育者、成年人，似乎并不太需要学生给予什么帮助。而实际上让学生有机会帮助老师是一举两得的事。一方面，学生确实可以帮助教师提高教学水平。只要教师肯虚心听取学生的意见，学生就会提出许多有价值的建议，从而使我们的教学更贴近学生的实际。我在教学中，特别鼓励能给我提出意见和建议的学生，而且从中得到很大的收获。即使是一些学习成绩暂时落后，没提过什么建议的同学，我在辅导他们的时候也发现了许多学生思维中共性的问题，从而提高了教学的针对性，这也是对我的帮助。另一方面，让学生帮助老师也有利于培养师生感情。学生通常都是非常愿意帮助老师的，你给了他们帮助你的机会，实际上也是给了他们和你成为朋友的机会。

第三，积极参与学生的活动。我发现，积极参与学生的活动非常有利于拉近师生关系、培养感情。我们年轻教师在这方面有自己的优势。比如联欢会上，我用一曲吉他弹唱就迅速地拉近与学生的关系；在学校组织合唱比赛的时候，我主动帮助学生排练，让一个本来实力较弱的班级赢得了二等奖，学生们都兴奋地把我围在中间，欢快地与我分享着胜利的喜悦。一次春游、一次师生同台表演都可以使我和一些平时交往很少的学生成为朋友。

我发现我与学生交朋友，学生就愿意和我说真心话，使我能了解他们的内心活动和真实想法，进而才能更有针对性地开展教育、教学工作；当我把自己当作学生学习的帮助者而不是一个强迫者，学生既把我当作老师、又把我当作朋友的时候，他们才能真心地喜欢我这个老师，继而喜欢我所教的学科。人都是有感情的，教学任务再重，我们教师也不能成为教书的机器，学生也不该变成学习的机器，无论是教的活动还是学的活动，都是建立在一定的情感基础之上的。

由于注意发挥情感的力量，我的教学工作一直都很顺利，也很愉快。我觉得这一点在激发工作热情，维持工作动力方面是极为重要的。我与学生形成了互相帮助的关系，我帮助他们学习，他们也帮助我提高教学水平。这样，我的工作压力就减小了，工作的效率也提高了。

要特别注意保护学生的自尊心

——一次课堂纪律问题引起的思考

这是发生在高三年级的一件事。从整体上看，高三 4 班是一个相当不错的班级，学习态度认真、踏实，成绩也在年级中名列前茅。进入高三以后，同学们都开始更加努力地学习，可是有一位同学的表现却非常特别，并且引起了我与他之间的一次冲突。

有一天上课，我发现高峰（化名）坐在了一个很特别的地方——教室里的座位是排成六列的，他却一个人坐在行列之外。于是我问他为什么这么坐，他回答说自己视力下降了，坐在后边看不清楚投影屏幕。听了他的解释，我也没特别在意，觉得这样也没什么关系，便开始上课了。然而，在上课的时候，我发现他根本没有认真听讲，也不看投影屏幕，而是不停地和旁边的一个女生说话。我对他暗示了几次，都不管用，后来不得不直接点名要求他不要说话，不要影响别人上课，他才稍微好了一点儿，但是实际上也没有完全安静下来。

第二天上课，他的表现还和昨天一样，不停地小声说话，提醒也不管用，我真的生气了。我停止了上课，当众大声而严厉地批评了他，并且要求他必须停止说话、认真听讲，否则就回到原来的座位上去。课后，我和他的班主任交流了一下，看这件事应该如何解决。班主任说她并不知道高峰上课换位置的事，因为自己上课的时候，他并没有坐到前边来，也没有讲过视力下降之类的理由。这样一来，我便认定他是找借口，要坐到那个女同学的旁边说话。那么，是不是只有上我的课是这样呢？我到班里找了一个同学一问才知道，别的课也有时候坐到前边来，唯独班主任的课不敢动地方。

后来班主任了解了情况，发现他说自己视力下降虽然一方面是给自己找借口，但也确实存在，只是没有那么严重。最后班主任还是允许他坐在前边了，就在第一排，条件是一定要认真听讲，不能和其他同学说话，否则就回到原来的地方。

然而，后来的情况却更糟糕了。在这之前，他上课时主要只和一个同学说话，被批评而且调了座位以后开始和更多的同学说话，我感到他严重地影响了课堂纪律，影响了周围同学的听讲和我的教学。他周围的这几个女生平时上课表现都是不错的，就因为他的存在，使得这几个同学也跟着不认真听讲，却和他有说有笑。我不得不再一次批评他，然而他的态度也开始恶劣起来，不但不接受批评，而且嘴里还低声地骂骂咧咧，于是我们的矛盾开始有点激化了。

我必须要及时地解决这个问题，因为它已经严重地影响到我的教学。那么，如何解决？现在他有点儿故意和我作对的意思，我应该怎么办？只能是再和班主任联系，让班主任把他调回原来的座位，如果他还捣乱，就送德育处处理。可是这样一来，就会更加激化师生矛盾。记得上一届高三5班，也出现过一次类似的因学生纪律问题而造成我和两个同学关系紧张的事情，当时是到德育处解决的。问题虽然解决了，但是一直到毕业，我和这两个同学的关系也没有缓和。我想，这次能不能换一种方式来处理，既解决了问题，又不要形成师生矛盾。

通过冷静地分析，我发现高峰同学态度越来越不好，和我的处理方式有关。从本质上看，他还不是那种特别恶劣的孩子。由于我在全班多次点名批评他，使他感到在同学面前失去了面子，在自尊心的作用下，他不愿意成为默不作声的被指责的对象，所以明明已经意识到自己错了，也不肯承认，反而要通过对老师的反抗来向同学证明自己不怕老师，挣回一些面子。在这种情况下，无论对他说什么，他都不会接受的。那么，怎么解决眼前的说话问题呢？我突然想到，课堂上说话，一个人是说不起来的。尽管引起说话的主要是高峰，但是，周围同学如果都不和他呼应，也不会出现现在这样的状况。所以，我准备从这些同学入手来解决问题。我发现高峰和他自己换位置时所挨着的那个同学关系不错，所以首先就找到她单独谈了一次话，告诉她现在高峰有比较大抵触情绪，对于老师的批评听不进去，老师想请她帮助做高峰的思想工作，改掉课堂上说话的毛病；帮他分析老师之所以批评他，也是为了他和全班同学。之后，我又先后单独找后来坐在他旁边的几个同学，跟他们讲当前的状况，希望这些同学控制好自己，不要和高峰呼应，要劝说他别上课说话。

这样一来，高峰果然说不起来了。刚开始的时候，他就自己摆弄点东西，还是不听课，我也没特别强制他。后来，在讲课的时候出现了一个机会，就是当我讲到一个让同学惊讶和意外的事情的时候，他突然提出一个问题来。我借此机会，开始重新和他对话。之后，一切开始向好的方向发展了。

一名教师要面对众多的学生。这么多的学生不可能在所有情况下个个都做得让老师满意，所以老师经常会出现对学生感到不满的情况。在课堂上，即便只有一个学生和老师发生不愉快,这节课也很难上好。所以,在处理学生问题的时候,必须把握住一点——不能激化师生之间的矛盾,否则只能导致负面的结果。无论什么学生都有自己的自尊心,学习成绩不好的学生往往更为敏感。如果老师让他们在全班同学面前感到失去了自尊、丢了面子,那么他们就会以教师想象不到的态度来回应教师,使教师也感到尴尬、难堪和气愤。所以,面对出现问题的学生,必须要冷静而策略地处理。第一,不要激化矛盾,当前不好解决的问题,稍微过一段时间之后再解决,耐心等待教育时机。第二,对事不对人,强调他当前的错误,而且要强调最明显的错误,让他无法否认。第三,最好单独谈,不要让第二个人知道老师找谁谈话了。第四,当有两个以上的学生同时造成问题时,从最薄弱的一个学生开始入手解决。我们老师总是把注意力都集中在"祸首"身上,而忽略了其他人。这样,这个"祸首"就觉得老师总是针对他。比如在课堂上说话的问题,这个同学会想,大家都说话了,为什么不批评别人,只批评他一个。从最听话的学生入手来解决问题才是明智的做法。第五,可以借助其他学生的力量来帮助老师解决问题,往往能取得事半功倍的效果。

用认可将学生引向成功

人都不是完美的。作为还处在发展中的人,学生身上往往存在很多缺点和不足,有时这些缺点和不足还特别明显,以至于将优点都掩盖了。然而,如果我们教师满眼看到的都是学生的缺点,那么将很难把学生教育好。

通过长期的实践,我发现教育的一个基本原理就是要通过认可学生的优点来引导学生改正缺点,弥补不足,走向成功。以下是两个具体的案例。

案例1:“睡神”的觉醒

在刚刚毕业的这届学生中,李飞(化名)是变化最大的学生之一。在我刚接班的时候,很快发现有一个男生在上课的时候特别容易犯困,好像总也睡不醒的样子。我心里暗自打鼓,难道这次我又遇见“睡神”了?这个学生就是李飞。课堂上,常常发生这样的场景:我上课还没过5分钟,李飞就开始“伏案睡觉”;我赶紧提醒他,他一般会坐起来,继续听课,但过不了多久就又趴下了。不过,如果提醒的次数太多了,他便会表现出很不耐烦的样子,这让我对他产生了很不好的印象。后来,班主任告诉我,李飞是一个留级的学生,问题比较多,不太好管。他生物会考已经通过了,所以如果他实在听不进去,就先别管他了。但是,课堂上总有个学生在睡觉,这也太不像话了!提醒也不管用;批评了他两次,感觉师生关系还有点紧张了。这可怎么办呢?

正当我一时间不知如何是好的时候,出现了一个机会。这是一节试题分析课,我决定让学生发言为主,我只做点评。我首先给各组分配了任务,让学生分组讨论,并且告诉学生讨论结束后,每组都要派出一个代表在全班进行讲解。正巧那天李飞的精神特别好,也参加了讨论,表现还挺积极的。我打算听听他在说些什么,于是,便慢慢地走到他们小组旁边。这一听,发现他分析得还真不错。原来,他的思维能力还是挺强的,我一直都没有发现。于是,我赶紧抓住时机,表扬道:“李飞,可以呀!你这个分析很不错呀!”然后,我问他们组的同学,一会儿让李飞代表小组发言好不好,大家都非常赞成。李飞的发言得到了全班同学的掌声,从他的眼神中,我看到了满满的自豪。

课后,我趁热打铁,找李飞聊了一会儿。我说:“你的思维敏捷,很有逻辑性,成绩怎么会这么不好呢?”这时的李飞,早已没有了抵触情绪,非常坦诚地对我说:“老师,我就是特别懒,基础知识很多都不知道。”我说:“你看,你思维能力、推理能力这么强,这对于高考来说是非常有利的。如果你能再花一点儿力气,多掌握一点儿知识,成绩一定能大幅度地提高!”他说:“好吧,老师。我试试。”

在这之后,我经常创造一些机会让李飞在班级中表现他的优点,他课上睡觉的情况也越来越少,最后基本上没有了。生物课的成绩逐渐上升到了班里的前五名,同时,也成了最支持和拥护我的学生之一。

在这个案例中,由于我及时地发现了学生的优点,并不断用认可来强化他的优点,帮他建立自尊,进而促使他主动地弥补自己的不足,实现了从消极应付到积极进取的巨大转变。

案例2:“作业记录单”的力量

以前,我记录学生的作业成绩,都用年级统一印制的成绩册。这种成绩册其实就是一张大表,前两列是学生的学号和姓名,之后有20多列用来记录成绩的空格。每张这样的成绩册,能记录很多次成绩,所以一般来说,一个学期有两、三张就够用了。两年前,我突然发现,当我想用投影把学生的作业情况向全班公布的时候,这个成绩册就显现出一些问题:第一,每一屏只能投影十来个学生的成绩,若要把全体学生的成绩都显示出来,字就变得很小,后排的学生就看不清了,所以要想把几个学生的成绩进行对比,就得反复上下移动成绩册,很不方便;第二,由于成绩册上有很多次成绩,当我想只突出最近一次成绩的时候,其他成绩会造成干扰。所以,我后来自己设计了一个作业记录单,每张记录单只记录一次作业成绩,这样就解决了前面所说的问题。而且由于记录单上空间相对富裕,所以除了记成绩,我还会记录一些关于本次作业的其他的细节,比如书写情况,完成的比例,上交是否及时,等等。另外,对于表现比较好的学生,我就在他的名字前面画个五角星;若表现特别好呢,就画两个,甚至三个。有了这个作业记录单,我基本上每次上课前都先给学生反馈昨天的作业情况,表扬几名作业好的学生。本来,这是个很普通的做法,但我发现效果还真挺好。每次我把作业记录单投影出来,学生都会瞪大了眼睛使劲儿看,往往还要议论一番,表现得十分关注。而且,一些原来作业上交情况不太理想的班级,也有了明显的改善。

今年，在这届学生毕业的时候，一个女生给我写了一封感谢信。在信中，她专门提到了作业记录单对她的影响。她说："高二刚接触生物课的时候，我对自己特别没有信心，觉得很难学。有一次，您在展示作业记录单的时候，在我的名字前面画了两颗星，并且特别表扬了我的作业做得规范、美观，让大家向我学习。这大大地鼓舞了我学习生物课的积极性，让我下决心一定要把生物学好……"这位同学内心的想法，是我未曾想到的。我没想到这么一种非常普通的做法，竟然能在学生心中激起这样大的波澜，发挥这么大的作用。

这，也是认可的作用！在学生的内心深处，都有一种被老师、被同学认可的渴望。认可能够让他产生自尊，自尊就会让他产生动力。以作业为例，一个学生，用了很长的时间，花了很多的心思，完成了老师布置的作业，如果老师只是简简单单地给他写上一个"阅"字，那肯定会严重打击学生做作业的积极性。即使在特殊情况下，我们确实来不及详细评阅学生的作业，也至少要根据他作业的大体情况，写上"已完成""基本完成""完成了一半"等评价性的语言，用以表示对他的认可。我们常会觉得学生完成作业是天经地义的，这没什么值得表扬的，否则表扬就会变得没有"含金量"了，其实不然。尽管学生完成作业确实是天经地义的事儿，但是毕竟他付出了很多的时间和努力，这种付出就值得我们称赞和认可！你表扬他一下，肯定他一下，就能够让学生感到老师对他的理解和认可。我现在一直用这种方式来鼓励学生完成作业，在实践中取得了很好的效果。

正如著名的教育专家王金战老师在他所著的《王金战育才方案：学习哪有那么难》中所指出的：人都有被肯定的需要，尤其是青少年，心智发育还未成熟，对自己行为的认识还很模糊。在这种情况下，他们做得对的就应该多给予肯定。这才能帮助他们树立正确的价值观，也能给他们继续前进的勇气。

用恰当的角色促使学生发挥学习的主动性

从上学期开始，我们学校要求老师们使用导学案进行教学。由于课前会安排学生完成导学案上的预习作业，所以上课的第一件事就要处理预习作业，然后再进行更深入的研讨。那么，用什么方式来处理预习作业呢？最初，我选择的是直接公布答案，因为我觉得这样最节省时间。公布答案以后，我会问学生有没有什么问题，若有问题，就解释一下，没有就过去了。上了几次课以后，我发现这种方法不行。因为学生的热情很低，课堂气氛很沉闷，连我自己都觉得很没意思。我想："可能是因为老师说答案没有什么悬念造成的吧。如果改成让学生说，应该会好一些。"于是，我就改成随机指定一些学生说出他们的答案，其他学生听，看看自己的答案是否与发言人的答案一致，若有不同意见，可以提出来进行争论。在这个过程中，我再对学生提出的答案进行评判、确认、纠正和补充等。这种方式的效果确实比第一种方式好一些，但是，学生的状态还是不够理想，说的学生和听的学生都还是比较松懈，课堂气氛还是比较沉闷。于是我又想："是不是因为预习作业大都是最基础的知识，对学生来说没有多少挑战性造成的呢？我能不能干脆不处理了？直接印发个答案行不行？"但是检测表明，学生对这些最基础的内容掌握得并不怎么好。也就是说，一方面他们有些"看不起"这些内容，但另一方面又没有真正掌握，所以我还是必须要进行处理的。这可怎么办呢？经过考虑，我采用了第三种方式，即先让学生在规定时间内与小组中的其他同学统一答案；之后，随机指定若干名同学站到讲台上来，不许看学案，脱稿表述自己预习的内容，并回答老师的提问；其他同学作为评委，给上台的同学打分。这样一来，情况和以前大不相同了。在准备阶段，学生们个个争分夺秒，尽快核对，之后又赶紧准备发言，忙得不亦乐乎；在发言阶段，发言的同学都会尽全力争取能有好的表现，而听的学生也都非常积极地对发言的同学进行评判。

后来，我对以上情况进行了分析，发现是角色的改变造成了学生学习状态的改变。在第一种方式中，学生都仅仅是听众和记录者，所以积极性都比较低。在第二种方式中，发言的学生是展示者，但是由于仅仅是照着已经写好的答案念，展示的层次是比较低的，所以他的兴奋度仍然不是很高；听的学生是监督者，但由于展示的层次比较低，所以作为监督者的关注程度也不会太高。在第三种方式中，在准备阶段，组内的学生之间是互助者，每个学生都是准备展示者；在展示阶段，发言的学生是展示者，而且是绝对的主角，听的学生是评价者。由于每个学生在每个阶段都有了适当角色和任务，所以，他们对学习活动的关注度就都变高了，思维的活跃程度也变高了。

这件事使我意识到了设计学生在课堂中的角色有多么重要。事实表明，学生的学习状态会随着他所扮演的角色的改变而改变。适当的角色会大大激发学生参与的积极性，即使是素质较差的学生，即使是学习一些枯燥的内容，仍然可以达到理想的学习状态。

每位教师都希望在自己的课堂上，学生能有理想的学习状态，即高度关注、思维活跃、情绪热烈、收效显著。但在实际教学中，这种理想的状态并不太容易出现。什么原因呢？我们常会想到以下几个方面：第一，学生素质差；第二，学习内容本身缺少吸引力；第三，教师教学能力弱或备课不充分，讲课缺乏吸引力。应该说，这些确实是造成学生学习状态不理想的原因，但是更主要的原因还是教师没有对学生的角色进行细致、合理的设计，而是只让学生当听众，当观众，或者是让学生“配合”老师来做出反应等。在这样的角色中，学生是很难保持理想状态的。

由此，我又联想起去杜郎口中学参观、学习时的所见所闻。当时，我觉得杜郎口中学最突出的一个特点就是强调展示。在课堂上，每个学生都要把自己解题的过程、学习的成果展示在属于自己的那块黑板上；若是发言，则必须要跑到中央位置去说。当时我还不太理解为什么要这样，也想过他们是不是在“作秀”呀，不过，不得不承认那里的学生确实比我们的学生学习积极性高多了。现在想来，杜郎口中学之所以强调展示，就是因为教师们意识到了让学生展示可以改变学生的角色和心态，使学生从“我是听众”“我是旁观者”变成“我是主角”。“我是主角”就意味着自己的表现正在受到大家的关注，只要是正常人，都会自然而然地提高对自己的要求，争取得到大家的认可。

学习杜郎口中学的经验，不一定都要准备出四面黑板让学生去写，因为那只是杜郎口中学根据当地的特点选择的一种形式，我们用不着照搬。但是，努力创设各种情境，让学生充当主角，让学生受到他人的认可、找到自身的价值，则是非常值得学习的。因为只有这样，才能使学生焕发出生命的激情与活力，自然而然地保持理想的学习状态。

用耐心和鼓励培养学生对学习的信心

在开展边缘生帮扶工作时，我们不难发现，有些学生见效快，有些则见效慢。作为教师，对于见效慢的学生，我们千万不能轻易放弃，一定要坚持到底，最终常常会有意外的惊喜。

在我去年辅导的边缘生中，孙兴地、张馨予两位同学就属于“慢热型”的学生。他们在辅导过程中成绩提高比较缓慢，但是在高考中都取得了非常理想的成绩，令人十分欣慰。

孙兴地是第一学期期末考试以后确定的一本边缘生。当时他的成绩是：总分443，生物45。他各学科比较均衡，生物成绩属于中等。在我告诉已经将他作为一本边缘生，以后会给予特别的关注和辅导之后，他在学习上有了一定的转变，但并不特别明显，这让我感到有些失望。不过，我还是决定要努力帮助他突破一本线。在辅导中我发现，他的特点是需要老师启发，老师一讲，他就能跟着说出后续的一些内容，但自己独立说则不行。这反映出他对知识的掌握不成体系，不够扎实。我根据他的情况，尽量在上课时多给他发言的机会，多让他回答问题，使他经常调动自己头脑中已有的知识，逐渐完善知识体系，澄清知识细节。一段时间后，他在生物课的学习上渐入佳境，对未来的考试也充满了信心。可惜，事情并没有像预想的那样一帆风顺。他在一模考试时的成绩是：总分473，生物50。总分是提高了，但生物成绩还低于一本线6分（期末时低于一本线7分），基本没有变化。我看他有些失望，赶紧找他谈话，告诉他，我已经看到他的进步了，只不过在这次考试中还没有表现出来，只要继续努力，下次考试成绩一定会有所体现的。二模时，他的成绩是总分502，生物57，总分和生物成绩都成功地突破了一本线。二模后，我因为还有新的边缘生要辅导，所以问他是不是可以不再参加辅导了，他很急切地说：“一定得继续呀！这次就是正好考到我比较会的地方了，其实我还有很多不太会的，老师您一定得继续辅导我呀……”这些话反映出他的心态非常积极，有很强的紧迫感。我感觉这样的心理状态非常适合开展辅导，所以就继续辅导他一直到高考。最后，在高考中他取得了年级第7名的好成绩，令人十分欣喜。

张馨予也是第一学期期末考试以后确定的一本边缘生。与孙兴地不同的是，她的生物成绩很低。她的期末成绩是：总分 442.5，生物 39。在辅导中，我发现她性格比较内向，话很少，即使上课提问她，她的回答也常常是磕磕绊绊，声音小得即使站在她身边也很难听清楚。在期末到一模这段时间，她常常是很疲惫的样子，还经常感冒。有一次我给她辅导，中间她竟然睡着了。有时，她会因为任务没完成而躲着老师。面对这种状况，我感到帮扶的难度很大。但是，仔细想想，其实她并不是主观上不积极，主要是精力不足。所以，我对她总是报以很宽容的态度，每当她没有按时完成任务时，我就半开玩笑地批评她一下，但从不强迫她，对于她将时间用在补习其他学科也表示支持。后来，我发现尽管她的生物成绩进步缓慢，但是总成绩进步还是比较明显的，基本能稳定在一本线附近了。而且她的精神状态也好了很多，人也比以前开朗了，一见我就笑。于是我就对她说："现在的你精神状态比以前强多了！突破一本线肯定没问题！"她听了以后，又不好意思地笑了。果然，在高考中张馨予的总分超过一本线 13 分，理综成绩比二模时高了将近 20 分，也算是比较理想了。

总之，开始时表现不好不代表最终的结果就一定不好。对于"慢热型"的学生，我们老师要格外有耐心。只要我们始终以饱满的热情对这些学生给予鼓励，帮助他们发挥潜力，他们的学习兴趣就会越来越浓，精神状态就会越来越好，成绩也必定会有所提高。即便成功来得没有那么及时，我们也要善于预见到美好的未来。幸福就在不远处等着我们呢……

用真情的发言激发学生的斗志

人的斗志是一种积极的情绪，也是一种有待开发的潜能，一旦引爆，就表现为强劲的力量。在一些特定的时间和场合，教师真情的发言往往能有效地激发学生的斗志，对学生的学习和成长起到明显的推动作用。

作为一个常年奋斗在高三的教师，我见证了许多激动人心的时刻，也多次在学生活动中承担发言任务。每次发言，我都要非常认真地进行准备，力争能感染学生，打动学生。我的准备过程大致如下：第一，根据发言主题确定演讲稿的基本内容的结构。第二，认真推敲每一句话，每一个词，设计好发言的细节。第三，讲前进行演练，推敲语气语调，以情动人。

以下是我的两篇发言稿，一篇是在高三启动会上的发言，另一篇是在高三成人仪式上的发言。

磨炼·成长·梦想

同学们好！

今天我们齐聚一堂，一是为了庆祝教师节，二是为了给同学们备战高考加油。人们常说，人生的路虽然很长，可最关键的只有几步。同学们，现在你们已经步入了人生中一个非常关键的时期，大家一定要把握好这不到九个月的时间，为了明年高考的成功，梦想的实现而全力以赴，奋勇拼搏！

作为老师，我们忘不了那些考取了理想大学的同学向老师报喜时喜悦、兴奋的声音，这声音我们总也听不够，因为我们由衷地为这些同学的成功感到高兴；但我们也忘不了那些没能考出理想成绩，与理想大学失之交臂的同学那遗憾、失落的表情，我们为他们而惋惜。我们多么希望有更多的同学能够圆了自己的大学梦呀！

同学们，高考就是一场激烈的竞争，竞争中，胜利属于强者。你们要成为强者，就必须经受磨炼。所以，在今后的日子里，老师对你们的要求将会更加严格，你们将面对更加艰苦的训练，我相信同学们能够理解老师的良苦用心。在我们中间，有不少同学在学习上还不够积极主动，学习方法、学习习惯也还有待改进，大家必须做好吃苦的准备。请同学们相信，成功的背后总是要付出艰苦努力的，即使是天才也不例外。在本届奥运会(2008 年北京奥运会)上创造了奇迹的游泳天才菲尔普斯一人夺得 8 块金牌，取得了巨大的成功。当我们对此惊叹不已的时候，要知道他的成功，也是靠艰苦的训练而得来的。他并没有因为自己具有天赋而少训练，反而练得比别人更多。别人每周训练六天，休息一天，他则是一周七天，天天都训练，这样一年下来就比别人多练五十多天。这足以说明勤奋的重要。高三对每一个学生来说都是最艰苦的一年，是对学习能力、意志品质和身体素质的综合考验。在外地，许多学生是报着"拿出半条命来"的思想来完成高三的学习的。在北京，尽管升学压力比外地小一些，但是，要考上比较理想的大学也同样具有很大的难度，竞争非常激烈。所以，我们必须勇于面对各种困难，发扬拼搏精神，只有这样才有机会成功。

对于同学们来说，拼搏，就意味着必须聚精会神地听好每一堂课，踏踏实实地夯实基础；意味着必须一丝不苟地做好每一份试卷，一点一滴地提升能力；意味着必须牺牲一些娱乐和休息时间，克服疲劳，全身心地投入学习；意味着必须认真地研究错题，杜绝失误，在不断的反思中提高成绩……

虽然不能说，这九个月的拼搏将决定同学们的未来，但是完全可以肯定，同学们的未来将因为这九个月的拼搏而更加绚丽多彩。

同学们，为了关注你们的目光，为了实现你们人生的梦想，你们必须奋力拼搏，勇往直前！老师愿意做你们的坚强后盾。我相信，只要我们共同拼搏，就一定能够取得 2009 年高考的成功。你们一定能够成为胜利者！你们的理想一定能够实现！

谢谢！

成人意味着什么

尊敬的各位领导、各位家长、各位老师，亲爱的同学们：

大家好！

今天我们在这里隆重集会，为高三年级的同学们举行成人仪式，作为教师，我们感到非常喜悦。首先，我代表高三年级的全体教师，向同学们表示衷心的祝贺，祝贺你们长大成人，祝贺你们成为共和国最年轻的成年公民。

同学们，18 岁是人生旅程中的一个里程碑。年满 18 岁意味着你已经长大了。长大又意味着什么呢？长大意味着你将更多地进行独立的思考和抉择并承担相应的后果；意味着在家庭中，你已经不再是个纯粹的依赖者，你开始逐步成为父母、长辈的依靠；还意味着在社会中，你已经不再属于纯粹的弱势群体，你开始逐步成为社会的中流砥柱。

作为一个成年人，你就要有成人的思索，成人的智慧，成人的坚韧和成人的力量。年龄上成人是自然而然的，而思想上、行动上成人则需要付出努力。18 岁已经将你从小我变为大我，从自然的我变成社会的我，所以，你不仅要对自己、对家人负责，更要对国家、对社会负责。

作为老师，我们最大的愿望就是将同学们培养成为热爱祖国、建设祖国、保卫祖国的栋梁之才。18 岁，若是在战争年代，就要时刻准备着为保卫祖国而走上战场，甚至献出自己年轻的生命。而生长在和平年代，则要以另一种形式来表达自己对祖国的热爱，那就是勤奋地学习科学文化知识，以优异的成绩考入自己理想的大学，去积累和掌握更多、更新的知识为祖国的建设服务，使我们的祖国在新时代的竞争中，立于不败之地。一个民族的振兴，一个国家的强盛，需要一代又一代人的努力。现在，事业的火炬即将传递到你们手中了，你们一定要做好充分的准备！

18 岁以前，有的同学盼望长大，因为他知道长大意味着独立和自主；也有的同学害怕长大，因为他知道长大意味着责任与义务，而他感觉自己还没有做好准备。无论你怎么想，现在的你已经长大了！那么就要愉快地享受你的独立和自主，自豪地承担起你的责任与义务！同学们，今天的你们拥有青春、富有朝气，但许多人还缺少足够的耐力和定力，也有些同学还沉浸在童年的感觉之中，不愿离开。老师希望你们能积极地迎接风雨，主动地经受磨炼，早日成熟，担当重任。

同学们，愿你们从今天开始，以成人的言行、成人的形象，不断地超越自我、完善自我，迈出走向美好未来的坚实一步！

谢谢大家！

这两次发言，我说了我想说的，我该说的；说得慷慨激昂，说得情真意切，用我的热情与真心感染了学生，激发了学生的斗志，唤起了学生的使命感和责任感，取得了很好的教育效果。

第五章

总结提升 砥砺前行

写总结是帮助我们提升学习、工作质量的一种重要方式。它可以促使我们认真梳理一个阶段以来所做的事情,品评其中的利弊得失,为今后的学习和工作指明方向;它还能够帮助我们由感性认识上升到理性认识,在更高的层面上发现事物发展的规律,进而运用这些规律,指导我们不断前行。

本章收录的是我在教学、研修及教研组工作等方面的6篇总结。这些总结不仅对我本人的提升起到了重要的作用,其中大部分还作为交流材料,与相关的老师们进行了分享。在此,我把它们呈现在这里,希望能为更多的同行提供一些参考。

关于如何做好高三复习的几点体会

——在北京市2010年高考工作会上的发言

各位老师：

大家好!

我是北京市和平街第一中学的生物教师潘勇。非常高兴有这样一个机会和大家一起研讨高三生物教学的问题,向大家学习。

最近5年,我一直担任高三教学工作,今年还跨头任高二的课。回顾近几年的高三教学情况,我感到只有同时做好“讲、练、促”这三件事,才有可能取得比较理想的成绩。

一 讲什么和怎么讲

高三复习课应该讲什么、不应该讲什么是需要根据学生的具体情况而进行梳理和选择的,一定不要泛泛地什么都讲。一来时间不允许,我们生物课的时间是非常有限的,必须有节约时间做最重要的事情的意识;二来有些不该讲的,我们总是讲,就会引起学生厌烦,这对开展教学是很不利的。如果造成了学生对我们能力的怀疑,那么问题就更严重了。另外,什么内容应该先讲后练,什么需要先练后讲,也都应该有一定的安排。

(一)多提炼出一些精华给学生,赢得学生的信赖

高三复习课,用什么来调动学生的学习热情?复习的内容,都是学生已经学习过的知识,有些甚至是已经复习过不止一遍的知识,所以,学生很容易出现学习积极性不高,乃至感到厌倦的现象。我上课的时候,也常会遇到这样的问题。在不断尝试改进教学的过程中,我发现了一个规律:每当我给学生讲一些自己提炼出来的概括性强、规律性强、技巧性强的内容的时候,学生的学习积极性就会比平时高很多,我自己讲起来也格外兴奋、自信。因为这些内容有些是我自己通过长期摸索创造出来的,有些则是向同行学习得来的,都是高度概括的知识或技巧,是教科书上

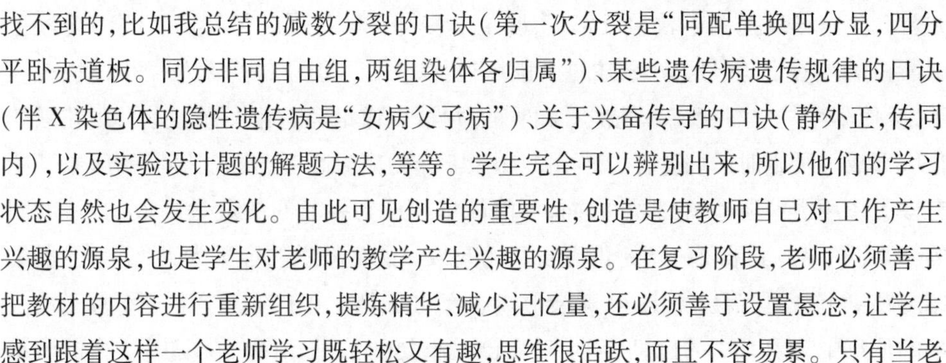

找不到的，比如我总结的减数分裂的口诀（第一次分裂是“同配单换四分显，四分平卧赤道板。同分非同自由组，两组染体各归属”）、某些遗传病遗传规律的口诀（伴X染色体的隐性遗传病是“女病父子病”）、关于兴奋传导的口诀（静外正，传同内），以及实验设计题的解题方法，等等。学生完全可以辨别出来，所以他们的学习状态自然也会发生变化。由此可见创造的重要性，创造是使教师自己对工作产生兴趣的源泉，也是学生对老师的教学产生兴趣的源泉。在复习阶段，老师必须善于把教材的内容进行重新组织，提炼精华、减少记忆量，还必须善于设置悬念，让学生感到跟着这样一个老师学习既轻松又有趣，思维很活跃，而且不容易累。只有当老师使学生产生了这样的感觉之后，学生才能心甘情愿地、主动地跟着老师学习、听从老师的安排。反之，如果学生觉得是否跟着老师学是无关紧要的，那么老师的所有指导都会变得非常无力。

（二）讲出横向联系和纵向联系

在生物复习过程中，教师应引导学生对基础知识加以整理和归类，使之成为知识链和知识网，便于学生理解性记忆和回顾。如，脱氧核糖——脱氧核苷酸——基因——DNA——DNA结构和复制——基因表达——基因突变——可遗传变异来源——进化。这样帮助学生归纳出一条主线，以利于学生系统地获得知识，活跃思维。这是纵向的联系。

还有许多横向的联系，比如育种的问题，就可以将杂交育种、诱变育种、单倍体育种、多倍体育种、基因工程育种、细胞工程育种等方式进行横向的比较，从而明确每种方式独特的价值和所需的条件。

不过，现在又出现了一个新问题，就是要排除辅导书的干扰。现在的辅导书上列表、比较、总结都很全面、详细。其中很多是我们一线教师多年教学总结的一些内容，现在被收集起来，印刷出版了。一方面，对于学生的独立学习应该是有好处的，但是在客观上也存在干扰教师讲课的作用。学生（尤其是学习上一知半解、眼高手低的学生）看见辅导书上有，就听不进老师的讲解了。也懒得做记录了。由于失去了这些活动，复习过程变成了“看”的过程，效果就大打折扣了。

（三）不能因为使用信息技术而将复习变成走马观花

我们一直努力尝试利用信息技术手段提高课堂教学的效率，然而最容易出现的问题也恰恰是我们常常会有意无意地增多教学内容，加大教学密度，扩展范围，并且认为这样就提高了教学效率,实际上学生却无法接受。尽管高三复习阶段上课所讲的内容都是已经学习过的,可以讲得快一点,但是太多的内容和过快地演示,会使学生的学习变成单纯地看和听的过程,就像走马观花一样。走马观花只能让人形成一种临时的、笼统的、模糊的印象。作为应对高考,笼统、模糊的印象又能有多大作用呢?所以,在教学方面,不能简单地认为省时间的就是高效的,费时间的就是低效的,最重要的还是得看长久的效果。课堂教学的容量太大,学生的思维速度跟不上,一旦落后得太多,就会形成放弃的心理。由于许多学生还不善于从大量的信息中提取有用的信息,记录对自己最重要的信息,所以,在使用计算机演示的时候,对于一部分学生来说,实效性会比想象的要低。再有,由于内容比较多,即使是能够跟上的学生,课后能留有多少印象也是很难保证的。当然,究竟以什么样的容量和速度进行教学才能取得最好的效果是没有固定标准的,不同的班级往往有着不同的学习习惯、风格和节奏,我们得依据班级的特点来决定。

二 怎样组织训练最有效

高三复习中,进行一定量的解题训练是必需的。因为只有做题才能检验自己是否已经掌握了需要掌握的知识和技能,同时还能起到巩固知识、提高能力的作用。关于如何安排训练的时间和量,我有以下几种做法。

(一)少量多次

在复习阶段,每节课安排一个很短时间的测试或练习,称为"课前稍考"。最初,这是我们学校的一位年轻的化学老师采用的方法。由于效果显著,我们生物老师也借鉴了这种方法。我们分析这种方法之所以在提高成绩方面效果明显,主要是有效地吸引了学生的注意力,提高了知识的使用频率,及时地巩固了以前的学习成果,而且,由于量非常小,学生总有机会成功。如果做错了,问题也比较明确,对学生纠正错误也是非常有意义的。

(二)基础知识题要大量做,能力提高题要少而精

我们都提倡精练,然而这是总体上的要求。究竟怎样才能把握好这个度呢?做题太少,学生不足以领悟其中的规律;做题太多,又无暇领悟规律。这两种情况效果都不好。我认为从教师的角度讲,应该先根据自己使用某个题目的主要目的整体上把题目分为两类,即主要加强学生基础知识的题目和主要训练学生解决问

题能力的题目。这两类题目的题量应该有很大的不同。针对基础知识的题目,题量应该比较大,使学生能从多个侧面理解教材中的知识。因为只有通过对大量变式的认识,才能提高认识的层次,加深对知识的理解,巩固所学的知识。对于主要目的是训练学生解决问题能力的题目,题量应该少一些,让学生把主要精力放在理解、领悟解题的规律和出题意图等方面,以提高解题技巧。对不同类题目做不同的处理,给予不同的要求,是提高学生做题效率的必然方法。

(三)专项能力训练是非常必要的

在能力提升方面,我们注重通过典型题目的训练,使学生形成相对固定的解决各类问题的基本思路,从而提高学生的解题能力。纵观近几年的高考生物试题,在设计上确实是在由知识立意向能力立意转化,信息题、综合题、设计性实验题、开放题等考查学生诸多能力的题型已经成为了生物高考试题的命题取向,重点考查学生的理解、推理、独立设计方案解决实际问题的能力。可是,我们的学生恰恰在这些方面处于很薄弱的状态。所以,我们的备考必须以提高以上所说的几种能力为重点,只有这样,学生在高考中才能以不变应万变,获得成功。能力的培养绝非一朝一夕之功,能力的培养必须从小做起。要想在高三复习的几个月内将一个能力很低的学生培养成能力很高的学生,应该说是不太可能的。我们应该这样理解能力培养的问题:即我们的学生尽管在解题过程中表现得理解、分析、推理能力都比较差,但是这也并非证明他们真的就是能力很低的人,只不过在解题这项活动中没有能将其应有的能力充分地表现出来。所以,如果我们对学生进行一些专项能力训练,比如图解分析的“三看”(一看纵横坐标;二看曲线走势;三看特殊点,即起点、终点、交点、拐点),再如实验步骤设计的三大步(第一是取材、分组、编号、安置;第二是实验组和对照组的处理方法,其中注意对照原则、单因素原则、等量原则、平行重复原则等;第三是观察记录什么),使学生原本具有的能力最大限度地迁移到解题过程中来,那么就有可能实现解题能力方面比较迅速的进步。所以,有计划、有针对性(既针对学生、又针对高考试题)地进行专项能力训练应该是非常必要的。要想在复习阶段提升学生的能力层次,必须注意引导学生领悟。

三 如何促进学生增强学习动力

促进学生增强学习动力是个战略问题,应该给予充分的重视。解决好了这一问题,就会大大减轻教师在教学和组织训练方面的工作量。一旦学生积极起来了,老师就不用把大量的时间耗费在盯学生作业等问题上面了。那么,怎样有效地调动学生学习的积极性呢?

(一)使用好批评与表扬机制

学生都有一种天生的竞争意识。我们要利用好他们的这种意识,通过经常性的表扬与批评来影响学生的学习心态,调动他们学习的积极性。多与学生进行交流,了解学生情况。利用批改作业、课后辅导等途径,多了解学生的学习状况和想法。每次测验之后,都表扬成绩前五名的学生和进步最大的一名同学。这样一个小小的措施,就起到了一定的鼓励作用。

(二)具体示范效果好

对于我们的学生而言,仅仅以建议的形式指导他们要如何做,往往是不够的。因为,一方面有一部分学生可能根本听不进去(觉得没用或者不认同老师的建议);另一方面,有些学生虽然听进去了,也觉得是应该这么做,但自己还是不能转化为行动。所以,老师不但要指导、建议,更重要的是具体示范。

示范可以对学生有潜移默化的影响。比如复习的时候,采用的带领学生在书的空白处写要点的方法。如果只是要求学生记而老师自己不写的话,结果就会是只有很少数的学生能够做到。而在我的示范之下,绝大多数学生都非常认真地进行记录。就连平时基本不学习的一些学生,也很认真地记。而且由于我写得特别认真、工整,学生也就不由自主地模仿我,也非常认真、工整,创造的学习气氛也非常好。所以,老师如果有一些非常好的习惯,那么通过自己的示范,可以影响学生、教育学生。这一做法我要坚持,而且我还要注意形成其他类似的方法。

有些同学平时根本不学,在众多的原因当中,有一条就是确实是在学习的能力方面达不到老师预期的水平。所以,在老师进行教学的时候,他们往往跟不上老师的进度。于是落后得越来越多,最后干脆放弃。若利用一些比较简单的学习方式,老师又给出了明确的示范,人人都能达到,这部分学生也就塌下心来学习了。

(三)通过面谈或者笔谈的方式多与学生进行交流与沟通

就如前面所提到的,要提高学生的学习成绩,战略问题是要让学生和老师在思想上保持一致,有学习的劲头,能按要求完成老师布置的学习任务。然而,学生总会遇到来自自身的或者外部的各种各样的问题阻碍他们完成学习任务。在这种情况下,我们老师就必须有足够的耐心,付出足够多的精力,通过面谈和笔谈等方式,经常不断地与学生沟通,时而表扬鼓励,时而批评督促,使学生在心理上得到更多来自老师的关心与帮助,得到更多的积极的力量,从而战胜那些阻碍他们完成学习任务的力量,使他们能够战胜困难,取得进步。这也是我们特别要重视的一项任务。我们一定要通过与学生的沟通、交流,激发学生的学习动机。考后的改错本上,我都会用比较多的时间,写一写对他们的学习状况的看法,我发现学生大都很珍视这些文字。

(四)做好学业情况管理

我发现自己身边的一些老师,特别善于对学生的学业情况进行管理,我一直在努力学习他们的做法。其中跟踪记录是个法宝。用记录说话,学生往往就比较容易认识到自己的错误,从而形成自责的心理状态,这样老师就相对容易引导他们纠正错误。最近两年我也比较多地采用了这种方法(如成绩的跟踪记录)。绝大多数学生对于老师在学习上的严格要求是认同的,但是老师不能用讽刺挖苦的语言来表达这种要求,否则会引起学生的怨恨。有的老师对学生要求非常严格,学生都不敢在这门课的学习上偷懒、懈怠,但是他们又都非常尊敬和喜爱自己的老师。这是因为老师在严格要求学生的同时体现了对学生的关爱,让学生明确体会到教师的要求都是为了帮助他们提高成绩,而且他们提供给学生的方法确实非常有效。

(五)发挥情感的力量

良好的师生关系是搞好教育、教学工作的前提条件之一。我们一旦与学生建立了友好、真诚、合作的关系,就可以在教育、教学工作中取得事半功倍的效果。这些年的工作使我越发真切地感受到这一点,并且越来越注意积极地去创建融洽的师生关系。首先,我努力在课堂上营造一种和谐、愉快、民主、合作的气氛,注意尊重学生,将学生作为平等角色和合作者来对待,与学生共同探讨、共同交流,而不是强行灌输,强迫学生接受老师的观点。其次,给学生帮助老师的机会。我认为让学生有机会帮助老师是一举两得的事。一方面,学生确实可以帮助教师提高教学水平。只要教师肯虚心听取学生的意见,学生就会给教师许多有价值的建议。我在教学中,特别鼓励能给我提出意见和建议的学生,而且从中得到很大的收获。另一方面,让学生帮助老师也有利于培养师生感情。学生通常都是非常愿意帮助老师的,你给了他们帮助你的机会,实际上也是给了他们和你成为朋友的机会。再次,积极参与学生的活动。我发现,积极参与学生的活动非常有利于拉近师生关系、培养师生感情。比如联欢会上,我用一曲吉他弹唱就可以迅速地拉近与学生的关系;一次春游,就可以使我和一些平时交往很少的学生成了朋友。

人都是有感情的,我们教师不是教书的机器,学生也不是学习的机器,无论是教的活动还是学的活动,都是建立在一定的情感基础之上的。良好的师生关系可以减轻工作的压力,让我们工作得更加愉快。

(六)帮助学生改进学习方法

学习方法指导包括很多内容,但是我比较倾向于指导学生掌握一些最基本的学习策略,至于具体的方法和技巧,因为每个学生的情况有所不同,所以我感觉不便于做整体的要求。在学习方面我给学生提出的建议主要有以下三点。

第一,真正了解自己的学习现状。学生对自己学习情况的了解经常并不准确,比如常常会将“我知道了”误认为“我会了”,等等,这样就不利于制定符合实际的学习目标,导致不能及时弥补知识漏洞。要想真正了解自己的学习现状,就必须学会经常进行自我反馈,也就是会自己考查自己。比如通过做一些自测题或者进行某个知识点的默写或复述来检查自己对这个知识的掌握情况。检查自己的方法可以多种多样,但自我检查的意识一定要建立起来,这样一来,就可以越来越有针对性地进行学习,进步的速度自然也就提高了。

第二,真正注意在理解的基础上记忆,并建立知识网络。生物学科是一个需要记忆的学科,它的概念、图表、曲线、数据等,需要记忆的内容非常丰富,但是只要用心去琢磨,就会发现生物的记忆仍然有章可循。生物知识绝对不能死记硬背,要在理解的基础上记忆,只有真正理解了知识的内涵,才能透彻地领会知识、记忆知识。生物的知识点之间大多是关联的,而且这些知识点之间的联系往往还非常紧密,只要弄清楚了多个知识之间的内在联系,在理解的基础上,就可以很轻松地记忆。这就好比是一张网,各个知识点是网上的结,每一个知识点与其他知识点之间靠着一定的关系相互连接,有了它们之间的连接才产生了这张网,记住每一个知识点,就记住了它们在整张网上的位置及它们之间的关系。

第三,提倡独立学习和互助学习相结合。生物课虽然属于理科,但是在中学阶段的学习方法和所学习的内容都表现出很多文科的特点,比如有大量需要记忆的内容。所以,学生独立学习与互助学习相结合的形式比较适合生物学科,互助学习可以使每个人都有更多的交流和表达的机会,对于加深理解、保持长久记忆都是十分有利的。

我们区的教研员尹老师经常提醒我们,高三教学任务重、压力大,老师一定要注意方法,不能蛮干。因为人的精力是有限的,而且我们常常是年复一年地在进行这样的工作,一味地拼时间、拼体力,身体肯定是要出问题的,所以,就必须巧干。所谓巧干,就是要抓住要点,分清层次。无论是对教学内容的处理,还是对学生的辅导及管理都要力争做到这一点。只有这样,我们才能担负起高三教学的重任。

(本文为 2010 年 3 月本人在北京市高考工作研讨会上的发言稿)

分享经验　筹划未来

——2016—2017学年度高考备考工作总结

转眼间，一年的高三教学工作又结束了。这一年中，我与赵楠、丁秀丽两位老师团结协作、密切配合，全身心投入教学，努力进一步提高教学水平，力争为学生的进步提供最大限度的支持和帮助。下面，对这一年的工作做一个简要的总结。

一　主要经验

（一）时间上掌握了主动权

在学校确立了“会考是学生自己的事儿”这一理念之后，我们将以前用于会考复习的时间改为用于提前进入高三一轮复习。这样，在高三期中、期末两次重要的阶段性考试之前，我们都提前完成了本阶段的复习任务，开始了下一阶段的复习，并有比较充裕的时间进行考前针对性训练，相当于又以训练的形式进行了一轮快速的复习。这样一来，学生的考试成绩普遍较好，信心逐渐增强，学习的劲头儿越来越足，“跟着老师走就能取得好成绩”的意识逐渐得到强化，教师布置的学习任务能够得到较好的落实，学生的水平得到进一步提高，成绩也得到进一步提升，形成了良性循环。在本学年的4次阶段性考试中，生物学科一本上线率每次都能超额完成任务，这与掌握了时间上的主动权有很大关系。

（二）方式上强调了以需求带动复习以及精讲多练

我们果断放弃了以前的“地毯式搜索”式的一轮复习，不再追求面面俱到，而是强调把最有用的知识突出出来。是不是有用，也不是由老师说了算，而是先让学生做典型题，自己体会。典型题中反映出来的必须会的知识就是最有用的知识，就是复习的重点，就要舍得花足够的时间去进行强化。这样的安排，对于学生而言更有说服力，较好地调动了学生复习基础知识的积极性，提高了复习的成效。

为了进一步落实复习的成效，每复习完一个单元，有时甚至每节课我们都安排限时训练，通过这种方法引起学生的重视，让学生及时了解自己的状况，认识到自己的不足。另外，测验是要求学生从自己脑子中往外拿东西，这样动脑子的程度比听老师讲要高。再有，通过训练一定程度上减少了学生眼高手低的现象。

（三）合作上更加突出了发挥各自的长项

今年备课组成员的合作更加突出了各自特长的发挥。比如，在莲葩园校区，我和丁秀丽、赵楠的配合基本上是这样：小丁特别擅长搜题、选题、组题，所以限时训练题和考前针对性训练大多由小丁做；赵楠比较善于根据学生的实际水平确定复习内容，所以在讨论复习多少、复习多深的时候，我们常常采纳她的意见；我考虑问题比较细致，对知识的理解相对来说更深入一些，所以一些疑难问题一般由我来解决。另外，我还负责把大家教学中存在的各种问题清晰地呈现出来，然后组织大家集思广益，提出解决的办法。通过这样的合作，我们备课组的整体实力得到了进一步的提升。在和平街校区，王卿卿和高鸿建两位老师的合作也是如此，能够充分地发挥各自的长处，相互配合，减轻工作压力，提高整体的工作质量和工作效率。

（四）相互借鉴但不照搬照抄

在每次集中研讨的时候，我们都要先做一件事，就是大家轮流发言，说出两到三种自己认为比较有效的做法，由我来记录、整理。之后，我会重述一遍大家的做法，然后请大家说说别人的做法自己是否可以借鉴或尝试。由于学生的情况不同，教师的性格、特长也各有不同，所以我们并不强调要推广某种具体做法，而是让大家从别人的做法中得到启发，结合自己的特点和自己所教学生的特点采取措施，提升教学效果。比如我通过详细记录学生每日作业成绩并在课堂上展示的方法来吸引学生对生物课学习的关注；而王卿卿老师则是通过课堂上讲的内容下课前就测试的方式来吸引学生对课堂学习的关注。我们的做法有所不同，但都是为了吸引学生将精力集中到生物课的学习上来，也都各自取得了较好的效果。

（五）通过鼓励和关爱学生来增加学生的学习动力

学生需要帮助，需要鼓励。因此，我们要求自己一定要充分地鼓励学生，帮助学生增强学习动力。

一般来说，学生取得的成绩从一个方面表明他们的努力程度。学生取得好成绩或有所突破时，迫切希望得到别人的认可和肯定，这时我就帮助这些学生认真总结取得成功的经验，提出下一步前进的目标，对于他们的成功给予恰当的肯定、表扬或奖励。这样一来，不但激发了成功学生进取的高度热情，强化了他们学习进取的动机，对其他同学也可起到很好的带动作用。

对学习上有困难的学生，我耐心地给予帮助，并尽量多给他们一些关心和鼓励，没有嫌弃和放弃任何一个学生。

二　教学反思

（一）要进一步改进对后进生的教育教学方法

对于学习态度比较主动、有一定学习基础的学生，我们在教学上比较得心应手，但是对于后进生还没有特别有效的办法。我们都知道，要使后进生成绩提高，首要的是帮助他们转变学习态度，建立好的学习习惯，然而如何才能有效地实现这种转化，我们还是存在很多困惑。我们要进一步努力学习和研究适合后进生的教育教学方式。最近，我再次阅读了王金战老师的著作《王金战育才方案：学习哪有那么难》，这一次，一篇题为“让一个差生变好真的很简单”的文章引起了我的特别关注。王金战老师提出“让一个差生变好，就是让他反复享受到成功的喜悦”。我想，如果我们能切实将这一理念落实在后进生的转化工作中，效果应该会很明显。我们要学会带着放大镜寻找学生的优点，发现后就给予热情的鼓励，让学生首先在心理上和我们站到一起来；然后，再引导他确定一个比较现实的小目标，并通过一些具体的指导帮助他实现这个目标，实现后，再给予鼓励、夸奖。如此反复，学生将会越学越开心，成绩也一定会有明显的提高。

（二）复习内容和形式的新颖性有待提高

我们复习内容和形式的新颖性还有待提高。以遗传分析的复习为例，我们复习的都是一些非常经典的例题，在创新方面做得还很不够。高考总是会出一些新情境的问题，所以我们应尽最大的努力去加深对高考命题思路的认识，尽可能编制出更有新意的练习题。另外，我们的复习形式也应该有一定的变化，以防学生在单一的复习模式之下产生厌烦、倦怠的情绪。

（三）要在周期性重复方面制订详细的计划并坚决落实

生物学科中有许多陈述性知识需要学生记忆。根据记忆的规律，必须及时复习才能减少遗忘,提高学习的效率。我近几年一直用“高频考点”督促学生记忆基础知识,并进行课堂抽测。但是,由于复习的周期太长,往往是复习到最后一部分的时候,前面的许多内容都忘了。我们的学生学习能力和自觉性都还有一些问题,如果教师没有统一的安排,学生往往是不能自己安排好的。所以,作为老师,我们必须要科学地制订周期性的复习计划并坚决落实,才能帮助学生达到较好的复习效果。

三 对 2018 年高考复习工作的启示

(一)要进一步在提高学生能力方面下工夫

现在的高考越来越凸显对学生能力的考查。因此,对教师而言,帮助学生提高能力是比帮助他们巩固知识更为重要的任务。然而,能力的提高比知识的掌握更为困难,这对老师的工作提出了更高的要求。我们现在不仅要意识到提高学生能力非常重要,而且要探索出一系列具体可行的方法,形成系统的培养计划,才能真正做到提高学生的能力。尤其要突出“获取信息的能力”“实验与探究的能力”的培养,在这两个方面应该进行大量的专项训练。

(二)要进一步处理好“一般性的知识”和“特殊性的知识”之间的关系

“一般性的知识”和“特殊性的知识”都重要。所谓“一般性的知识”就是指最基础的、常识性的、人人都应知应会的知识,而“特殊性的知识”是指一些不符合一般知识的特殊情况。对于“特殊性的知识”,学生往往存在问题,而考试又往往要考,我们还应该进一步加强对这些内容的复习。

以上是对 2016—2017 学年高三教学工作的总结,不妥之处敬请指正。

(本文为 2017 年 7 月本人在我校高三教学工作交流会上的发言稿)

特级教师助我成长

——参加江建敏特级教师工作室的总结

我是北京市和平街第一中学的生物教师潘勇。我 1995 年毕业于首都师范大学,毕业后一直在北京市和平街第一中学工作,现为中学高级教师,任高三生物教学、教研组长等工作。工作期间,我参加了北京师范大学"在职人员以同等学力申请硕士学位"的学习,于 2006 年获硕士学位。工作中我一贯坚持认真细致的作风,并积极学习和探索,曾荣获朝阳区先进青年教师、朝阳区教育系统优秀青年教师、朝阳区骨干教师、朝阳区知识型职工、全国信息技术道德教育先进个人等多项荣誉称号。"十五"期间担任区兼职科研员,"十一五"期间担任区兼职教研员,2010 年被朝阳教委聘任为高考模拟试题命题专家组成员。

我 2010 年 4 月正式加入江建敏老师的工作室,期间得到了江老师的许多指导,真切地领略到了特级教师的风采。江老师思维敏锐、见多识广,分析问题非常深刻;她站位高,有远见,求真务实,是我们学习的好榜样。而且江老师性格直爽,为人热情,这使我感到每次与江老师接触,都很有收获。

江老师对我们青年教师的指导是言传身教并重的。在一次研讨活动中,江老师对于青年教师如何能更快成长讲了三点,对我的启发很大。江老师说:第一,要善于学习。她以自己年轻时积极参加学习的经历来生动地告诉我们,只有善于学习才能较快地进步,较快地走向成功。第二,要有激情。教师一定要对自己的工作有激情,这样才能体会到工作的乐趣,才能使自己的工作具有创造性,才能真正做好工作。她以自己创建"情景教室"的过程为例说明工作有激情的时候,工作再忙也不会觉得累,反而会感到非常充实、愉快。另外,上课也要有激情,要能够感染学生,要用自己的激情激发学生的热情。第三,要热爱生活,关注社会热点。教师不能"两耳不闻窗外事",要热爱生活、关心时事,这样你的课一定会更生动,更能引起学生的学习兴趣。听了这次讲话,我感到自己取到了"真经"。

在参加工作室期间,我除了参加学习、交流活动之外,还参与了课题研究,我的主要研究方向是如何充分利用生物实验课培养学生的探究能力。

在我国的基础教育课程改革中,一个十分突出的特点就是提倡探究性学习。包括生物学科在内的许多学科的课程标准都明确提出了"倡导探究性学习"的基本理念,力图促进学生学习方式的转变,引导学生主动参与、乐于探究、勤于动手和动脑,感受科学知识形成的过程,培养分析和解决问题的能力以及交流与合作的能力等,从而培养学生的创新精神和实践能力。

为了落实上述理念,我们生物教师一方面努力在平时的教学中创造机会,引导学生进行探究学习;另一方面,特别重视通过实验课来培养学生的探究能力。因为实验课为学生提供了难得的既动脑思考又动手操作的机会,具有不可替代的价值。而且,与研究性学习等形式相比,实验课是面向全体学生的,所以它对学生的影响更大,是我们教师组织学生进行动手探究的主渠道。然而在实践中,由于学生层次、班级容量、教学时间、实验条件、教师能力等诸多因素的限制,高中生物探究实验课的开展情况还不够理想,在培养学生的探究能力方面还没有充分发挥作用。那么,如何才能更好地利用实验课培养学生的探究能力呢?针对这一问题,在江老师的指导下,我进行了文献研究并开展了相应的研究课,经过一个阶段的研究,我总结出以下几个要点。第一,善于取舍,着力于核心教学目标的实现;第二,在亲自操作的基础上对实验进行深入的开发;第三,充分发挥先进的实验教学设备的作用;第四,合理地组织合作学习。

根据上述总结,我写了一篇题为《例谈如何上好高中生物探究实验课》的论文,请江老师审阅,同时还提出了一些关于论文撰写方面的困惑。在给江老师的邮件中我是这样写的:"江老师,我喜欢进行教学研究。自参加工作以来,我一直积极地开展课题研究和撰写论文,也获得了一些国家级和市、区级的奖项。但是我发现自己在撰写论文方面存在两个问题:第一,关于教学的通理、通法方面的论文相对比较多,而生物学科教学方面的论文很少;第二,参加论文评获奖相对比较多,而发表的很少。我很希望自己能逐步解决以上问题,尽量多写生物学科教学方面的论文,并争取发表一些,您看我应该怎么做呢?"

江老师在百忙之中看了我的论文,并回答了我提出的问题。江老师指出:要写出好的论文,首先需要选择一个好的研究课题,这个课题要从教学实践中去发现和挖掘。题目选好后,就要脚踏实地、持之以恒地去做,积累素材,然后再认真提炼和撰写。相信通过一段时间的努力,一定可以达到既定目标。对于我的那篇论文,江老师还提出了具体修改建议,例如:第一,摘要部分应该写清楚自己的主要观点,100~200 字左右;第二,这篇论文是根据一节课的情况写的,如果能进行一系列的研究课,分量就不一样了,将会更具说服力。江老师的指导使我感到努力的方向更明确了,研究的劲头心也更足了。下一步,我计划对高中生物实验的内容进行进一步的分析,争取建立与之对应的探究能力培养体系,并重点研究中等层次学生探究能力培养的问题。

2011年,在江老师的帮助下,我的课件《实验设计题的解题方法》发表在《中国多媒体教学学报》电子期刊(国家级期刊)中。另外,江老师还为我提供了外出学习的机会。在此,我要对江老师的关心和帮助表示衷心的感谢。

加入江老师工作室后的这一年,我取得了比以往更多的成果。

1. 2010年4月、5月,参与了朝阳区高考模拟试题的命题工作。

2. 2010年4月,开展了“群落的演替”区级研究课。

3. 2010年5月,教学设计“酶的作用条件”在朝阳区生物学科教学设计评比中获区级二等奖,2010年9月,获北京市第二届“智慧教师”征文二等奖;2010年10月“探究酶的作用条件”在“菁华杯”首届全国新课程中学优质课评选活动中获优秀课例二等奖;2011年1月,“酶的作用条件”课堂教学实录在朝阳区2009—2010学年度课程改革课堂教学优秀课评审中荣获一等奖。

4. 2010年9月,参与教育部规划课题“正确运用学生评教信息,促进教师专业发展的校本实践研究”,执笔撰写了文献综述和课题论证报告。

5. 2010年9月,论文《新课程课堂教学评价实施过程中的主要矛盾与应对策略》获北京市基础教育科学研究优秀论文一等奖并发表在“北京市基础教育课程教材改革文丛”的《课程教材改革实验论文集(2009—2010)》一书中。

6. 2010年11月,论文《例谈如何上好高中生物探究实验课》获和平街一中优秀论文一等奖并刊登在《北京市和平街第一中学优秀论文集》中。

7. 2010年9月,参与编写的新版《高中生物学习目标与检测》(必修3选修1·选修3、总复习一、总复习二)由开明出版社出版。

8. 2011年5月,课件《实验设计题的解题方法》发表在《中国多媒体教学学报》电子期刊中(国家级期刊)。

能够加入江老师的工作室,我感到非常幸运。而且加入江老师的工作室,受益的不仅仅是我本人,还有我们教研组的所有教师。我在学校担任教研组长和青年教师导师,江老师对我的指导也影响着我对青年教师的指导。所以,我们都是受益者。

最后,再次由衷地对江老师表示感谢!同时,感谢朝阳区教委组建“特级教师工作室”，为我们青年教师的发展创造了这样好的机会。我一定会加倍努力，为朝阳区教育事业的发展贡献更大的力量。

（本文为 2011 年 8 月本人在参加江建敏特级教师工作室研修活动后所写的总结）

在导师的引领下继续成长

——2015—2016 学年导师带教研修总结

时光飞逝,转眼间一个学年又将结束了。在这一年中,我除了完成教育教学任务之外,还努力进行了一定量的研究和学习活动,现简要总结如下。

一 开展研究课的情况

本学年,我重点开展了两次研究课,内容分别是"细胞的分化"和"生态系统的能量流动"。

"细胞的分化"这节课的研究主题是探索学科德育实施的有效途径和方法,开展此研究课的起因是朝阳区教委根据北京市教委《关于上报学科德育精品课例的通知》文件要求,安排市级骨干教师上报学科德育精品课例。为了上好这节课,我首先认真学习了《时事时报》杂志社 2012 年 12 月出版的时事增刊《核心价值观的 24 个字》,认真深入领会社会主义核心价值观的内涵,思考如何在学科教学中融入这些价值观的教育,以及在"细胞的分化"这节课中主要可以融入哪些价值观的教育。此外,我还学习了《把立德树人作为教育的根本任务》(光明日报 2015 年 7 月 24 日)、《浅谈高中生物教学中的德育渗透》等文章,结合以前的教学设计,对这节课进行了重新设计。在设计过程中,我与导师荆林海老师进行了数次交流,荆老师首先帮我确定了从"立德树人"的要求出发进行设计的总体方向;之后又给我提供了"iPS cells 研究的三大理论和技术支撑"(iPS cells:英文全称是 induced pluripotent stem cells,中文全称是诱导多能干细胞)的思维导图,指导我从山中伸弥的研究入手,把细胞分化、细胞的全能性等内容与相关的科学研究历程结合起来,渗透"创新""敬业"等价值观教育。经过荆老师的指导,我逐渐形成了本节课的设计思路,又通过与教研组中多位教师的交流以及试讲,逐步完善了设计,较好地实现了学科教学与德育渗透的有机结合。这次研究课使我在如何实施学科德育方面取得了一定的经验。

"生态系统的能量流动"这节课的主题是探索如何在"生态"部分进行生物学

核心素养的培养。这节课是北京市教研部基教研中心组织的区县联合教研活动中的一节研究课。这节课在设计上主要有两个难点:第一是如何创新,因为关于这一内容比较成熟的教学设计已经有很多了;第二是如何充分体现生物学科核心素养的内容。为了上好这节课,我对"人教版""浙科版""北师大版""国图版"4 个版本的教材进行了比较研究,分析了不同版本教材在内容上的共性和差异,确定了有关能量流动最核心的内容;我系统学习了《普通生态学》(尚玉昌编著,北京大学出版社出版)第 27 ~ 31 章的内容和《植物生态学》(祝廷成 钟章成 李建东合编,高等教育出版社出版)第 18 章的内容,以及《生物学核心概念的发展》(王永胜等编著,人民教育出版社出版)第 3 篇的相关内容;查阅了林德曼 1941 年、1942 年发表的英文原版论文,了解了他的研究方法、研究历程和基本观点;查阅了能量流动定量研究的基本方法。上述文献研究为我设计好本节课提供了坚实的基础,也让我深深地感受到要设计好一节研究课,前期的文献研究是多么的重要。我的导师荆老师对我说,从一定意义上说,文献研究的深度决定着研究课所能达到的水平。这节课从设计到实施,我用了一个多月的时间,相关的笔记、随笔有 70 多页,试讲了 5 次。整个过程中,荆老师、黄蔚老师以及我校生物教研组的老师们给了我很大的帮助,包括提供资料、提出建议、研讨各种方案的利弊等,帮我解决了很多问题。在大家的共同努力下,这节课获得了圆满的成功,得到了听课教师、教研员的高度评价。

此外,本学年的第一学期,我还在赴河南淅川支教的活动中,上了"群落的演替"观摩课,并进行了说课,受到当地学校领导和教师的一致好评。这节课也是以前设计的一节研究课,基本思路是"将一个教学内容放在特定的知识框架或能力框架中进行教学"。我根据当地学生的情况进行了一定的修改,教学效果非常理想,也再次证明了该设计的科学性。

二 参与项目研究和课题研究的情况

(一)参加北师大"促进学生学科能力发展的教学改进研究"项目的情况

该项目是北师大与海淀区、朝阳区、丰台区合作的项目,是在国家社会科学基金"十二五"规划教育科学重点课题"中小学生学科能力表现研究"基础上开发的后续项目。

2015 年 9 月 20 日,我参加了该项目的中期总结交流会。交流会上,项目的总负责人北师大化学学院王蕾教授先介绍了项目的背景和进展,之后,分别由王蔷、王健、李晓东等各学科的项目负责人介绍了该项目在各学科的具体实施情况。最后，参加该项目的教师代表孔祥艳、韩松、于宇丽、刘艳等介绍了自己的感悟与收获。通过这次学习，我进一步了解了该项目的情况（实际上，在上一学年，我参与了王健教授负责的该项目生物学科的一些活动，对该项目已经有了一定的了解），为之后深入参与该项目研究打下了更为坚实的基础。

2015 年 10 月，我参加了该项目在贸大附中组织的研究课活动，活动中，沈璟、张雪两位老师以“有丝分裂”为题进行了同课异构。2015 年 12 月，我参加了该项目在三里屯一中组织的研究课活动，厉霞、王晓红两位老师分别在高二和高三开展了“基因突变”“基因突变及其相关内容”两节研究课。2016 年 3 月至 4 月期间，我又参与了该项目在陈经纶中学组织的研究课活动，参加了黄建伟、李振海两位老师分别开展的“生态系统的稳定性”和“高考实验题怎么做”两节研究课的集体备课和听评课。在每次研究课活动中，我都认真向专家和做课教师学习；同时也积极思考，提出自己的意见和建议，得到了与会教师的广泛认同。通过这些活动，我在如何进行教学设计和如何评价学生的学科能力等方面取得了很多收获，尤其是对学生学科能力评价的方法产生了颇为浓厚的兴趣。

2016 年 2 月 28 日，我参加了在北京教育学院朝阳分院举行的该项目的 2015 年度总结会。此次总结会分为三个单元，第一单元是课题汇报，首先由教研中心的杨碧君主任介绍了北师大与朝阳区合作开展此项目研究的基本情况；然后由王蕾教授总结 2015 年度的实施情况和 2016 年的工作部署；之后，郑国民、廖瑾、王民、杜文红、何春生、刘友洪等老师介绍了参与项目研究的情况、收获与体会。第二单元是由教研中心的周岗主任解读新的“课堂教学评价表”。第三单元是学科交流，首先由上学期上研究课的老师介绍了体会、收获，最后由王健教授进行了点评和总结。通过这次活动，我更加深入地理解了该项目的理论依据、研究目标、研究方式等内容，并产生了让我校也成为该项目实验校的想法。

（二）主持区级课题“高中生物课学生活动系列微课的开发实践研究”的情况

本学年，我继续主持了区级课题“高中生物课学生活动系列微课的开发实践研究”的研究工作。2015 年 11 月，我作为负责人对课题研究进行了中期汇报，介绍了课题的推进情况，首师大的蓝维教授、北京教科院的孟佳书记、朝阳区教科所的姚卫东所长对我们课题组前期的研究工作给予了充分肯定，同时，也明确指出了该课题研究存在的问题并提出了改进意见。根据改进意见，我带领课题组研讨了如何进一步提高本课题的研究价值的问题，精简了微课数量，重新安排了微课视频的录制计划，商议了如何依据学生反馈提高微课质量的问题。目前，该课题还在进行中、后期的研究。

（三）参加其他课题的情况

除了参加北师大“促进学生学科能力发展的教学改进研究”项目和主持区级课题“高中生物课学生活动系列微课的开发实践研究”以外，我还作为课题领导组成员、实施组成员和子课题组长参与了教育部规划课题“普通高中小班化条件下的‘雁阵’合作学习教学模式研究”；作为课题实施组成员和子课题组长参与了区级课题“促进教师专业发展的校本科研行动研究”；作为课题实施组成员和子课题组长参与了区级课题“新课程背景下促进教师专业发展的校本教研研究”。

三 参加学习的情况

2015 年 9 月 25 日，我参加了区教研中心组织的“如何提高学科能力”的讲座，该讲座在我校举行，由荆林海老师主讲。该讲座内容包括“操作性、实效性强的能力培养规划”“设计学生动脑的活动及相应的问题串”“兴趣——学习的原动力”“预设与生成——教学智慧与乐趣的体现”“充分利用互联网带来的机遇”5 个方面，荆老师的讲述精彩、内容深刻，有很强的引领性，使我对如何在今后的教学中打造“理想课堂”产生了很多思考，对未来的教学和研究有了更多的憧憬。

2015 年 10 月 16 日，我参加了在北师大附中举行的“从高中课程变化看生物学教师专业发展”讲座，该讲座由刘恩山教授主讲。该讲座包括“发展概况”“课程宗旨的细微变化”“课程设计的基础性和多样化”“选修Ⅱ课程的选择性和针对性”“课程设计引领教学实践的改革”“教师专业发展建议”6 个方面，刘恩山教授的生动讲解，使我感受到我国的高中生物课程将会在现有的基础上，再次发生重大的变革，我们高中生物教师的素质也必然要相应地提升到一个新的高度，从现在开始，我们就应该有所准备。在参加完讲座后，我认真地将笔记整理成电子稿，利用教研组活动时间，对我校生物教师进行了宣讲，并组织大家进行研讨，积极思考将来的课程实施和个人专业发展问题，取得了很好的教研效果。

2015 年 9 月至 12 月，我参加了区教研中心组织的 STEM 系列活动，学习了相关文献，提交了个人教学设计，参加了教学设计的交流和研讨，并对之前提交的教学设计进行了修改，最后还参加了教学设计展示活动。通过该系列活动，我对

STEM 的产生背景、目标和实施方式等有了一定的了解，为以后在教学设计中融入STEM 的理念打下了一定的基础。

除了参加上述讲座外，我还参加了北京理工大学附中苏明学老师来我校开展的关于“高三复习教学”的讲座、贾美华老师的“中高考改革背景下教师能做什么”讲座、中科院姜搯教授的“转基因技术的科学基础”讲座、北京生物多样性保护研究中心靳旭老师的“复活节岛的启示”讲座、北京理工大学附中王恒老师的“学生因我善教而善学”讲座、我校特级教师黄仕泽老师的“论文撰写的常见问题”讲座等；还自学并组织教研组集体学习了“北京市基础教育部分学科教学改进意见”的相关文件，对于如何落实“改进意见”进行了深入的研讨；自学并组织教研组集体学习了“5E 教学模式”，对如何提高学生的学习兴趣、如何运用该教学模式进行概念教学和提高学生的探究能力进行了研讨。此外，我还阅读了方舟子等科普作家的 3 部著作，努力开阔自己的眼界，扩大知识面，为以后的教学工作创造条件。

总结这一年的研修情况，我感到收获颇丰，然而也发现了明显的不足，即内化、运用和创造还很不够。学习、研究、思考的最终目标是要有自己的发明和创造，有自己的思想和作品。我会在以后的研修中更加注意将所学、所想尽量多地运用到教育教学工作中去，让学习和研究的成果充分转化为教育教学的能力和成果，争取得到更快的发展，努力创造更加优异的成绩。

（本文为 2016 年 6 月本人在参加朝阳区名师工程导师带教项目研修活动后所写的总结）

积极实施信息技术与课程整合，提高课堂教学质量

——2006年新教师培训中的发言

各位老师：

大家好！

今天，我和大家共同探讨的主要问题是如何充分利用以计算机技术为核心的信息技术手段，提高教学效率和教学质量。我们学校非常重视信息化建设，投入了大量的资金用于购置相关设备和软件，努力为教师应用现代教育技术、开展计算机辅助教学提供条件。目前，我们学校所有教室都配备了多媒体投影设备；在每个办公室和教室都能登录到局域网和互联网（我们学校是朝阳区第一所建立校园网的中学，今年又进行了更新，实现了千兆到桌面）；再有，我们许多教师已经配备了笔记本电脑，学校还将陆续给更多的老师配备，直到人手一台。可以说，我们在课堂上普遍使用计算机进行辅助教学的物质条件已经基本具备了，现在最重要的是我们这些在一线任课的教师能否充分利用好这些物质条件，积极地实施信息技术与课程整合，并以此来促进教学质量的提高。换句话说，我们的态度和水平是决定良好的物质条件能否转化为教学质量的关键因素。

那么，作为一名普通的中学教师，我们在开展信息技术与课程整合方面应该怎样去做呢？下面我谈一谈自己的体会。

一 关于如何掌握计算机技术

要开展信息技术与课程整合，我们首先必须掌握一定的计算机技术。客观上讲，现在的学习条件是很好的：第一，计算机已经非常普及了，我们总有机会使用计算机；第二，有大量的图书、光盘等学习材料，电视台也经常播出教大家如何使用计算机的节目；第三，有专门的培训。然而，仍然有一部分老师感到掌握计算机技术比较困难，感到内容太多，而且许多技术学完之后很快就忘了，这种情况还是比较普遍的。原因主要有两个方面：一方面是计算机技术方面的知识确实很多，而且这

些知识都是迅速更新的。我们起码需要掌握操作系统的基本使用方法，最重要的几种应用软件的使用方法，如文字处理工具、图形处理工具、多媒体整合工具等（常用的如Word、Photoshop、Powerpoint、Authorware等），还有一些重要的外部设备的使用方法也都要有一定的了解。另一方面，可能是学习方法的问题，就是没能把学习和应用统一起来。请大家记住这样一句话：应用是学习计算机技术的最佳方法，也是唯一的方法。因为首先，只有将学习和应用统一起来，你才能确定自己最需要学的是什么，才能有学习的动力。有的老师参加计算机培训就为了凑几个学分，那是不可能学会的。第二，如果不用，已经学会的技术也会很快忘记；即使没忘，也会逐渐过时而不能用了。对于计算机的学习，应用既是目的又是手段，在这方面，我是有切身体会的。我1995年参加工作，因为对计算机比较感兴趣，工作后不久我就开始了计算机辅助教学方面的尝试，但当时并没有很大的提高，其中最重要的原因就是使用的机会太少。我真正提高最快，也是奠定基础的两年是1997年和1998年。在这两年当中，我掌握了包括三维动画制作、图象处理、多媒体编辑、网页制作、视频编辑等一系列软件的应用技术以及基本的计算机和网络维护技术。什么原因呢？就是当时我迫切需要用这些技术。当时我们学校参与了北师大承担的一个国家级课题的研究，内容是化学科普系列光盘的研制。我报名参加了这个课题组，结果分配的任务是三维动画制作。当时说要用“3D”制作动画，可我还不知道什么是“3D”呢。怎么办呢？只有从头开始学了。于是我就下决心一边学一边用。之前所说的“3D”，其实是指一个名为“3D studio”的三维动画制作软件，它是一个很难学的软件，内容庞杂，而且是全英文的。这是一次艰苦的锻炼，回想起当时一边学习软件使用，一边制作所需要的动画作品，真是投入了很大的精力，当然也获得了很多成功的喜悦，那真是干劲儿十足。最后北师大专家对我的动画作品给予了很高的评价，她根本没想到我是现学现卖的。这次的成功给了我很大的鼓励，使我认识到只要有决心、能坚持，并且学、用结合，多难学的软件都是可以掌握的。果然，以后学习其他的软件都感觉不难了。

二 关于信息技术与课程整合效果的思考

信息技术与课程整合的起始阶段就是计算机辅助教学，而且至今计算机辅助教学仍然是信息技术与课程整合的主要内容。在开展计算机辅助教学的早期，人们对它的效果基本上都是肯定的，而且满怀憧憬。可以说人们是在一种非常兴奋的心情下进行计算机辅助教学实验的，所以往往容易夸大效果而忽视问题。随着计算机辅助教学开展得越来越广泛、越来越深入,它存在的问题也就逐渐暴露出来了,这引起了许多研究者和教师的反思。计算机辅助教学究竟能不能带来理想的效果?它真的是十分必要的吗?有人提出了这样的质疑。我想,在这个问题上我们必须进行辨证分析,也就是既要在整体上肯定计算机辅助教学的效果,又要清醒地看到存在的问题,并且努力避免这些问题的出现。

首先,我们来分析一下:为什么将计算机应用在教学中可以产生不同一般的教学效果呢?这主要是因为计算机在功能上具有的两大特性,即交互性和多媒体性。第一,计算机的交互性非常有利于激发学生的学习兴趣和发挥认知主体作用。人机交互、立即反馈是计算机的显著特点,是任何其他媒体所不具有的。正是因为有了这个特点,使得将计算机引入教学不单纯是教学手段的改革,而且成为改变传统教学模式乃至教学思想的一个重要因素。所以,将计算机引入教学和将其他教学设备引入教学就存在着很大的不同。当然,你也可以把它当作一个普通媒体来使用,将它看作是投影、挂图、电视、录音机、黑板等媒体的综合体,但是这样做就还没有将计算机的特长充分地发挥出来。所以,如何充分利用计算机的交互功能一直是计算机辅助教学研究的一个核心问题。第二,计算机的多媒体组织功能为老师组织教学素材和展示素材提供了极大的便利。有了多媒体计算机和一些相关的设备,每位教师都具有了前所未有的组织多媒体素材的能力以及媒体制作能力。我们可以将来源不同、形式各异的多种媒体素材随心所欲地组织在一起,并在课堂上灵活地控制展示的顺序和内容,这使计算机成为了教师有史以来最强大的教学工具。从教学效果来看,多媒体展示对于激发学生的兴趣、理解抽象问题,产生特定的心理感受、加深印象等都具有不言而喻的促进作用。

以上我们在整体上分析了计算机辅助教学的优势,也就是说它可以在教学中发挥非常突出的作用。但是,这只是“可以”,而不是必然。我们如果合理地加以利用,这种作用就可能变为现实;如果我们使用不当,也可能适得其反。必须认识到,计算机这个工具虽然功能十分强大,但是它并不能自动转化为教学质量,关键还是要看使用它的人是如何做的。

下面,我们来分析一下当前在课堂教学中应用计算机的几种主要形式的优点和存在的问题。当前在课堂教学中应用计算机的主要形式有三种。第一种是将其作为教师的教学工具,用于课堂演示,呈现教学素材;第二种是将其作为学生的学习对象,学生通过与计算机教学软件的互动进行学习,它为实现个别化学习提供了可行的方法。第三种是将信息技术作为学生的认知工具,学生利用它来收集信息,并利用收集到的信息加工、整合出一个单元知识结构体系，突出学生学习的自我建构过程。各种形式的运用都取得了各自的效果，但也都存在着阻碍其广泛展开的问题。

第一种方式是将计算机作为教师的教学工具。这种方式的优点是能够非常自然地与传统教学相融合，有利于教师主导作用的发挥，传统教学所具有的所有优势几乎都可以保留。作为教学工具，计算机为教师提供了前所未有整合教学素材和呈现教学内容的便利条件，能为学生的感知创造良好的条件，形象、直观和动态的表现形式有利于突出事物的本质特征，为学生学习概念、规律创造条件，促进学生对重、难点知识的理解，对提高教学质量有比较明显的作用。正因为如此，它是目前教师在课堂中使用计算机的主要形式。容易出现的问题是：第一，在形象素材非常丰富的情况下，许多学生仅仅被看到的形象所吸引，而忽略了深入的思考。针对此问题，我们教师一定要处理好形象、直观与抽象、思考之间的关系，在提供直观素材的同时考虑如何以此来引发学生的思考，不能让学生只是感觉到好看和好玩。有一位语文老师在进行了一个阶段的计算机辅助教学研究之后，发出了“成也萧何，败也萧何”的感叹，是很令人深思的。第二，出现信息超载的现象。信息超载现象是指信息量过大，学习者无法真正理解信息的内涵，最终降低了学习的效果。我们在使用这种方法的时候，常常会有意无意地增多教学内容，加大教学密度，扩展范围，并且认为这样就提高了教学效率，实际上学生却无法接受。所以，尽管我们已经有能力将展示的速度提得很高，比如一节课展示几十张甚至上百张图，还有视频、动画等，但是通常我们不能那样做，我们必须给学生留下吸收和思考的时间。当然，存在这样的情况，比如由于采用了计算机辅助教学，使得原来需要一节课才能学完的内容现在25分钟就完成了，这时怎么办呢？我认为应该把节约下来的时间用于讨论一些发散性的问题，或者用于进行练习巩固，而不要随意增加内容。第三，这种形式还不能最充分地发挥学生的主体作用。由于这种形式本身只是传统教学的一种改进，教学模式并没有因此而发生根本的改变，所以传统教学形式不利于充分发挥学生主体作用的问题仍然存在。因此，我们不能满足于现状，尽管我们用这种形式能取得一定的效果，但决不能认为只要有这种形式就够了，不需要其他形式的计算机辅助教学了。

第二种方式是将计算机作为学生的学习对象应用于课堂教学。在采用这种形式的时候，教师在课堂中的作用发生了根本性的变化。在这种形式下，教师主要充当一个学习的组织者和指导者的角色。学生获取知识的途径主要不是听教师讲授,而是通过与计算机的交互来实现的。假如你是一个学生,你可以向计算机发出指令或提出问题,计算机就会执行指令或回答问题,做出反应;同时,计算机也会向你提出问题,等待你的反馈。这种方式就像是每一个学生在课堂上都有了一位自己的老师或者说是学习伙伴。而且,这位老师或者是学习伙伴不是高高在上的,而是受学习者控制的。学习者的地位一下子发生了巨大改变,他们的主体地位充分地突显出来。先学什么、后学什么都可以由自己来控制。所以这种形式导致了教学模式的根本变化,具有独特的积极意义。存在的主要问题是:第一,真正能实现良好互动性能的教学软件数量极少,制作的难度很高。展示型的课件很容易做,但是交互式的课件就困难得多,尤其是实现高层次的交互就更难,因此这种形式不容易普及。第二,教师的主导作用不容易充分地发挥,学生在学习过程中容易迷失方向。学生的精力主要集中在与计算机的交互上,经常忽视老师的指导。虽然计算机创造了条件使学生可以想学什么就学什么,但这也并非绝对是一件好事,由于学生本身的不成熟,常造成学习过程比较混乱,抓不住重点问题,学习效率较低。因此,对学生的引导是非常关键的。

第三种方式是将计算机作为学生的认知工具。这种形式不仅重视学生学习的主体性,而且还非常重视学习的创造性,他强调学生自己实现意义建构。比如将计算机作为学生学习资源获取的工具和进行知识组织建构的工具来组织教学过程。实施的基本方法大致如下:教师提出探索主题并引导学生围绕主题确定具体要探索的问题;提供与主题相关资源目录和网址;指导学生围绕要探索的问题搜集资料并以所找到的资料为基础,做一个与主题相关的研究报告或形成一个作品(通常是介绍某个专题内容的多媒体演示文稿);学生介绍报告内容或演示、讲解作品;师生评议研究报告或作品。学生在整个过程中学习知识,同时培养多种能力。再比如利用几何画板软件让学生作图、进行数学实验,通过这样的过程进行学习。这样一来,学生是在做的过程中学习的,对于培养学生的创造力具有积极意义。但是,一般认为限制它在课堂应用的主要因素有以下几个方面。第一,适用的内容比较有限;第二,教学的组织比较困难;第三,不利于建立系统的知识结构,学习的深度不够;第四,所需时间长,学习的效率难以保证。

针对这种应用方式,我在上学期做了一项研究,很想将研究结果和大家讨论一下。我研究的主要目的有两个:一是想知道学生对这样的学习方式究竟是一种什么态度;二是希望将从文献中获得的他人的经验与自己的教学实践结合,归纳出一些开展此种教学的实施策略。由于时间有限,我主要介绍一下学生对这种教学方式的态度。

在调查问卷中,我主要通过两种方式来了解学生的态度。一种是 Likert 式量表,另一种是开放性的问题。Likert 式量表,就是由调查者事先设计出一系列叙述,让被调查者选择他对这些描述的认同程度,之后我们进行统计分析。如要求学生回答表中列举的对课堂教学中使用计算机学习优点的描述的认同程度:非常赞同(5 分),比较赞同(4 分),不能确定(3 分),比较反对(2 分),非常反对(1 分)。要求学生回答表中列举的对课堂教学中使用计算机学习的问题的描述的认同程度:非常赞同(1 分),比较赞同(2 分),不能确定(3 分),比较反对(4 分),非常反对(5 分)。现在,老师们可以做一下这个调查表,看看您的得分是多少。对学生进行调查的结果是:

表 1　学生对利用计算机进行探索式学习的优点的认同程度统计表

对优点的描述	非常赞同	比较赞同	不能确定	比较反对	非常反对	平均分
①学生学习的主动性会更强	25%	28%	32%	10%	5%	3.57
②学生的创造能力会得到更好的发展	39%	37%	18%	3%	3%	4.07
③学习资源丰富,能拓宽学生的知识面	48%	32%	15%	3%	2%	4.21
④学生在完成任务时会更好地互相帮助	28%	33%	30%	6%	3%	3.80
⑤学生可以在一定程度上自己控制学习进度	23%	25%	39%	9%	4%	3.54
⑥可以提高学生搜集、鉴别、组织信息的能力	41%	41%	14%	1%	3%	4.19
总　分(30 分)	23.38					

表2 学生对利用计算机进行探索式学习的问题的认同程度统计表

对问题的描述	非常赞同	比较赞同	不能确定	比较反对	非常反对	平均分
①学生很难找到有用信息,效率很低	9%	27%	28%	25%	11%	3.02
②学生无法真正理解找到的资料,所以多数学生在知识掌握方面将无法达到教学大纲的要求	17%	31%	28%	14%	10%	2.69
③学生会利用计算机做其他事,如:游戏、聊天等	26%	29%	26%	12%	7%	2.45
④老师需要对软件的用法进行指导,因而没有足够的时间指导本学科的内容	14%	28%	37%	12%	9%	2.74
⑤许多同学会拷贝别人的作业,而不真正分析和思考	20%	35%	25%	11%	9%	2.57
⑥会有太多的同学同时需要老师的帮助,老师会忙不过来	13%	25%	33%	17%	12%	2.89
总　分(30分)	16.36					

以上结果是开展实验之前的结果。实际上,实验后学生的态度是有所改变的。另外,男生和女生、不同成绩的学生之间态度都存在差异,比如男生明显比女生积极,成绩中等的学生态度最积极等。由于时间关系就不在此介绍了。

对开放性问题的统计结果

问卷的最后部分设计了一个开放性问题,要求学生写出一条该教学方式的优点和不足。将学生的看法整理、归类后,统计如下:(按所占比例多少排列)

通过调查得到了关于优点的描述61条,可以大致分成8类:

1. 提高学习兴趣和学习的积极性(20条,约占33%)

具体描述如:“提高积极性;提高兴趣和主动性;活跃气氛;培养兴趣”等。

2. 扩大知识面(10条,约占16%)

具体描述如:“知识面广;学生接受的知识广了;学生获取知识的面会更大;开拓眼界;开阔个人思维”等。

3. 培养自主学习意识和自学能力(8条,约占13%)

具体描述如:“自主空间大,更能发挥能力;提高自主能力;可以自主探索一些想了解的内容”等。

4. 有利于精力集中(4 条,约占 7%)

具体描述如:“课堂教学较易集中精力;学生更能独立自主地学习,更加减少课上说话;较为认真;引发钻研”等。

5. 学习效率高(4 条,约占 7%)

具体描述如:“快;方便;记忆、理解会增强”等。

6. 提高动手能力和信息处理能力(3 条,约占 5%)

具体描述如:“开发动手能力;增长计算机技术;会增强学生寻找资源的能力,对将来的工作有好处”等。

7. 提高创新意识和创新能力(2 条,约占 3%)

具体描述如:“能够提高学生的自主创新意识;拓展思维想象力和反应速度”等。

8. 其他优点或笼统地认为好(10 条,约占 16%)

具体描述如:“很好;十分自由,方式也很独特;更具有互动性;更好发展学习;非常现代,比较适合现代人”等。

通过调查得到了关于问题的描述 81 条,可以大致分成 9 类:

1. 由于中学生自制力不强,所以不能很好地完成学习任务(24 条,约占 30%)

具体描述如:“不能专心;缺乏坚持;对于学习自主性较差的同学,这是一个娱乐的好机会;利用计算机无法做到注意力集中,因为网上有太多比上课吸引人的东西”等。

2. 由于学生自学能力较弱,常常不得要领,所以影响学习成绩(11 条,占 14%)

具体描述如:“无从下手;学习不够深入彻底;多数学生素质不到,自觉不够,很多时候达不到真正的学习目的;大多数学生自学能力较差,容易造成知识漏洞”等。

3. 这种方式本身效率低(10 条,约占 12%)

具体描述如:“效率低;效率不高,华而不实;学习深度不够;有些时候不一定能找到有利用价值的资料”等。

4. 时间紧迫(8 条,约占 10%)

具体描述如:“现在学习时间紧,准备资料时耽误时间;没有太多时间上网;在家不动电脑”等。

5. 技术条件不够(8 条,约占 10%)

具体描述如:“计算机的很多软件不是很好掌握;掌握电脑技术能力不同;利用

电脑不好记笔记;在网上很难找出准确的答案”等。

6. 笼统的不现实论(7 条,约占 9%)

具体描述如:“没什么大用;不可能实现;应该不太可能吧;不能真正实现,电脑学习有些不可接受,受客观事物影响多”等。

7. 不利于身体健康(5 条,约占 6%)

具体描述如:“影响学生视力;对眼睛不好,容易疲劳、近视;一天长时间面对电脑,对我的身体辐射太强,不好”等。

8. 物质条件欠缺(6 条,约占 7%)

具体描述如:“物质条件太高;学生家庭条件问题;对于家中无此条件的比较困难”等。

9. 方式不成熟(2 条,约占 2%)

具体描述如:“没有系统化模式(注:推测该学生是指没有成熟的模式);课时安排会影响其他课程”等。

从收集到的 61 条优点描述和 81 条缺点描述可以看出学生的基本态度。学生认为该教学方式最突出的三项优点是:第一,能提高学习兴趣和学习积极性;第二,能扩大知识面;第三,可以培养自主学习的能力和意识。学生认为最突出的三项问题是:第一,作为中学生学习的自制力不强,无法控制自己将精力集中在学习内容上,所以学习效果不会好;第二,作为中学生自学能力欠缺,不能很好地理解所查找到的知识、信息,不能很好地把握主次和重点、非重点的关系,所以学习效果也必然受到影响;第三,通过该方式学习知识的效率低,既费时间,还不一定能找到有用的信息,而当前学习时间很紧,面临考试和升学压力,所以,时间上不允许普遍开展。

学生的看法并不一定完全正确,只是反映出学生的心理现状。但是,这些看法可以为我们的教学设计提供有价值的参考,使我们尽可能地将学生认为是优点的方面真正得以实现,从而进一步调动学生的积极性;同时,要尽可能避免问题的发生,使学生提高认识,意识到问题是可以解决的。经过实践,学生的一些看法会发生改变。比如,自制力欠缺的问题是非实验班学生认为最突出的问题,但实验班学生对此问题的看法明显不同于非实验班。实验班学生在真正的课堂环境下,由于受到老师的监督和其他同学的影响,基本上都能够专心于学习内容。而且由于要及时完成作业,同时又要接受其他同学的监督(每次课都安排学生之间相互观看作业进展,起到了很好的相互督促的作用),所以时间利用率很高,走神、玩游戏等情况几乎不存在。因此,在这个问题上,实验班同学的实践使他们感到自制力问题并不是最突出的问题。关于这个问题,将在后面详细说明。

分析了这么多,归根结底说明了一个问题:将信息技术应用于教学既有其突出的优势,也存在着许多客观的问题。而且无论采取哪种形式都是既有优点又有不足。可见,没有任何一种形式是完美无缺的,我们最终一定是选择一条多形式并存、优势互补的道路,尽可能发挥每种形式的优点,减少问题的出现。学习是一种思维活动,对于计算机在教学中的应用,我们必须认识到教学条件好,不直接等于教学效果好,如果没有思维的深度参与,任何环境下任何模式的学习,都是无法真正提高教学质量的。

三 开展计算机辅助教学过程中的基本策略

(一)结合实际选择计算机辅助教学的形式

前面我们提到了计算机辅助教学的三种主要形式,也分析了每种形式的利弊。在实际操作的时候,我们必须结合自己的特点、学科的特点、学生的特点以及现有的物质条件等来确定具体的形式和每种形式所占的比重。

从个人角度讲,当然应本着先易后难,循序渐进的原则来做选择。如果你的技术水平还比较低,那么你就从最简单的展示方式开始。选择容易使用的软件,如Powerpiont 制作简单的展示型课件。先迈好第一步,再考虑更复杂的应用方式。如果你已经具备了比较全面的技术,你就可以综合地选择各种方式,努力把这些技术都充分发挥出来,尽快地转化成为教学的成果。

从物质条件讲,我们学校使用展示型课件的条件已经基本成熟了,这种形式可以从实验阶段进入到广泛使用的阶段了。另外两种形式都需要用到计算机教室,我们条件还不允许大量的使用。但是,阶段性地进行是可以实现的。

从学科特点讲,在不同学科进行计算机辅助教学会遇到不同的问题。各科使用计算机辅助教学的主要目的会有所区别。比如:语文课应用计算机辅助教学的目的主要是创设情景;物理和化学课中应用的主要目的是过程的模拟;生物课中应用的目的主要是提供丰富的直观形象和过程模拟;数学课中使用的主要目的是反映数形结合;英语课中的使用强调模拟现实场景和互动;历史、地理、政治等学科使用的主要目的是展现事实等。每个学科的老师应该首先抓住自己学科应用计算机辅助教学最主要的目的来选择具体的形式,突出计算机在自己学科教学中最有效的使用方式,然后再逐渐扩展。

另外,计算机辅助教学并不一定都局限在课堂上,在课外,利用互联网开展教育教学活动也应受到我们的重视。

(二)课件的制作、搜集和改造并重,注意积累和系列化

要开展计算机辅助教学,课件是必不可少的,而且课件的质量和数量直接影响着计算机辅助教学的质量和广度。我们的课件来源无非是两个方面:自己制作的和搜集(包括购买)来的。

尽管可以搜集和购买课件,但我个人还是认为教师自己制作一部分课件是非常必要的。第一,只有自己制作的课件才能最大程度上反映自己的意愿和教学思路,体现自己的教学特色;第二,通过制作课件可以提高自己使用计算机的能力,加深对计算机辅助教学的认识,也为改造搜集来的课件打下了技术上的基础;第三,网络上的课件是大家共同创建、积累起来的,如果人人都不制作课件,网络上也就不会出现更多、更好的课件了。当然,我们也要考虑实际情况,由于制作课件需要大量的时间和精力,而且受到个人思路和技术水平的限制,我们也不可能将每一个课件都做得很好。所以,利用现成的课件进行计算机辅助教学也是应该大力提倡的。实际上用自己的还是用别人的并不重要,重要的是使用的效果。

目前,网络的发展为我们搜集教学课件提供了极为便利的条件。在互联网上我们可以找到大量不同内容、不同形式的课件及素材,与自己制作相比,可以使我们节省大量的时间。当然,从网上搜集课件也存在一些问题。比如,网络上的课件很多,但高质量的不多,需要大量搜集,慢慢筛选;有些内容的课件大量重复而有些内容则根本没有;有的课件的内容和安排只有一部分符合自己的需要等。所以,使用的时候,自己的组织、改造工作是必不可少的。有时候一节课需要综合使用好几种课件:有自己制作的一部分,有直接拿来使用的一部分,还有改造的一部分,教师利用自己制作的那部分将其他部分综合成一个整体。

另外,在积累各种课件的时候,也应该注意方法。在保存课件的时候,你应该有两套系统,即原文件系统和使用系统。原文件系统是将收集来的原始文件按教材内容的顺序章节分类保存的系统,对这个系统中的文件不要做任何修改,建立这样一套系统的目的就是不断积累。除了课件,素材部分也应放入这个系统。使用系统是按使用的时间顺序来整理文件的。以一节课为基本单元,每个单元里保存着这节课实际用到的所有课件和素材。建立这样一套系统的目的是使课件系列化、实用化,提高再次使用时的效率。

最后还要注意保存的原则，一定要三处储存，这一点务必要做到。

可以说无论是选择了什么形式，也无论是使用了哪类课件，只要进行计算机辅助教学就需要投入比一般教学更多的时间和精力，这一点在初期格外明显。有人说这不是降低了工作效率吗？我认为这种说法是不对的。首先，课下是个人的时间，课堂上则是几十个、甚至几百个学生的时间，我们之所以在课下用去了更多的时间，为的是提高课堂教学的效率，节省许许多多学生的时间。这样算来，多付出一些时间也是值得的。第二，我们现在还大都处在开展计算机辅助教学的开始阶段，积累的东西比较少，很多事都要从头开始做，当然要花费更多的时间。但是我们都知道：千里之行，始于足下，万事开头难。我们做一切事情几乎都要经历一个相对比较低效的阶段。我们现在用去的时间，在将来是会有补偿的。当我们把一系列的课件、素材都筹备得比较完善了，使用软件的技术也非常熟练了，效率自然也就提高了。

除了在教学中应用信息技术之外，还有许多工作，我们都可以去尝试着使用计算机来完成，比如编习题、做成绩统计、建立学生的学习档案、写论文等。计算机的特点就是，你越经常使用它，它越能给你带来轻松与高效。如果你只是偶尔使用，常常会比不用它效率还要低。

最后，我想说，信息技术还在不断发展，我们的教育观念和教育体制也在不断地发生变化。作为教师，我们的教学手段也理应不断进步，跟上时代的步伐。让我们都来积极实施信息技术与课程整合，并以此来促进教学质量的提高。

谢谢各位！

（本文为 2006 年 8 月本人在总结自己关于信息技术与课程整合经验的基础上，对我校新调入教师进行培训的讲稿）

氛围 · 抓手 · 方法

——关于如何在教研组中开展好教科研工作的总结

各位领导、各位老师：

大家好！

我是北苑校区中学部生物组教研组长潘勇。学校安排我对我们组开展教科研工作的情况给大家做一个介绍。接到这个任务后，我经过反复思考，提炼出了下面这三个关键词：第一是氛围，第二是抓手，第三是方法。今天，我就从这三个方面谈谈我对如何在教研组中开展好教科研工作的体会。

大家都知道，教研组工作中最主要的两个方面就是教学工作和教科研工作。这两项工作既密切相关，又存在一定的矛盾。一方面，教师进行教科研，可以提高自身素质，提高教育教学水平，有利于教育教学工作的开展；但另一方面，进行教科研需要投入大量的时间和精力，这就与教育教学工作存在一定的冲突，而且研究获得的成果也并不都能很直接、快速地使教学成绩提高，教育效果改善。所以，许多老师对教科研工作还是存在一种不太舍得投入的心态。这样一来，在教研组中开展教科研工作就出现了一定的困难，科研任务不容易推进，教研组长也很为难。那么，如何解决这个问题，更好地推进教科研工作呢？下面，我介绍一下我们组的情况。

一 北苑校区生物组的成员

我先简要介绍一下我们组的情况。我们组由 5 位教师组成，是一个关系非常融洽的团队。我们组教师的年龄结构是：我本人 40 岁，另外 4 名教师都在 30 岁左右。我想尝试着用 8 个字来概括每位老师的主要特点。虽然不够全面，但是能让大家有一个大致的了解。

肖德慧：自信勤奋，灵活机敏。肖德慧老师总能保持一种积极、自信的心态，工作起来非常专注、勤奋，有拼劲儿。她教学功底扎实，思维敏捷，接受能力强，在今年的北京市高中教师新课程基本功培训与展示活动中获得了一等奖的好成绩。她曾多次在区教研活动中担任主讲,参与了《学习目标与检测》丛书的编写。近两年她在教科研方面进步很快,参加了国家级课题的研究,论文获得了国家级二等奖、市级二等奖。

张放:虚心好学,富有才气。张放是研究生毕业,专业知识丰富,具有较强的科研能力。她特别虚心好学,工作很有韧劲儿。在科研方面,有多篇论文获国家级,北京市一、二、三等奖,研究课曾获得国家级二等奖,在朝阳区基本功竞赛中获得了一等奖,参与了《学习目标与检测》丛书的编写,是一名很有才华的青年教师。

高宁艳:率真谦和,专业扎实。高宁艳老师为人直率热情,也非常谦虚。她专业知识扎实,很受教研员老师的认可,在朝阳区基本功竞赛中获得了一等奖。近两年,她在综合实践课程的开发方面有突出的表现,相关成果获得了国家级二等奖和多个区级一等奖,还被朝阳分院聘任为相关课程的辅导教师。

丁秀丽:热情阳光,工作干练。丁秀丽老师是去年刚加入我们教研组的,但是很快就与大家融为一体了。她性格开朗,非常热情,特别好相处。这一年她担任高三教学工作,教学成绩显著。工作表现得从容干练,干净利索,不拖泥带水。

潘勇:认真细致,乐于钻研。我觉得这就是我最主要的优点了。

二 开展教科研工作的体会

这次学校安排我介绍本组的教科研工作情况,对我来说正好是一个督促,促使我对这方面的工作做一个比较全面的梳理。下面这个模型是我在梳理的过程中想到的。这个长方体代表成果,决定其大小(或者说多少)的因素主要有三个方面,即:心理(或者说是动机)、策略和方法。

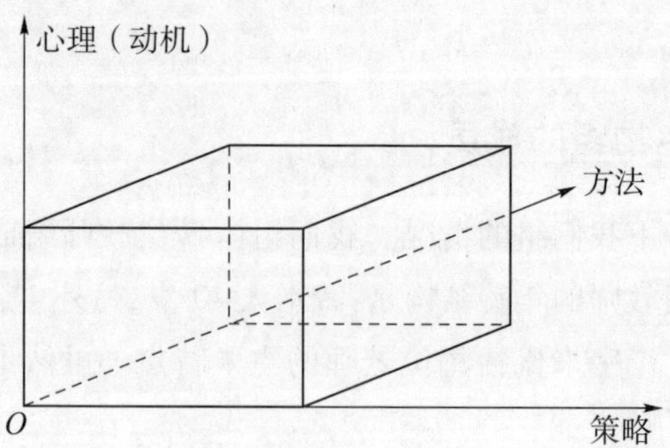

我想,我们之所以能够在前一阶段取得一定的成绩,正是由这三个方面的情况决定的。在心理方面,我们营造了积极的研究氛围,老师们都有比较强烈的进行教科研的动机;在策略方面,我们注意找对抓手、扎实推进;在方法方面,我们重视学

习和运用一定的教育科学研究方法，重视学习和掌握论文写作的方法，力争使成果具有更强的科学性。下面，我就对这三个方面的情况做一下总结。

(一)营造氛围，激发动机

积极的研究氛围需要有意识地去营造。在这方面，我主要做了以下工作。

1. 带动

实际上，最初我们组的青年教师对教科研也是没有什么感觉的。尤其是肖德慧和高宁艳两位老师在课题研究和论文撰写方面，都是比较薄弱的。我感觉只有尽快将她们带动起来，组里才能形成更加积极的教科研氛围，于是我展开了有针对性的指导。我先对小肖进行了重点指导。我发现她主要是在写作技巧方面有一定欠缺。其实她有许多很好的想法，但在成文方面有问题。针对这种情况，我仔细帮她分析了两篇论文，并在论文的主题、结构、语言等方面提出了修改意见。这之后，她就逐渐找到了感觉，撰写的论文获得了国家级和市级二等奖，而且对于课题研究和论文写作的兴趣也有了明显的提高。小肖的进步影响着组里的其他老师，也包括我在内。大家都不甘落后，积极地开展研究，争取获得更大的成果。

2. 创造交流的机会

大家经常一起交流，能够非常有效地强化研究氛围。所以，我会尽量创造机会让大家进行交流。比如我们经常开展评课活动，大家很喜欢对市、区级的一些研究课进行讨论，因为可以随便品头论足，没有任何顾及。如果我们没有去现场听课，就一边看课堂实录，一边研讨。之后，有的老师就会考虑自己能不能也上一节类似的课，能不能上得更好等。我们也经常互相听课、评课，进行坦诚的交流。这种交流让新来的丁秀丽老师感到兴奋不已。她说自己在延庆教书的时候，根本没有这么好的交流机会，这样的交流感觉真好。

除了围绕研究课展开交流以外，我们还会针对论文中的一些关键问题和课题研究的推进等问题进行交流。我的体会是：同行之间的交流真的是极为重要的。我的所有研究成果都是经过与别人交流之后才形成的。另外，毫不拘束地进行交流研讨，可以相互激发灵感，使人兴奋、愉悦。这种乐趣也为我们进行教科研工作提供了内在的动力。

3. 通过比较进行自我激励

每个学期末，我都会在教研组工作总结会上对我们的教科研情况进行一些纵向和横向的比较。纵向的比较就是和我们的过去比，让大家看一看近期的成果是比以前多了还是少了，哪些老师又有了新的成果。如果发现成果减少了，大家就一起分析原因，设想以后的应对措施。

横向比较就是和别的教研组比，向别人学习。比如我曾经做过以下总结："我校北苑校区初中语文教研组是朝阳区优秀教研组。在学校组织的教研组交流活动中我们发现，他们的教研活动的目标意识、成果意识和创新意识都非常强。也就是说在某一个阶段要完成什么研究任务以及应该取得什么物化的成果都是非常清晰的，并且有意识地使自己的做法具有新意，所以他们取得了许多研究成果。而我们组的老师研究的内容相对比较分散，主要是围绕各自在教学中遇到的问题进行一些思考，随意性比较强，缺乏系统性和持续性，所以我们的研究成果也就比较分散，主要是某些老师个人的研究成果，而不是组内老师共同的成果。在这方面，希望我们能进一步改进，争取更大程度地将大家的智慧凝聚在一起，形成更有价值的研究成果。"

另外，今年北苑校区的语文组、物理组和化学组成功地申报了区级课题，我们也都非常关注，希望学习他们的经验，使我们的课题研究也能更进一步。

（二）找对抓手，扎实推进

所谓抓手，就是指具体的任务。在具体任务的驱动下，我们就会在相对较短的时间内进行较多的思考，从而较快地取得一些具体成果。如果没有好的抓手，研究活动就会比较松散，就会拖拖拉拉，甚至不了了之。我们教研组之所以在近几年取得了较多的成果，一个很重要的原因就是每位教师都有自己开展研究的抓手。

1. 研究课

研究课是我们专门针对某类教学内容或某种教学方式所做的课堂教学尝试。由于研究课一般来说目的都非常明确，完成时间也有比较严格的要求，所以教师做研究课往往都会在较短的时间内有比较大的收获。开展研究课，是所有教师通用的抓手。

我们组的教师都非常重视开展研究课，并以此为抓手进行较为深入的研究。近三年内，我们开展了多节市、区级研究课。例如：肖德慧老师开展了市级研究课《生命活动的主要承担者——蛋白质》；我开展了区级研究课《酶的作用条件》《群落的演替》和《染色体相关知识点的复习》；高宁艳开展了区级研究课《基因的奥秘》《几种水果的常温保鲜探究》；张放开展了《酶的本质和特性》区级研究课。我们还开展了大量的校级和组内研究课，通过这些研究课，我们对课堂教学进行了细致而深入的研究。

我们的体会就是要勇于做研究课,不要有太多的顾虑,不要担心上不好。开展研究课最重要的意义在于过程。在准备的过程中,我们会进行许多深入的思考,我们的潜力会得到充分的挖掘,许多新的想法、新的发现都孕育在其中。课后评价与反思也为我们提供了进一步提高认识、改进方法的机会。而且,一节研究课可能带来的研究成果也是非常多样的,除了课堂实录(课例)本身,教学设计、相关的教学资源(比如课件等)、相关的论文都可以成为研究成果。我们组的老师获得的许多奖项都是基于研究课的。需要强调的是,做研究课务必要有明确、具体的研究内容,否则会难以取得有价值的成果。

2. 课题

相对于研究课而言,课题研究是更为系统和严谨的研究形式。我们组的老师广泛参与课题研究,比如:我和肖德慧老师参与了国家级课题《正确运用学生评教,促进教师专业发展的实践与研究》,我还参加了区级课题《新课程下探究教学方式研究》、校级课题《数字化生物实验室的应用研究》等课题,张放、高宁艳参加了校级课题《课堂提问与思维深刻性培养的案例研究》。通过对这些课题的研究,我们都取得了相应的成果,有多篇论文获奖。但是,我发现这种广泛参与是利弊共存的。有利的方面是我们在各自比较感兴趣领域开展研究,比较有动力,容易出成果;不利的方面是,没有能集中全组的力量对一个课题进行足够深入的研究。所以,这是一个让我感到比较矛盾的问题。

在参加论文评选的过程中,我们发现,凡是以真实的课题研究为背景的论文,一般都容易受到认可。所以,要想写出高质量的论文通常都要有课题研究的经历。这也是我们坚持参与课题研究的原因。

3. 综合实践课等新领域

近两年,我们组的高宁艳老师以综合实践课开发为抓手,取得了十分突出的成绩。她的综合实践活动课《几种水果的常温保鲜探究》在“2011 年全国综合实践活动课程教学观摩研讨暨第五届学术年会”教学实录与视频说课评比中被评为二等奖;综合实践活动故事《我是怎么不断反思选题的》和《我是如何指导学生设计实验研究的》在“2011 年北京市朝阳区普通中学综合实践‘我的综合实践活动故事’”征集评比活动中分别获一等奖和二等奖;教学设计《几种水果的常温保鲜探究》获区级一等奖。

她在这方面的成功说明教师根据自己的特点、优势等找到研究的方向,就容易取得成功；也说明紧扣课程改革的前沿问题，在发展尚不成熟的领域开展研究，会有更多的成功机会。

4. 教研中心和朝阳分院的工作

我们非常重视参与区教研中心、朝阳分院的工作。例如：我、肖德慧、张放三位老师都参与了区教研中心主编的《学习目标与检测》丛书的编写工作；我作为区兼职教研员、区高考模拟试题命题专家组成员多次在区教研活动中担任主讲、参与区命题工作，还在北京市高三复习工作研讨会上担任主发言人；张放老师配合区教研中心开展了两次面向全区的实验培训；肖德慧老师多次在青年教师基本功培训中进行示范和讲解等；高宁艳老师被朝阳分院聘任为"提升研究性学习指导力"课程的辅导教师。

参与教研中心和朝阳分院的工作，对我们来说是一个提升的机会。一方面，我们会得到一些任务，在完成这些任务的过程中，提高自身水平。另一方面，我们还会有机会接触到一些高水平的专家、相关领域的重要人物，领略名家的风采，开阔视野。

5. 教学竞赛

我们认为参加教学竞赛也是进行教学研究的好抓手。对竞赛标准的学习有助于我们提升对新课程的认识，通过评委的点评可以使我们了解到他们对教学的看法。另外，准备竞赛的过程也会督促我们对教学进行许多思考。所以，对于市、区的教学竞赛我们都积极参与。近几年，我们在教学竞赛中取得了可喜的成绩：张放在2010年朝阳区青年教师基本功竞赛获一等奖；我在2010年朝阳区教师优质课评比中获得一等奖；肖德慧、高宁艳在2011年朝阳区青年教师基本功竞赛中均获一等奖，肖德慧还在北京市的竞赛中获得一等奖。

（三）方法得当，事半功倍

1. 积极学习和运用科学的研究方法

我们很重视学习和运用科学的研究方法。因为我们知道，中学教师开展教科研常出现的问题就是科学性不够强，常会根据个人的感受下结论，而没有足够的事实和数据支撑。因此，中学教师写的论文在专门从事教育科学研究工作的专家、学者来看，常会感到不够有说服力。要使研究结论更有说服力，就必须采用科学的研究方法。比如：要对学生进行情感态度方面的调查，我们可以采用Likert式量表进行定量研究；对开放式问卷的分析，我们应该运用科学的统计、分析方法进行归类、统计和分析,这样才能让我们做出科学的判断。由于在研究中使用了一些科学的方法,我们的一些论文也受到了更多的认可。比如:我撰写的《基于信息技术的探索式教学在中学生物课中的应用》获得了国家级一等奖;肖德慧撰写的论文《关于高中学生抄袭作业情况的调查研究》获得了国家级二等奖。

不过,由于教育科学研究方法包含的内容很多,每种大的方法中还包括许多小的具体方法,我们很难一下全部掌握,所以我们就采用边做边学的办法。也就是当我们进行某一项研究的时候,根据实际需要有选择地进行学习。由于马上就要运用这些方法来完成任务,所以学习动力比较足,比单纯学效果更好,更省时间。

2. 努力提升写作技巧(成果物化能力)

进行了一定的研究,有了一定的研究结果以后,如何将它们组织起来,形成研究成果就成了关键问题。以论文为例,我们现在写论文都十分重视论文的结构、格式和语言。因为我们已经认识到,如果不注意文章的结构、格式和语言等问题,有可能即使内容是比较有价值的,也没有机会被更多的人采用。在论文评比或发表时,对格式的要求都比较严格,如果格式不规范,就很难入选。实际上,最基本的格式要求如关键词、摘要、参考文献等都不难达到,主要是得重视。

研究成果的表达方式除了论文以外,还有研究报告、案例等,它们都有各自具体的内容和格式要求。我们按要求撰写,就能有更多的机会被采用。

以上是我关于本组开展教科研工作的一些体会,不妥之处恳请批评指正。谢谢大家的倾听!

(本文为 2012 年 10 月本人在我校教研组长工作交流会上的发言稿)

主要参考文献

[1]朱正威.我和中学生物科学教育[M].北京:北京教育出版社,2004.9.

[2]郑春和.我的生物学教学生涯[M].北京:北京教育出版社,2002.7.

[3]徐定冼.我怎样上生物课[M].北京:北京教育出版社,2000.10.

[4]王春易.王春易从学科教学走向学科教育[M].北京:中国大百科全书出版社,2012.11.

[5]庞琳琳.幸福伴我行[M].天津:天津科技翻译出版有限公司,2012.12.

[6]李彩云.让学生幸福成长[M].天津:天津科技翻译出版有限公司,2012.12.

[7]史金凤.让我轻轻告诉你[M].天津:天津科技翻译出版有限公司,2012.12.

[8]朱幕菊.走进新课程:与课程实施者对话[M].北京:北京师范大学出版社,2004.7.

[9]周静.教师教学基本能力解读与训练.中学生物[M].北京:北京理工大学出版社,2012.3.

[10]陈松铨,林建春.高中生物新课程教学设计与评析[M].北京:高等教育出版社,2008.9.

[11]常生龙.给教师的5把钥匙[M].北京:教育科学出版社,2016.9.

[12]齐建芳.学科教育心理学[M].北京:北京师范大学出版社,2012.10.

[13]冉乃彦.中小学教师如何做研究[M].北京:人民教育出版社,2006.4.

[14]李秉德,谭仁梅.教育科学研究方法[M].北京:人民教育出版社,1986.10.

[15]王金战.王金战育才方案:学习哪有那么难[M].北京:北京大学出版社,2009.5.

后 记

怀着几分忐忑的心情，我终于完成了本书的创作。感谢北京市朝阳区名师工程为我搭建了这样一个展示的平台，督促我将自己的成长历程以及学习、思考、研究、实践的成果加以梳理，最终形成了本书。实际上，这本书的写作过程，也是我总结提升、继续成长的过程。

每当我回忆自己的成长历程，一张张亲切的面容便会浮现在我的眼前。我不会忘记，是李洪忠老师帮助我实现了从学生到教师的转变；是周咏梅老师帮助我迈进了高中教学的大门；是解威老师带我走进了信息技术的世界；是方瑾老师教给了我严谨的教育科研方法；是尹乐老师教会了我如何带领团队共同进步；是周静老师激励着我不断地努力前行；是白建秀老师帮助我在教学研究上步步深入；是江建敏老师让我体会到了什么是工作的激情；是陈侠老师让我学会了更加科学地制定教学目标；是黄蔚老师为我提供了更多的展示机会；是荆林海老师让我进一步开阔了眼界；是以白燕君校长、芦艳苹校长和陈秀珍校长为代表的各级领导的关心、支持和鼓励，促使我不断迈上新的台阶……还有许许多多帮助过我的人，正是因为有了大家的帮助，才有了我今天的发展。

在写本书之前，我一直在考虑一个问题：这本书是为谁而作的呢？经过反复思考，终于有了答案：这本书应该是为青年教师而作的。参加工作至今，我得到了那么多老师的帮助。如今，自己已经是一名工作了 22 年的中年教师了，也到了为更多的青年教师成长助力的时候了。因此，尽管知道自己的一些想法还不够成熟，理论还不够完善，但我还是尽我所能完成了此书，就是希望能够为青年教师的发展提供一些借鉴。我感到这是一件非常有意义的事情。

在本书的框架论证过程中，北京市基础教育研究中心生物教研室的特级教师荆林海老师为我提出了极为宝贵的意见和建议，帮助我构建起了全书的基本结构。之后，荆老师又多次针对书中的一些具体内容对我进行了指导，使本书得以不断完善。荆老师深厚的知识底蕴，大处着眼、小处着手的工作方法，乐观、豁达的生活态度，都对我产生了极大的影响。在此，我要特别感谢荆老师的指导！同时，也感谢朝阳区名师培养工程，让我有幸在导师带教项目中成为荆老师的学员。

本书第二章中的课例是在多位老师的帮助、指导下完成的。其中，“探究酶的作用条件”“有关染色体的知识点复习”“减数分裂复习”是在白建秀老师的指导下完成的；“群落的演替”是在周静老师的指导下完成的；“细胞的分化”是在荆林海老师的指导下完成的；“生态系统的能量流动”是在黄蔚老师和荆林海老师的共同指导下完成的。另外，还有很多老师参与了研讨过程。本书第三章中的结题报告是课题组成员共同研究的成果，是集体智慧的结晶。在此，我要对所有帮助、支持过我的老师，以及参与课题研究的老师表示诚挚的谢意！

由于个人水平有限，书中难免存在不妥之处，请各位读者谅解，欢迎批评指正。

潘勇

2017 年 8 月 30 日